Zu diesem Buch

In «Die Geburtstagsfeier» (*The Birthday Party*) steigert Harold Pinter die Gefahr, daß ein Mensch durch ein anonymes System und seine Handlanger ausgelöscht wird, ins Alptraumhafte. Als einziger Gast logiert Stanley in der schäbigen Strandpension des Ehepaares Meg und Petey. Stan meidet ängstlich die Außenwelt, lebt nur in der eigenen Vergangenheit, als er der erfolgreiche Pianist war, bis ihn die Wirklichkeit brutal wieder einholt. Dies in Person von zwei Fremden, den Funktionären Golberg und McCann, die von Megs Idee, Stan eine Geburtstagsfeier auszurichten, begeistert sind. Es wird ein grotesk-sadistisches Fest. Golberg und McCann zertreten bei einem Blindekuhspiel Stans Brille und zermürben ihn in einem gnadenlosen Verhör zu einem willenlosen Niemand. So reagiert Stan auch noch am nächsten Morgen; dann transportieren ihn die beiden in einer schwarzen Limousine ab.
Einen entlarvenden Blick auf Möglichkeiten, Voraussetzungen und stillschweigende Übereinkünfte menschlichen Zusammenlebens wirft Harold Pinter in «Der Hausmeister» (*The Caretaker*). Davies, ein abgrissener, obdachloser alter Querulant nistet sich bei den Brüdern Aston und Mick ein. Mick bleibt zwar argwöhnisch und reserviert, doch in Aston findet Davies einen wahren Gönner. Aston bietet ihm sogar einen Hausmeisterposten an. Aber Davies nutzt diese Chance nicht, spinnt statt dessen seine Intrigen, mit denen er die beiden Hausherren gegeneinander ausspielen will, immer feiner, bis schließlich keiner mehr an seiner Hinterhältigkeit zweifelt und man ihn vor die Tür setzt.

«Die Heimkehr» (*The Homecoming*) wurde 1965 im Londoner Aldwych Theatre uraufgeführt und zwei Jahre später von den New Yorker Kritikern als «bestes Stück des Jahres» ausgezeichnet. Der Titel spielt mit der Realitäts- und Assoziationsebene des Stückes. Unangemeldet taucht Teddy, der seit sechs Jahren als Philosophiedozent in den USA lebt, in seinem Elternhaus in London auf. Er findet eine Junggesellenwirtschaft vor, in der sein Vater Max, seine beiden jüngeren Brüder, Lenny und Joey, und sein Onkel Sam hausen. Teddy hat seine Frau Ruth, eine ehemalige Prostituierte, mitgebracht. Sie wird rasch Mittelpunkt aller Begierden und genießt es. Ohne großes Zögern geht sie auf Lennys Vorschlag ein, doch wieder ihr galantes Gewerbe auszuüben und so die 4-Mann-Familie zu erhalten. Den großspurigen Teddy, der sich verächtlich von den Verwandten distanziert, drängen sie erfolgreich zur Rückkehr nach Amerika.
«Betrogen» (*Betrayal*), 1978 in London uraufgeführt, ist eine vermeintlich simple Dreiecksgeschichte. Emma betrügt ihren Mann Robert mit seinem Freund Jerry. Robert weiß seit langem von dieser Liaison, hat aber immer geschwiegen, um das Bild einer intakten Ehe und Freundschaft aufrechtzuerhalten. Jetzt ist Emmas Verhältnis in die Brüche gegangen, und sie will sich von Robert scheiden lassen. Pinters Stück führt – ein dramaturgischer Kunstgriff – die Ereignisse rückspulend vor. Es beginnt mit dem Ende einer Beziehung und endet mit ihrem Anfang. Und es zeigt, daß nicht nur die anderen betrogen werden, sondern sich jeder auch selbst betrügt, wenn er zugunsten der Konventionen die eigenen Gefühle erstickt.

Harold Pinter

Die Geburtstagsfeier
Der Hausmeister
Die Heimkehr
Betrogen

Theaterstücke

rororo

Rowohlt

«Die Geburtstagsfeier», «Der Hausmeister» und «Die Heimkehr»:
Abgedruckt in den neu durchgesehenen Fassungen nach den Übersetzungen von Willy H. Thiem
«Betrogen» übersetzt von H. M. Ledig-Rowohlt

Veröffentlicht im Rowohlt Taschenbuch Verlag GmbH,
Reinbek bei Hamburg, Oktober 1990

Umschlaggestaltung: Büro Hamburg / Régine Thienhaus
(Foto von Harold Pinter: Tony McGrath)
Gesamtherstellung Clausen & Bosse, Leck
Printed in Germany
980-ISBN 3 499 12905 1

Inhalt

Die Geburtstagsfeier

Erster Akt

Das Wohnzimmer eines Hauses in einem Seebadeort. Eine Tür vorn links führt in den Vorraum. Hintertür und kleines Fenster hinten links. In der Mitte hinten eine Durchreiche zur Küche. Küchentür hinten rechts. Tisch und Stühle in der Mitte der Bühne.
Petey kommt durch die Tür links mit einer Zeitung herein und setzt sich an den Tisch. Er beginnt zu lesen. Man hört Megs Stimme durch die Durchreiche zur Küche.

MEG: Bist du's, Petey?
Pause.
Petey, bist du's?
Pause.
Petey?
PETEY: Was denn?
MEG: Bist du's?
PETEY: Ja, ich bin's.
MEG: Was?
Ihr Gesicht erscheint in der Durchreiche.
Bist du zurück?
PETEY: Ja.
MEG: Deine Cornflakes sind fertig.
Sie verschwindet und erscheint wieder.
Hier sind die Cornflakes.
Er steht auf, nimmt ihr den Teller ab, setzt sich an den Tisch, lehnt die Zeitung gegen etwas auf dem Tisch und fängt an zu essen.
MEG *kommt durch die Küchentür herein*: Sind sie gut?
PETEY: Sehr gut.
MEG: Ich dachte mir, sie sind gut.
Setzt sich an den Tisch.
Hast du die Zeitung?
PETEY: Ja.
MEG: Steht was Gutes drin?
PETEY: Nicht schlecht.
MEG: Was steht drin?
PETEY: Nicht viel.
MEG: Gestern hast du mir ein paar gute Stellen draus vorgelesen.
PETEY: Ja, aber mit der bin ich noch nicht fertig.
MEG: Sag mir, wenn du zu was Gutem kommst.
PETEY: Ja.
Pause.
MEG: Hast du schwer gearbeitet heute morgen?

PETEY: Nein. Nur ein paar alte Stühle aufeinandergepackt. Ein bißchen saubergemacht.
MEG: Schönes Wetter draußen?
PETEY: Sehr schön.
Pause.
MEG: Ist Stanley schon auf?
PETEY: Keine Ahnung. Ist er auf?
MEG: Ich weiß nicht. Ich hab ihn hier unten noch nicht gesehen.
PETEY: Na, dann wird er noch nicht auf sein.
MEG: Hast du ihn nicht hier unten gesehen?
PETEY: Ich bin doch grade erst zurückgekommen.
MEG: Dann wird er noch schlafen.
Sie blickt sich im Zimmer um, steht auf, geht zur Anrichte und holt ein Paar Socken aus einer Schublade, nimmt Wolle und eine Nadel und geht zurück.
Wann bist du heute morgen weggegangen, Petey?
PETEY: Selbe Zeit wie immer.
MEG: War's dunkel?
PETEY: Nein, es war hell.
MEG *fängt an zu stopfen*: Aber manchmal gehst du morgens fort, wenn's dunkel ist.
PETEY: Das ist im Winter.
MEG: Ach so, im Winter.
PETEY: Ja, es wird später hell im Winter.
MEG: Ach so.
Pause.
Was liest du da?
PETEY: Jemand hat ein Kind bekommen.
MEG: Nein, wirklich? Wer denn?
PETEY: Irgendein Mädchen.
MEG: Wer denn, Petey, wer denn?
PETEY: Ich glaube nicht, daß du sie kennst.
MEG: Wie heißt sie?
PETEY: Lady Mary Splatt.
MEG: Die kenn ich nicht.
PETEY: Eben.
MEG: Was ist es denn?
PETEY, *die Zeitung studierend*: Eh – ein Mädchen.
MEG: Kein Junge?
PETEY: Nein.
MEG: Ach, wie schade. Das wär mir nicht recht. Ich hätte viel lieber einen kleinen Jungen.
PETEY: Ein kleines Mädchen ist doch ganz schön.
MEG: Ich hätte viel lieber einen kleinen Jungen.

Pause.
PETEY: Ich hab die Cornflakes auf.
MEG: Waren sie gut?
PETEY: Sehr gut.
MEG: Ich hab noch was für dich.
PETEY: Gut.
Sie steht auf, nimmt den Teller und geht in die Küche. Sie erscheint an der Durchreiche mit einem Teller mit zwei gerösteten Scheiben Brot.
MEG: Hier hast du, Petey.
Er steht auf, nimmt den Teller, beschaut ihn und setzt sich an den Tisch.
Meg kommt zurück: Schmeckt's?
PETEY: Ich hab noch nicht gekostet.
MEG: Ich wette, du weißt nicht, was es ist.
PETEY: Doch.
MEG: Was ist es denn?
PETEY: Geröstetes Brot.
MEG: Stimmt.
Er beginnt zu essen.
Meg beobachtet ihn beim Essen.
PETEY: Sehr gut.
MEG: Das wußte ich.
PETEY, *sich ihr zuwendend*: Ach, Meg, zwei Männer haben mich gestern abend am Strand angesprochen.
MEG: Zwei Männer?
PETEY: Ja. Sie wollten wissen, ob wir sie ein, zwei Tage unterbringen können.
MEG: Unterbringen? Hier.
PETEY: Ja.
MEG: Wieviel Männer?
PETEY: Zwei.
MEG: Was hast du ihnen gesagt?
PETEY: Ich hab gesagt, ich weiß nicht. Und da haben sie gesagt, sie kommen vorbei und erkundigen sich.
MEG: Und kommen Sie?
PETEY: Na, sie haben gesagt, sie kommen.
MEG: Ob sie wohl von uns gehört haben, Petey?
PETEY: Anscheinend.
MEG: Ja, sicher. Sie müssen gehört haben, daß das hier eine sehr gute Pension ist. Ist es auch. Dieses Haus steht auf der Liste.
PETEY: So ist es.
MEG: Ich weiß, daß es so ist.
PETEY: Vielleicht kommen sie heute vorbei. Kannst du sie unterbringen?

MEG: Ach, ich habe das schöne Zimmer, das können sie haben.
PETEY: Du hast ein Zimmer bereit?
MEG: Das Zimmer mit dem großen Sessel ist für Gäste hergerichtet.
PETEY: Bist du sicher?
MEG: Ja, das wird schon gehen, wenn sie heute kommen.
PETEY: Na, gut.

Sie legt die Socken usw. wieder in die Schublade zurück.

MEG: Ich werde jetzt den Jungen wecken.
PETEY: Im Palace gibt's bald ein neues Programm.
MEG: Auf der Pier?
PETEY: Nein. Im Palace in der Stadt.
MEG: Stanley hätte mitmachen können, wenn es auf der Pier gewesen wäre.
PETEY: Es ist ein Sprechstück.
MEG: Was bedeutet das?
PETEY: Ohne Tanzen und Singen.
MEG: Was machen sie denn dann?
PETEY: Nur sprechen.

Pause.

MEG: Ach.
PETEY: Du hörst gern mal ein Lied, was, Meg?
MEG: Ich hör gern Klavier. Ich hab immer gern zugesehen, wenn Stanley Klavier spielt. Natürlich hat er nicht dazu gesungen.

Blickt zur Tür.

Ich ruf den Jungen jetzt.
PETEY: Hast du ihm nicht seine Tasse Tee raufgebracht?
MEG: Ich bring ihm immer eine Tasse Tee rauf. Aber das ist schon eine ganze Weile her.
PETEY: Hat er sie getrunken?
MEG: Ich hab ihn gezwungen. Ich hab dabeigestanden, bis er ausgetrunken hatte. Ich ruf ihn jetzt.

Geht zur Tür.

Stan! Stan!

Horcht.

Stan! Ich komm dich holen, wenn du nicht runterkommst! Ich komm rauf! Ich zähl bis drei! Eins! Zwei! Drei! Ich komm dich holen!

Sie geht ab und die Treppe hinauf.

Einen Augenblick später hört man Schreie von Stanley und wildes Gelächter von Meg.

Petey bringt seinen Teller zur Durchreiche. Schreie. Gelächter.

Petey setzt sich an den Tisch.

Stille.

Meg kommt zurück.

MEG: Er kommt runter.

Sie ist außer Atem und bringt ihr Haar in Ordnung.
Ich hab ihm gesagt, wenn er sich nicht beeilt, gibt's kein Frühstück.

PETEY: Und das hat gewirkt, was?

MEG: Ich hol die Cornflakes.
Meg geht in die Küche.
Petey liest in der Zeitung.
Stanley kommt herein. Er ist unrasiert, in seiner Pyjamajacke, und hat eine Brille auf. Er setzt sich an den Tisch.

PETEY: Morgen, Stanley.

STANLEY: Morgen.
Stille. Meg kommt mit einer Schüssel Cornflakes herein und stellt sie auf den Tisch.

MEG: Also endlich ist er runtergekommen. Endlich ist er zum Frühstück runtergekommen. Aber er verdient gar keins, was, Petey?
Stanley starrt auf die Cornflakes.
Hast du gut geschlafen?

STANLEY: Ich hab überhaupt nicht geschlafen.

MEG: Überhaupt nicht geschlafen? Hast du das gehört, Petey? Bist wohl zu müde, um Frühstück zu essen? Jetzt sei ein braver Junge und iß die Cornflakes auf. Komm.
Er beginnt zu essen.

STANLEY: Wie ist es heute draußen?

PETEY: Sehr schön.

STANLEY: Warm?

PETEY: Na ja, es weht ein ganz schöner Wind.

STANLEY: Kalt?

PETEY: Nein, nein, kalt würde ich es nicht nennen.

MEG: Wie schmecken die Cornflakes, Stan?

STANLEY: Gräßlich.

MEG: Die Cornflakes? Das sind wunderbare Cornflakes. Du schwindelst ja, du kleiner Schwindler. Sie sind erfrischend. Es steht drauf. Für Spätaufsteher.

STANLEY: Die Milch ist sauer.

MEG: Ach wo. Petey hat seine auch gegessen, nicht, Petey?

PETEY: Jawohl.

MEG: Siehst du.

STANLEY: Meinetwegen, ich nehm den zweiten Gang.

MEG: Er hat den ersten nicht auf und will schon den zweiten Gang!

STANLEY: Ich möcht gern was Warmes.

MEG: Ich geb's dir aber nicht.

PETEY: Gib's ihm doch.

MEG *setzt sich rechts an den Tisch*: Nein, ich denk nicht dran.
Pause.

STANLEY: Kein Frühstück.

Pause.

Die ganze Nacht hab ich von diesem Frühstück geträumt.

MEG: Ich dachte, du hast nicht geschlafen.

STANLEY: Mit offenen Augen geträumt. Die ganze Nacht. Und jetzt gibt sie mir nichts. Nicht mal eine Kruste Brot.

Pause.

Na, ich seh schon, ich muß in eins der eleganten Hotels an der Promenade gehen.

MEG, *schnell aufstehend*: Da bekommst du auch ein besseres Frühstück als hier.

Sie geht in die Küche. Stanley gähnt laut. Meg kommt mit einem Teller an die Durchreiche.

Hier. Das wird dir schmecken.

Petey steht auf, holt den Teller, bringt ihn zum Tisch und stellt ihn vor Stanley hin. Er setzt sich.

STANLEY: Was ist denn das?

PETEY: Geröstetes Brot.

MEG, *hereinkommend*: Ich wette, du weißt nicht, was das ist.

STANLEY: Doch.

MEG: Was denn?

STANLEY: Geröstetes Brot.

MEG: Er hat's gewußt.

STANLEY: Schöne Überraschung.

MEG: Das hast du nicht erwartet, was?

STANLEY: Das hab ich bei Gott nicht erwartet.

PETEY *steht auf*: Ich geh jetzt.

MEG: Wieder an die Arbeit?

PETEY: Ja.

MEG: Dein Tee! Du hast noch keinen Tee getrunken!

PETEY: Macht nichts. Keine Zeit mehr.

MEG: Hab ihn schon fertig.

PETEY: Nein, macht nichts. Bis nachher. Tschüs, Stan.

STANLEY: Tschüs.

Petey geht links ab.

Tsch, tsch, tsch, tsch.

MEG, *sich verteidigend*: Was soll das heißen?

STANLEY: Du bist eine schlechte Hausfrau.

MEG: Das bin ich nicht. Wer hat das gesagt?

STANLEY: Deinem Mann nicht mal eine Tasse Tee zu machen. Schrecklich.

MEG: Er weiß, ich bin keine schlechte Hausfrau.

STANLEY: Ihm statt dessen saure Milch zu geben.

MEG: Sie war nicht sauer.

STANLEY: Eine Schande.

MEG: Kümmere du dich um deine eigenen Angelegenheiten.

Stanley ißt.

Du wirst nicht viele Frauen finden, die besser sind als ich, das kann ich dir sagen. Ich habe ein schönes Haus, und ich halte es sauber.

STANLEY: Huuuhhh!

MEG: Jawohl! Dieses Haus ist weit und breit bekannt als eine sehr gute Pension für Gäste.

STANLEY: Gäste? Weißt du, wieviel Gäste du gehabt hast, seit ich hier bin?

MEG: Wieviel?

STANLEY: Einen.

MEG: Wen?

STANLEY: Mich! Ich bin dein Gast.

MEG: Das ist eine Lüge. Dieses Haus steht auf der Liste.

STANLEY: Darauf kannst du Gift nehmen.

MEG: Ich weiß es.

Er schiebt den Teller weg und nimmt die Zeitung.

War's gut?

STANLEY: Was?

MEG: Das geröstete Brot.

STANLEY: Eine Gourmandise.

MEG: Das Wort solltest du nicht gebrauchen.

STANLEY: Welches Wort?

MEG: Was du eben gesagt hast.

STANLEY: Was, Gourmandise –?

MEG: Sag das nicht!

STANLEY: Was ist denn damit?

MEG: So etwas sagt man nicht zu einer verheirateten Frau.

STANLEY: Wirklich?

MEG: Jawohl.

STANLEY: Das hab ich gar nicht gewußt.

MEG: Ist aber so.

STANLEY: Wer hat dir denn das erzählt?

MEG: Das geht dich nichts an.

STANLEY: Na, wenn ich es nicht zu einer verheirateten Frau sagen kann, zu wem kann ich es denn sagen?

MEG: Du bist ein böser Junge.

STANLEY: Wie wär's mit etwas Tee?

MEG: Willst du Tee?

Stanley liest in der Zeitung.

Dann sag bitte.

STANLEY: Bitte.

MEG: Sag erst Verzeihung.

STANLEY: Erst Verzeihung.

MEG: Nein. Nur Verzeihung.
STANLEY: Nur Verzeihung.
MEG: Du verdienst ein paar mit dem Rohrstock.

Sie nimmt seinen Teller und fährt ihm im Vorbeigehen durch das Haar.

Stanley schreit auf und stößt ihren Arm weg. Sie geht in die Küche. Er reibt sich unter der Brille die Augen und nimmt die Zeitung. Sie kommt zurück.

MEG: Ich hab die Kanne mitgebracht.
STANLEY *abwesend*: Ich weiß nicht, was ich ohne dich anfangen würde.
MEG: Du verdienst es aber nicht.
STANLEY: Warum nicht?
MEG, *Tee einschenkend, geziert*: Na hör mal. Mich so zu nennen.
STANLEY: Wie lange hat der Tee schon gestanden?
MEG: Das ist guter Tee. Guter, starker Tee.
STANLEY: Das ist kein Tee. Das ist Soße!
MEG: Das ist nicht wahr.
STANLEY: Hör endlich auf. Du altes Gourmandisenweib.
MEG: Das bin ich nicht! Und selbst wenn – hast du kein Recht, mir so etwas zu sagen!
STANLEY: Und du hast kein Recht, zu einem Mann ins Schlafzimmer zu kommen und – ihn zu wecken.
MEG: Stanny! Magst du die Tasse Tee morgens nicht – die ich dir raufbringe?
STANLEY: Ich kann dieses Gesöff nicht trinken. Hat dir noch nie jemand gesagt, daß man erst die Kanne wärmen muß?
MEG: Mein Vater hätte es nicht geduldet, daß ich so beschimpft werde.
STANLEY: Dein Vater? Wer kann denn das schon gewesen sein?
MEG: Er hätte dich angezeigt.
STANLEY *verschlafen*: Glaubst du, ich wollte dich beleidigen, Meg? Als ob ich so was Schreckliches tun würde!
MEG: Du hast es aber.
STANLEY *den Kopf auf die Hände stützend*: Gott, bin ich müde.

Stille. Meg geht zur Anrichte, holt ein Staubtuch und staubt leicht im Zimmer ab, während sie ihn beobachtet. Sie kommt an den Tisch und wischt Staub.

Nicht den verdammten Tisch!

Pause.

MEG: Stan?
STANLEY: Was?
MEG *schüchtern*: Bin ich wirklich eine Gourmandise?
STANLEY: Und wie. Du bist mir jederzeit lieber als ein Schnupfen.
MEG: Das sagst du nur so.

STANLEY *wütend*: Schau, warum bringst du dieses Haus nicht in Ordnung? Es ist ein Schweinestall. Und noch was: mein Zimmer. Es muß gefegt werden. Es muß neu tapeziert werden! Ich brauche ein neues Zimmer!

MEG *sinnlich, ihm über den Arm streichend*: Aber Stan, das ist ein himmlisches Zimmer. Ich habe himmlische Nachmittage in dem Zimmer verlebt.

Er wendet sich mit Abscheu weg und geht rasch durch die Tür links. Sie nimmt seine Tasse und die Teekanne und trägt sie zur Durchreiche. Die Haustür wird zugeschlagen. Stanley kommt zurück.

Scheint die Sonne?

Er geht zum Fenster, nimmt eine Zigarette und Streichhölzer aus der Pyjamajacke und zündet sich eine Zigarette an.

Was rauchst du, Stan?

STANLEY: Eine Zigarette.

MEG: Gibst du mir auch eine?

STANLEY: Nein.

MEG: Ich rauch gern Zigaretten.

Er steht rauchend am Fenster.

Sie tritt hinter ihn und kitzelt ihn im Genick.

Kille, kille.

STANLEY *stößt sie weg*: Laß mich.

MEG: Gehst du in die Stadt?

STANLEY: Nicht mit dir.

MEG: Ich geh aber gleich einkaufen.

STANLEY: Dann geh!

MEG: Du wirst einsam sein, ganz allein.

STANLEY: So?

MEG: Ohne deine alte Meg? Ich muß was einkaufen für die beiden Herren.

Pause.

Stanley hebt langsam den Kopf. Er spricht, ohne sich umzudrehen.

STANLEY: Welche beiden Herren?

MEG: Ich erwarte Gäste.

Er dreht sich um.

STANLEY: Was?

MEG: Das hast du nicht gewußt, was?

STANLEY: Wovon redest du denn?

MEG: Zwei Herren haben Petey gefragt, ob sie hier ein paar Tage übernachten können. Ich erwarte sie.

Nimmt das Staubtuch und wischt die Tischdecke ab.

STANLEY: Das glaube ich nicht.

MEG: Es stimmt.

STANLEY *nähertretend*: Das sagst du mit Absicht.

MEG: Petey hat es mir heute morgen gesagt.

STANLEY *drückt die Zigarette aus*: Wann war das? Wann hat er sie gesehen?

MEG: Gestern abend.

STANLEY: Wer sind sie?

MEG: Ich weiß nicht.

STANLEY: Hat er dir nicht ihre Namen gesagt?

MEG: Nein.

STANLEY, *auf und ab gehend*: Hierher? Sie wollen hierherkommen?

MEG: Ja.

Nimmt die Lockenwickler aus dem Haar.

STANLEY: Warum denn?

MEG: Dieses Haus steht auf der Liste.

STANLEY: Aber wer sind sie? Ich meine, warum ...?

MEG: Du wirst schon sehen, wenn sie kommen.

STANLEY *bestimmt*: Sie werden nicht kommen.

MEG: Warum nicht?

STANLEY *schnell*: Ich sag dir, sie kommen nicht. Warum sind sie nicht gestern abend gekommen, wenn sie wirklich kommen wollten?

MEG: Vielleicht konnten sie im Dunkeln das Haus nicht finden. Es ist im Dunkeln nicht leicht zu finden.

STANLEY: Sie werden nicht kommen. Jemand hat dich zum besten gehalten. Vergiß es. Es ist ein falscher Alarm. Falscher Alarm.

Setzt sich an den Tisch.

Wo ist mein Tee?

MEG: Ich hab ihn abgeräumt. Du wolltest keinen.

STANLEY: Was soll das heißen, du hast ihn abgeräumt?

MEG: Ich hab ihn abgeräumt.

STANLEY: Warum hast du ihn abgeräumt?

MEG: Du wolltest keinen.

STANLEY: Wer sagt, ich wollte keinen?

MEG: Du.

STANLEY: Wer hat dir das Recht gegeben, meinen Tee abzuräumen?

MEG: Du wolltest ihn nicht trinken.

Stanley starrt sie an.

STANLEY *ruhig*: Was glaubst du denn, mit wem du es zu tun hast?

MEG *unsicher*: Was?

STANLEY: Komm her.

MEG: Was soll das heißen?

STANLEY: Komm hierher.

MEG: Nein.

STANLEY: Ich will dich was fragen.

Meg fingert nervös herum. Sie geht nicht zu ihm.

Komm her.

Pause.

Also gut. Ich kann genausogut von hier aus fragen. *Bewußt:* Sagen Sie mir, Mrs. Boles, wenn Sie mich anreden, fragen Sie sich dann auch gründlich, mit wem Sie es zu tun haben? Wie?

Stille. Er stöhnt, sein Körper fällt vorwärts, Kopf in die Hände.

MEG *kleinlaut*: Hat dir das Frühstück nicht geschmeckt, Stan?

Geht näher an den Tisch.

Stan? Wann spielst du wieder mal Klavier?

Stanley brummt etwas.

Wie früher?

Stanley brummt.

Ich hab immer so gern zugesehen, wenn du Klavier gespielt hast. Wann spielst du mal wieder?

STANLEY: Wie kann ich denn?

MEG: Warum nicht?

STANLEY: Ich hab doch kein Klavier.

MEG: Nein, ich meine, wie du noch aufgetreten bist. Das Klavier.

STANLEY: Geh einkaufen.

MEG: Aber du brauchtest nicht mal wegzuziehen, wenn du wieder Arbeit bekommst. Du könntest auf der Pier Klavier spielen.

STANLEY *blickt sie an und sagt dann leichthin*: Ich ... äh ... Ich habe tatsächlich ein Angebot bekommen.

MEG: Was?

STANLEY: Ja. Ich überlege es mir grade.

MEG: Aber wo?

STANLEY: Ein gutes Angebot. Ein Nachtclub. In Berlin.

MEG: Berlin?

STANLEY: Berlin. Ein Nachtclub. Als Klavierspieler. Phantastische Gage. Und alles inklusive.

MEG: Für wie lange?

STANLEY: Wir bleiben nicht in Berlin. Dann geht es weiter nach Athen.

MEG: Für wie lange?

STANLEY: Ja. Dann machen wir schnell einen Sprung nach ... äh ... wie heißt es ...

MEG: Wohin?

STANLEY: Konstantinopel. Zagreb. Wladiwostok. Eine Welttournee.

MEG *setzt sich an den Tisch*: Hast du schon mal in diesen Städten Klavier gespielt?

STANLEY: Klavier gespielt? Ich hab auf der ganzen Welt Klavier gespielt. Im ganzen Land.

Pause.

Ich hab mal ein Konzert gegeben.

MEG: Ein Konzert?

STANLEY *nachdenklich*: Ja. Und gut war es. Alle sind an dem Abend hingekommen. Jeder von ihnen. Es war ein Riesenerfolg. Ja. Ein Konzert. In Unter-Edmonton.

MEG: Was hast du angehabt?

STANLEY *zu sich selbst*: Mein Anschlag war einmalig. Einfach einmalig. Alle sind nachher zu mir gekommen. Sie sind gekommen und haben gesagt: wir danken Ihnen. Wir haben an dem Abend Champagner getrunken, es gab nur das Beste.
Pause.
Mein Vater wäre beinahe gekommen, um mich zu hören. Jedenfalls hab ich ihm eine Postkarte geschickt. Aber ich glaube, er hat es dann doch nicht geschafft. Nein, ich – ich habe die Adresse verloren, so war es.
Pause.
Ja. Unter-Edmonton. Und dann, weißt du, was sie dann gemacht haben? Sie haben mich fertiggemacht. Fertiggemacht. Alles war schon arrangiert, alles war schon organisiert. Mein nächstes Konzert. Irgendwo anders war es. Im Winter. Ich fuhr hin, um zu spielen. Als ich ankam, war der Saal geschlossen, alles zugesperrt, nicht mal ein Hausmeister da. Sie hatten alles fest abgeschlossen.
Nimmt die Brille ab und reibt sie an seiner Pyjamajacke.
Reingelegt. Die haben mich reingelegt. Ich möchte wissen, wer dafür verantwortlich war.
Bitter:
Schon gut, Jack, ich versteh den Wink, Sie wollen, daß ich auf den Knien rutsche vor ihnen. Na, ich versteh den Wink . . . jederzeit.
Setzt die Brille wieder auf und blickt auf Meg.
Schau sie dir an. Du bist ein altes, ausgetrocknetes Stück Baumkuchen.
Er steht auf und lehnt sich über den Tisch zu ihr hinüber.
Das bist du, hab ich recht?

MEG: Geh nicht wieder weg, Stan. Bleib hier. Du bist hier besser dran. Bleib bei deiner alten Meg.
Er stöhnt und legt sich über den Tisch.
Fühlst du dich nicht wohl heute morgen, Stan? Warst du heut schon an einem gewissen Ort?
Sein Körper wird steif, und er erhebt sich langsam. Er dreht sich zu ihr um und spricht leise und bedeutungsvoll.

STANLEY: Meg. Weißt du was?

MEG: Was?

STANLEY: Hast du schon das Neueste gehört?

MEG: Nein.

STANLEY: Ich wette, doch.

MEG: Nein.

STANLEY: Soll ich's dir sagen?

MEG: Was ist das Neueste?
STANLEY: Du hast es noch nicht gehört?
MEG: Nein.
STANLEY, *auf sie zugehend*: Sie kommen heute.
MEG: Wer?
STANLEY: Sie kommen mit einem Lieferwagen.
MEG: Wer?
STANLEY: Und weißt du, was sie in dem Wagen haben?
MEG: Was?
STANLEY: Sie haben eine Schubkarre in dem Wagen.
MEG *atemlos*: Nein!
STANLEY: Doch, bestimmt.
MEG: Du lügst.
STANLEY, *näher auf sie zugehend*: Eine große Schubkarre. Und wenn der Lieferwagen anhält, dann schieben sie sie raus und den Gartenweg entlang, und dann klopfen sie an die Haustür.
MEG: Nein.
STANLEY: Sie suchen jemand.
MEG: Nein.
STANLEY: Sie suchen jemand. Eine gewisse Person.
MEG *heiser*: Nein! Nein!
STANLEY: Soll ich dir sagen, wen sie suchen?
MEG: Nein!
STANLEY: Soll ich's dir nicht sagen?
MEG: Lügner, du!
Es klopft plötzlich an der Haustür.
Meg drängt sich an Stanley vorbei und nimmt die Einkaufstasche mit.
Es klopft noch einmal.
Meg geht hinaus.
Stanley schleicht sich an die Tür und horcht.
STIMME: Guten Tag, Mrs. Boles. Es ist angekommen.
MEG: Ach, es ist angekommen?
STIMME: Ja, es ist grade angekommen.
MEG: Was, ist es das?
STIMME: Ja. Ich dachte, ich bringe es gleich rum.
MEG: Ist es hübsch?
STIMME: Sehr hübsch. Was soll ich damit machen?
MEG: Ja, ich will nicht ...
Flüstern.
STIMME: Nein, natürlich nicht ...
Flüstern.
MEG: Gut, aber ...
Flüstern.
STIMME: Keine Angst ...

Flüstern.
Tschüs, Mrs. Boles.
Stanley setzt sich schnell an den Tisch. Lulu kommt herein.

LULU: Ach, guten Morgen.

STANLEY: Ay – ay.

LULU: Ich will das nur hier abstellen.

STANLEY: Bitte.
Lulu geht zur Anrichte und stellt ein schweres, rundes Paket darauf.
Das ist aber ein massives Ding.

LULU: Nicht anfassen.

STANLEY: Warum sollte ich es anfassen wollen?

LULU: Streng verboten.
Sie geht nach hinten.
Warum machen Sie nicht die Tür auf? Es ist so muffig hier.
Sie öffnet die Hintertür.

STANLEY *steht auf*: Muffig? Ich hab heute morgen alles desinfiziert.

LULU, *an der Tür*: So ist's besser.

STANLEY: Ich glaube, es wird heute regnen. Was meinen Sie?

LULU: Na, hoffentlich, Sie können Regen gebrauchen.

STANLEY: Ich! Ich hab heute früh um halb sieben im Meer gebadet.

LULU: So?

STANLEY: Ich bin bis zur Landspitze rausgeschwommen und wieder zurück. Vor dem Frühstück. Glauben Sie mir nicht?
Lulu setzt sich, nimmt die Puderdose heraus und pudert sich die Nase. Sie bietet ihm die Puderdose an.

LULU: Wollen Sie sich mal Ihr Gesicht ansehen?
Stanley geht vom Tisch weg.
Rasieren würde Ihnen nichts schaden, wissen Sie das?
Stanley setzt sich rechts an den Tisch.
Gehen Sie nie aus?
Stanley antwortet nicht.
Ich meine, was machen Sie denn, nur den ganzen Tag im Haus rumsitzen?
Pause.
Als ob Mrs. Boles nicht genug zu tun hat, ohne Sie den ganzen Tag im Weg zu haben?

STANLEY: Ich stell mich immer auf den Tisch, wenn sie den Fußboden auffegt.

LULU: Warum waschen Sie sich nicht? Sie sehen schrecklich aus.

STANLEY: Waschen würde auch nichts ändern.

LULU *steht auf*: Kommen Sie raus, Luft schnappen. Es deprimiert mich, Sie so zu sehen.

STANLEY: Luft? Ach, ich weiß nicht recht.

LULU: Es ist wirklich schön draußen. Und ich hab ein paar belegte Brote.
STANLEY: Was für Brote?
LULU: Käse.
STANLEY: Ich bin aber ein starker Esser.
LULU: Das macht nichts. Ich hab keinen Hunger.
STANLEY *unvermittelt*: Gehen wir zusammen fort von hier. Wie wär's damit?
LULU: Wohin?
STANLEY: Nirgends. Nur fort von hier.
LULU: Aber wo könnten wir hin?
STANLEY: Nirgends. Man kann nirgends hin. Bloß weg. Wohin spielt keine Rolle.
LULU: Dann können wir genausogut hierbleiben.
STANLEY: Nein. Das ist hier nichts.
LULU: Ja, aber wo kann man sonst hin?
STANLEY: Nirgends.
LULU: Das ist ja ein reizender Antrag.
Er steht auf.
Müssen Sie diese Brille tragen?
STANLEY: Ja.
LULU: Sie kommen also nicht mit spazieren?
STANLEY: Ich kann jetzt nicht.
LULU: Mit Ihnen ist nicht viel anzufangen, was?
Sie geht links ab.
Stanley bleibt stehen. Dann geht er zum Spiegel und schaut hinein. Er geht in die Küche, nimmt die Brille ab und beginnt sich das Gesicht zu waschen.
Durch die Hintertür kommen Goldberg und McCann herein. McCann trägt zwei Koffer, Goldberg eine Aktentasche. Sie bleiben in der Tür stehen und kommen dann nach vorn.
Stanley, sein Gesicht trocknend, sieht ihren Rücken durch die Durchreiche.
Goldberg und McCann blicken sich im Zimmer um. Stanley setzt die Brille auf und geht unbemerkt durch die Küchentür und zur Hintertür hinaus.
MCCANN: Ist das hier richtig?
GOLDBERG: Ja, das ist es.
MCCANN: Bist du sicher?
GOLDBERG: Klar bin ich sicher.
Pause.
MCCANN: Was jetzt?
GOLDBERG: Zerbrich dir nicht den Kopf, McCann. Nimm Platz.
MCCANN: Und du?

GOLDBERG: Ich?
MCCANN: Nimmst du auch Platz?
GOLDBERG: Wir nehmen beide Platz.
McCann stellt die Koffer hin und setzt sich links an den Tisch.
Lehn dich zurück, McCann. Entspann dich. Was ist denn los mit dir? Ich lad dich ein paar Tage an die See ein. Ruh dich aus. Tu dir selbst mal einen Gefallen. Lerne dich entspannen, McCann, oder du wirst es nie zu was bringen.
MCCANN: Ja, sicher, ich versuch's ja, Nat.
GOLDBERG *setzt sich rechts an den Tisch*: Das Geheimnis ist Atmen. Hör auf mich. Es ist eine bekannte Tatsache. Einatmen, ausatmen, es darauf ankommen lassen, sich gehenlassen, was kann man schon verlieren? Sieh mich an. Als ich noch Lehrling war, McCann, hat mich Onkel Barney an jedem zweiten Freitag im Monat an die See mitgenommen, ganz regelmäßig. Brighton, Canvey, Rottingdean – das war Onkel Barney ganz egal. Nach dem Essen am Schabbes nahmen wir uns zwei Liegestühle – du weißt, die mit Sonnendach –, dann haben wir ein bißchen im Wasser herumgeplanscht, haben Ebbe und Flut beobachtet, wie die Sonne niedergeht – goldene Tage waren das, glaub mir, McCann.
Sich erinnernd.
Onkel Barney. Natürlich war er mit der Kleidung ganz etepetete. Einer aus der alten Schule. Er hatte damals ein Haus etwas außerhalb von Basingstoke. Hochgeachtet in der Gemeinde. Bildung? Sprich mir nicht von Bildung. Er war in allem bewandert, was glaubst du? Er war ein Weltmann.
MCCANN: Du, Nat...
GOLDBERG *nachdenklich*: Ja. Einer von der alten Schule.
MCCANN: Nat. Woher wissen wir, ob das das richtige Haus ist?
GOLDBERG: Was?
MCCANN: Woher wissen wir, ob das das richtige Haus ist?
GOLDBERG: Warum glaubst du, es ist das falsche?
MCCANN: Ich hab keine Nummer am Gartentor gesehen.
GOLDBERG: Ich hab nicht nach einer Nummer gesucht.
MCCANN: Nein?
GOLDBERG *macht es sich im Sessel bequem*: Weißt du, etwas hat mich mein Onkel Barney gelehrt. Onkel Barney hat mich gelehrt, daß man sich auf das Wort eines Gentleman verlassen kann. Darum habe ich auf meinen Geschäftsreisen nie Geld bei mir gehabt. Einer von meinen Söhnen kam immer mit. Er hatte Kleingeld bei sich. Um mal eine Zeitung zu kaufen, um vielleicht zu sehen, wie es unserer Kricketmannschaft in Australien ergeht. Sonst genügte mein Name. Außerdem hatte ich immer viel zu tun.
MCCANN: Was nun, Nat? Zeit, daß jemand kommt.

GOLDBERG: McCann, was bist du so nervös? Nimm dich zusammen. Wo immer du dieser Tage auch hingehst ist es wie bei einer Beerdigung.
MCCANN: Stimmt.
GOLDBERG: Stimmt? Natürlich stimmt's. Es tut mehr als stimmen. Es ist eine Tatsache.
MCCANN: Du magst recht haben.
GOLDBERG: Was ist denn los, McCann? Du traust mir nicht mehr wie früher?
MCCANN: Doch, natürlich trau ich dir, Nat.
GOLDBERG: Dann bin ich froh. Aber warum bist du ganz aus dem Häuschen, bevor du an eine Sache rangehst, und wenn du mal angefangen hast, die Ruhe selbst?
MCCANN: Ich weiß nicht, Nat. Ich kann's, wenn ich erst mal weiß, was ich tue. Wenn ich weiß, was ich tue, dann geht's.
GOLDBERG: Und du machst deine Sache sehr gut.
MCCANN: Danke, Nat.
GOLDBERG: Übrigens habe ich erst neulich mit jemandem über dich gesprochen. Ich hab sehr lobend von dir gesprochen.
MCCANN: Nett von dir, Nat.
GOLDBERG: Und dann kam dieser Antrag hier plötzlich aus heiterem Himmel. Natürlich hat man mich gebeten, es zu machen. Und weißt du, wen ich angefordert habe?
MCCANN: Wen?
GOLDBERG: Dich.
MCCANN: Das war sehr lieb von dir, Nat.
GOLDBERG: Nicht der Rede wert. So ein fähiger Mann wie du, McCann.
MCCANN: Das ist wirklich ein Kompliment, Nat, wenn ein Mann in deiner Position das sagt.
GOLDBERG: Ja, ich habe eine Position, das will ich nicht leugnen.
MCCANN: Ja, die hast du.
GOLDBERG: Ich würde nie leugnen, daß ich eine Position habe.
MCCANN: Und was für eine!
GOLDBERG: Das ist etwas, was ich nie ableugnen würde.
MCCANN: Ja, wirklich, du hast so viel für mich getan. Ich weiß es zu schätzen.
GOLDBERG: Genug davon.
MCCANN: Du hast dich immer wie ein wahrer Christ benommen.
GOLDBERG: In gewissem Sinne.
MCCANN: Nein, ich wollte dir nur sagen, daß ich es zu schätzen weiß.
GOLDBERG: Du brauchst es nicht zu wiederholen.
MCCANN: Da hast du recht.
GOLDBERG: Völlig unnötig.

Pause.

MCCANN *beugt sich vor*: Du, Nat, nur noch eins ...

GOLDBERG: Was denn noch?

MCCANN: Diese Sache hier – nein, hör zu –, diese Sache, haben wir so was schon mal gemacht?

GOLDBERG: Tsch, tsch, tsch.

MCCANN: Nein, sag mir nur das eine. Nur das eine, und dann frage ich nicht mehr.

Goldberg seufzt, steht auf, geht hinter den Tisch, überlegt, blickt auf McCann und spricht dann in einem ruhigen, fließenden, offiziellen Ton.

GOLDBERG: Das Hauptproblem ist hier ein ganz besonderes Problem und unterscheidet sich grundsätzlich von den früheren Aufgaben, die dir gestellt wurden. Gewisse Elemente jedoch mögen in den anzuwendenden Methoden einigen deiner früheren Verfahren ähnlich sein. Alles hängt ab vom Verhalten unseres Objekts. Auf jeden Fall, McCann, kann ich dir versichern, daß der Auftrag ausgeführt und die Mission erfüllt werden wird, ohne übermäßige Komplikationen für dich oder für mich. Zufrieden?

MCCANN: Natürlich. Danke, Nat.

Meg kommt links herein.

GOLDBERG: Ach, Mrs. Boles?

MEG: Ja?

GOLDBERG: Wir haben gestern abend mit ihrem Gatten gesprochen. Vielleicht hat er es erwähnt? Wir hatten gehört, daß Sie freundlicherweise Zimmer an Herren vermieten. Und da hab ich meinen Freund mitgebracht. Wir suchten eine anständige Unterkunft, verstehen Sie. Und da sind wir zu Ihnen gekommen. Mein Name ist Goldberg und das hier ist Mr. McCann.

MEG: Sehr erfreut, Sie kennenzulernen.

Sie geben einander die Hände.

GOLDBERG: Wir freuen uns auch, Sie kennenzulernen.

MEG: Das ist nett von Ihnen.

GOLDBERG: Ganz recht. Wie oft trifft man schon jemanden, bei dem es ein Vergnügen ist, ihn kennenzulernen?

MCCANN: Nie.

GOLDBERG: Aber heute ist es anders. Wie geht es Ihnen denn, Mrs. Boles?

MEG: Sehr gut, danke.

GOLDBERG: Ja? Wirklich?

MEG: Ach ja, wirklich.

GOLDBERG: Das freut mich.

Er setzt sich rechts an den Tisch.

Sie können uns also unterbringen, Mrs. Boles?

MEG: Na, vergangene Woche wäre es besser gewesen.

GOLDBERG: So?
MEG: Ja.
GOLDBERG: Warum? Wieviel sind denn jetzt grade hier?
MEG: Jetzt nur einer.
GOLDBERG: Nur einer?
MEG: Ja. Nur einer. Bis Sie gekommen sind.
GOLDBERG: Und natürlich Ihr Mann?
MEG: Ja, aber der schläft bei mir drin.
GOLDBERG: Was macht denn Ihr Mann?
MEG: Er ist Liegestuhl-Kontrolleur.
GOLDBERG: Ach, wie schön.
MEG: Ja, er ist bei jedem Wetter draußen.
Sie fängt an, ihre Einkäufe aus der Tasche zu nehmen.
GOLDBERG: Natürlich. Und Ihr Gast? Ist es ein Herr?
MEG: Ein Herr?
GOLDBERG: Oder eine Dame?
MEG: Nein. Ein Herr.
GOLDBERG: Schon lange hier?
MEG: Er ist jetzt etwa ein Jahr hier.
GOLDBERG: Ach so. Ein Dauergast. Wie heißt er?
MEG: Stanley Webber.
GOLDBERG: Ach ja? Ist er hier tätig?
MEG: Er war früher tätig. Er war Klavierspieler. Bei einer Truppe auf der Pier.
GOLDBERG: Ach. Auf der Pier? Spielt er gut Klavier?
MEG: Ach, wunderbar.
Sie setzt sich an den Tisch.
Er hat einmal ein Konzert gegeben.
GOLDBERG: So? Wo denn?
MEG *zögernd*: In ... einem großen Saal. Sein Vater brachte ihm Champagner. Aber dann wurde alles abgeschlossen, und er konnte nicht heraus. Der Hausmeister war nach Hause gegangen. Da mußte er bis zum Morgen warten, bevor er raus konnte.
Mit Sicherheit:
Alle sagten zu ihm, wir danken Ihnen.
Pause.
Und dann wollten sie ihm alle einen Wink geben. Und er nahm den Wink an. Und er hat einen Schnellzug genommen und ist hierhergekommen.
GOLDBERG: Wirklich?
MEG: Ja. Direkt hierher.
Pause.
Ich wünschte, er hätte heute abend spielen können.
GOLDBERG: Warum heute abend?

MEG: Er hat Geburtstag heute.
GOLDBERG: Geburtstag?
MEG: Ja. Heute. Aber ich sag's ihm erst heute abend.
GOLDBERG: Weiß er denn nicht, daß es sein Geburtstag ist?
MEG: Er hat nichts erwähnt.
GOLDBERG *nachdenklich*: So, so, so. Gibt's da eine Geburtstagsfeier?
MEG: Eine Feier?
GOLDBERG: War denn keine geplant?
MEG *mit großen Augen*: Nein.
GOLDBERG: Aber natürlich müssen wir eine Geburtstagsfeier haben.
Er steht auf.
Wir arrangieren eine Geburtstagsfeier. Was sagen Sie dazu?
MEG: O ja!
GOLDBERG: Gut. Wir geben ihm ein Fest. Überlassen Sie's mir.
MEG: Das ist ja himmlisch, Herr Gold –
GOLDBERG: Berg.
MEG: Berg.
GOLDBERG: Sagt Ihnen das zu?
MEG: Ich bin so froh, daß Sie heute gekommen sind.
GOLDBERG: Wenn wir heute nicht gekommen wären, wären wir morgen gekommen. Immerhin, ich freu mich, daß wir heute gekommen sind. Gerade zu seinem Geburtstag.
MEG: Ich wollte auch eine Geburtstagsfeier machen. Aber dazu braucht man Leute.
GOLDBERG: Und jetzt haben Sie McCann und mich. Wenn McCann dabei ist, geht's immer hoch her.
MCCANN: Was?
GOLDBERG: Was sagst du dazu, McCann? Hier wohnt ein Herr, der heute Geburtstag hat, und er hat ihn ganz vergessen. Wir werden ihn daran erinnern. Wir arrangieren eine Geburtstagsfeier.
MCCANN: Ach, tatsächlich?
MEG: Heute abend.
GOLDBERG: Heute abend.
MEG: Ich zieh mein Festkleid an.
GOLDBERG: Und ich hol ein paar Flaschen.
MEG: Und ich werde heute nachmittag Lulu einladen. Das wird Stanley aufmuntern. Bestimmt. Er ist so deprimiert gewesen in letzter Zeit.
GOLDBERG: Wir werden ihn schon auf andere Gedanken bringen.
MEG: Hoffentlich sehe ich in meinem Kleid hübsch aus.
GOLDBERG: Gnädige Frau, Sie werden aussehen wie eine Tulpe.
MEG: Welche Farbe?
GOLDBERG: Hm – da muß ich erst das Kleid sehen.
MCCANN: Könnte ich auf mein Zimmer gehen?

MEG: Ich hab Ihnen ein Doppelzimmer gegeben. Es macht Ihnen doch nichts, wenn Sie zusammen sind?
GOLDBERG: Mir macht es nichts. Macht es dir was, McCann?
MCCANN: Nein.
MEG: Wann wollen wir mit der Feier anfangen?
GOLDBERG: Um neun.
MCCANN *an der Tür*: Geht es hier hinauf?
MEG *steht auf*: Ich zeig's Ihnen. Würden Sie bitte mit heraufkommen.
GOLDBERG: Mit einer Tulpe? Es wird uns ein Vergnügen sein.
Meg und Goldberg gehen lachend hinauf, gefolgt von McCann. Stanley erscheint am Fenster. Er kommt zur Hintertür herein. Er geht an die Tür links, öffnet sie und horcht. Stille. Er geht zum Tisch. Er bleibt stehen. Er setzt sich, als Meg zur Tür hereinkommt. Sie geht durchs Zimmer und hängt die Einkaufstasche an einen Haken. Er zündet ein Streichholz an und sieht zu, wie es abbrennt.
STANLEY: Wer ist da?
MEG: Die beiden Herren.
STANLEY: Welche beiden Herren?
MEG: Die heute kommen sollten. Ich hab sie grade auf ihr Zimmer geführt. Sie waren begeistert von ihrem Zimmer.
STANLEY: Wer sind sie?
MEG: Sie sind sehr nett, Stan.
STANLEY: Warum sind sie gestern abend nicht gekommen?
MEG: Sie meinten, die Betten sind ausgezeichnet.
STANLEY: Wer sind sie?
MEG *setzt sich*: Sie sind sehr nett, Stanley.
STANLEY: Ich hab gefragt, wer sie sind.
MEG: Ich hab dir doch gesagt, zwei Herren.
STANLEY: Ich hab nicht gedacht, daß sie kommen.
Er steht auf und geht ans Fenster.
MEG: Sie sind da. Sie waren hier, als ich nach Hause kam.
STANLEY: Was wollen sie denn hier?
MEG: Sie wollen hier wohnen.
STANLEY: Für wie lange?
MEG: Das haben sie nicht gesagt.
STANLEY, *sich umwendend*: Aber warum hier? Warum nicht woanders?
MEG: Dieses Haus steht auf der Liste.
STANLEY *kommt nach vorn*: Wie heißen Sie? Wie sind ihre Namen?
MEG: Ach, Stanley, ich weiß nicht mehr.
STANLEY: Sie haben dir's doch gesagt? Oder haben sie dir's nicht gesagt?
MEG: Doch, sie ...
STANLEY: Na, wie heißen sie denn? Mach schon. Versuch dich zu erinnern.

MEG: Warum denn, Stan? Kennst du sie?

STANLEY: Wie kann ich denn wissen, ob ich sie kenne, wenn ich ihre Namen nicht weiß?

MEG: Also ... er hat es mir gesagt, ich weiß.

STANLEY: Ja?

MEG *denkt nach*: Gold – etwas.

STANLEY: Goldetwas?

MEG: Ja. Gold ...

STANLEY: Ja?

MEG: Goldberg.

STANLEY: Goldberg?

MEG: Ja, So heißt der eine.

Stanley setzt sich langsam an den Tisch.

Kennst du sie?

Stanley antwortet nicht.

Stan, sie werden dich nicht stören, das versprech ich dir. Ich werde ihnen sagen, sie müssen ruhig sein.

Stanley bleibt unbeweglich sitzen.

Sie werden nicht lange hierbleiben, Stan. Ich bring dir deinen Tee rauf morgens wie immer.

Stanley sitzt reglos.

Du darfst heute nicht traurig sein. Heute ist dein Geburtstag.

Pause.

STANLEY *stumpf*: Uh?

MEG: Heute ist dein Geburtstag, Stan. Ich wollte, daß es bis heute abend ein Geheimnis bleibt.

STANLEY: Nein.

MEG: Doch. Ich hab dir ein Geschenk mitgebracht.

Sie geht zur Anrichte, nimmt das Paket und stellt es auf dem Tisch vor ihn hin.

Hier. Mach es auf.

STANLEY: Was ist es?

MEG: Dein Geschenk.

STANLEY: Heute ist nicht mein Geburtstag, Meg.

MEG: Aber ja doch. Mach dein Geschenk auf.

Er blickt auf das Paket, steht langsam auf und öffnet es. Er nimmt eine Kindertrommel heraus.

STANLEY *stumpf*: Eine Trommel. Eine Kindertrommel.

MEG *zärtlich*: Weil du kein Klavier hast.

Er starrt sie an, dreht sich um und geht zur Tür links.

Gibst du mir keinen Kuß?

Er wendet sich mit einem Ruck um und bleibt stehen. Er geht langsam zu ihr zurück. Er bleibt bei ihrem Stuhl stehen und blickt auf sie hinunter. Seine Schultern sinken herab, er beugt sich nieder und küßt sie auf die Wange.

Da sind auch Stöcke drin.

Stanley sucht in dem Paket. Er nimmt zwei Trommelstöcke heraus. Er schlägt sie zusammen. Er blickt sie an.

STANLEY: Soll ich sie mir umhängen?

Sie beobachtet ihn unsicher. Er hängt sich die Trommel um den Hals und schlägt behutsam mit den Stöcken darauf. Dann marschiert er um den Tisch, regelmäßig die Trommel schlagend. Meg beobachtet ihn erfreut. Immer noch regelmäßig schlagend, beginnt er die zweite Runde. Auf halbem Wege wird der Trommelschlag unregelmäßig und unkontrolliert. Meg blickt bestürzt drein. Er kommt zu ihrem Stuhl heran, die Trommel schlagend, sein Gesicht und der Trommelschlag jetzt wild und besessen.

Vorhang.

Zweiter Akt

McCann sitzt am Tisch und zerreißt ein Blatt Zeitungspapier in fünf gleich breite Streifen. Es ist Abend. Einen Augenblick später kommt Stanley herein. Er bleibt stehen, als er McCann sieht, und beobachtet ihn. Dann geht er auf die Küchentür zu, bleibt stehen und spricht.

STANLEY: 'n Abend.

MCCANN: 'n Abend.

Man hört Gekicher von der offenen Hintertür her.

STANLEY: Sehr warm heute abend.

Er wendet sich zur Hintertür und dann wieder zurück.

Jemand da draußen?

McCann reißt noch einen Streifen Papier ab.

Stanley geht in die Küche und gießt sich ein Glas Wasser ein. Während er trinkt, guckt er durch die Durchreiche. Er stellt das Glas hin, kommt aus der Küche zurück und geht schnell zur Tür links. McCann steht auf und tritt ihm in den Weg.

MCCANN: Ich glaube, wir sind noch nicht miteinander bekannt gemacht worden.

STANLEY: Nein.

MCCANN: Mein Name ist McCann.

STANLEY: Bleiben Sie länger?

MCCANN: Nicht sehr lange. Wie ist Ihr Name?

STANLEY: Webber.

MCCANN: Erfreut, Ihre Bekanntschaft zu machen.

Er bietet seine Hand an. Stanley nimmt sie, und McCann hält sie fest.

Gratuliere.

Stanley zieht die Hand zurück. Sie blicken einander an.
Wollten Sie weggehen?

STANLEY: Ja.

MCCANN: An Ihrem Geburtstag?

STANLEY: Ja. Warum nicht?

MCCANN: Aber heute abend soll's hier doch eine Geburtstagsfeier geben.

STANLEY: So? Schade.

MCCANN: Nein. Das ist doch sehr nett.

Man hört wieder Stimmen von draußen vor der Hintertür.

STANLEY: Tut mir leid. Mir ist nicht nach Feiern zumute heute.

MCCANN: Nein? Das tut mir leid.

STANLEY: Ja. Ich will weggehen und ruhig für mich allein feiern.

MCCANN: Das ist aber schade.

Sie stehen einander gegenüber.

STANLEY: Also, wenn Sie mir jetzt aus dem Weg gehen würden –

MCCANN: Aber es ist alles arrangiert. Die Gäste sind eingeladen.

STANLEY: Gäste? Was für Gäste?

MCCANN: Ich, zum Beispiel. Ich hatte die Ehre, eingeladen zu werden.

McCann fängt an, die irische Melodie «Die Berge von Morne» zu pfeifen.

STANLEY *sich abwendend*: Ich würde es nicht grade eine Ehre nennen. Es wird nur wieder ein großes Gesaufe werden.

Stanley pfeift die Melodie weiter, einer pfeift, während der andere spricht, und dann pfeifen beide zusammen.

MCCANN: Es ist aber eine Ehre.

STANLEY: Ich würde sagen, Sie übertreiben.

MCCANN: Aber nein. Ich würde sagen, es ist eine Ehre.

STANLEY: Ich würde sagen, das ist einfach dumm.

MCCANN: Aber nein.

Sie starren einander an.

STANLEY: Wer sind die anderen Gäste?

MCCANN: Eine junge Dame.

STANLEY: Ja? Und ...?

MCCANN: Mein Freund.

STANLEY: Ihr Freund?

MCCANN: Ganz recht. Es ist alles arrangiert.

Stanley geht um den Tisch herum zur Tür. McCann tritt ihm entgegen.

STANLEY: Verzeihung.

MCCANN: Wo wollen Sie hin?

STANLEY: Ich will weggehen.

MCCANN: Warum bleiben Sie nicht hier?

Stanley wendet sich ab und geht rechts an den Tisch.

STANLEY: Sie sind also hier auf Urlaub?

MCCANN: Nur kurz.

Stanley nimmt einen Streifen Papier.

MCCANN *tritt näher*: Vorsichtig.

STANLEY: Was ist das?

MCCANN: Vorsichtig. Lassen Sie's liegen.

STANLEY: Ich habe das Gefühl, wir sind uns schon mal begegnet.

MCCANN: Nein, bestimmt nicht.

STANLEY: Sind Sie mal in der Nähe von Maidenhead gewesen?

MCCANN: Nein.

STANLEY: Da ist Fullers Teestube. Ich hab dort immer Tee getrunken.

MCCANN: Kenn ich nicht.

STANLEY: Und die Leihbibliothek bei Boots. Ich scheine Sie irgendwie mit der Hauptstraße in Verbindung zu bringen.

MCCANN: So?

STANLEY: Eine reizende Stadt, finden Sie nicht?

MCCANN: Ich kenne sie nicht.

STANLEY: Ach nein. Ein ruhiges, wohlhabendes Städtchen. Ich bin dort geboren und dort aufgewachsen. Ich wohnte schön abseits vom Verkehr.

MCCANN: So?

Pause.

STANLEY: Sie sind nur kurz hier?

MCCANN: Ganz recht.

STANLEY: Sie werden es sehr erholsam finden.

MCCANN: Finden Sie es erholsam?

STANLEY: Ich? Nein. Aber für Sie.

Setzt sich an den Tisch.

Es gefällt mir hier, aber ich werde bald wegziehen. Zurück nach Hause. Und diesmal werde ich auch dort bleiben. Zu Hause ist's am besten.

Lacht.

Ich wäre gar nicht weggegangen, aber ich mußte aus geschäftlichen Gründen. Geschäft ist Geschäft, und ich mußte auf einige Zeit fort. Sie wissen sicher, wie das ist.

MCCANN *setzt sich links an den Tisch*: Sind Sie Geschäftsmann?

STANLEY: Nein. Ich glaube, ich werde es aufgeben. Ich habe eine kleine Rente, wissen Sie. Ich glaube, ich werde das Geschäft aufgeben. Ich bin nicht gern von zu Haus weg. Ich hab immer ruhig gelebt – Platten gespielt, und so. Alles wurde mir ins Haus geliefert. Dann hab ich ein kleines, privates Geschäft angefangen, nur bescheiden, und ich wurde gezwungen, hierher zu ziehen – mußte länger hier bleiben, als ich erwartet hatte. Man gewöhnt sich nie richtig daran, in einem fremden Haus zu leben. Finden Sie nicht? Ich lebte still für mich. Man lernt erst schätzen, was man hat, wenn sich die Umstände verändern. So heißt es doch, nicht? Zigarette?

McCann: Ich rauche nicht.

Stanley zündet sich eine Zigarette an. Stimmen von draußen.

Stanley: Wer ist denn da draußen?

McCann: Mein Freund und der Hausherr.

Stanley: Wissen Sie was? Wenn Sie mich anschauen, würden Sie nicht glauben, daß ich so ein friedliches Leben geführt habe. Die Falten in meinem Gesicht, was? Die kommen vom Trinken. Ich hab ein bißchen getrunken seit ich hier bin. Aber ich meine ... Sie wissen, wie es ist ... von zu Hause weg ... ganz falsch, natürlich ... aber es wird schon wieder werden, wenn ich zurück bin ... aber ich finde, manche Leute sehen mich so an, als wär ich ein anderer geworden. Wahrscheinlich hab ich mich verändert, aber ich bin doch immer noch der gleiche. Ich meine, wenn man mich sieht, würde man nicht glauben ... ich meine, man würde wirklich nicht glauben, daß ich jemand bin, der Schwierigkeiten macht?

McCann blickt ihn an.

Verstehen Sie, was ich meine?

McCann: Nein

Stanley hebt einen Streifen Papier hoch.

Vorsicht.

Stanley *rasch*: Warum sind Sie hier?

McCann: Ein kurzer Urlaub.

Stanley: Da haben Sie sich aber ein komisches Haus ausgesucht.

Steht auf.

McCann: Warum?

Stanley: Es ist keine Pension. Nie eine gewesen.

McCann: Doch, natürlich ist es eine.

Stanley: Warum haben Sie sich dieses Haus ausgesucht?

McCann: Wissen Sie, mein Herr, Sie kommen mir etwas deprimiert vor, dafür, daß Sie Geburtstag haben.

Stanley *scharf*: Warum nennen Sie mich «mein Herr»?

McCann: Gefällt Ihnen das nicht?

Stanley *zum Tisch gehend*: Hören Sie. Nennen Sie mich nicht «Mein Herr».

McCann: Nein, wenn Sie es nicht wollen.

Stanley *sich entfernend*: Nein. Im übrigen ist heute gar nicht mein Geburtstag.

McCann: Nein?

Stanley: Nein. Erst nächsten Monat.

McCann: Das ist aber nicht, was die Dame gesagt hat.

Stanley: Die? Die ist verrückt. Aus dem Häuschen.

McCann: Wie können Sie so was sagen?

Stanley *zum Tisch gehend*: Haben Sie das noch nicht bemerkt? Ich glaube, Sie haben eine ganze Menge noch nicht bemerkt. Ich glaube, jemand führt Sie an der Nase rum.

McCann: Wer würde so etwas tun?

Stanley *lehnt sich über den Tisch*: Die Frau ist eine Irre!

McCann: Das ist Verleumdung.

Stanley: Und Sie wissen nicht, was Sie tun.

McCann: Ihre Zigarette ist zu nah an der Zeitung dran.

Stimmen von hinten.

Stanley: Verdammt noch mal, wo bleiben sie denn?

Drückt die Zigarette aus.

Warum kommen sie nicht rein? Was machen sie da draußen?

McCann: Nehmen Sie sich zusammen.

Stanley geht auf ihn zu und ergreift ihn am Arm.

Stanley *dringlich*: Schauen Sie –

McCann: Fassen Sie mich nicht an.

Stanley: Schauen Sie. Hören Sie einen Augenblick zu.

McCann: Lassen Sie meinen Arm los.

Stanley: Sehen Sie mal. Setzen Sie sich einen Augenblick hin.

McCann *wütend, schlägt ihm auf den Arm*: Lassen Sie das!

Stanley geht rückwärts über die Bühne und hält sich den Arm.

Stanley: Hören Sie zu. Sie wußten ganz genau, wovon ich gesprochen habe.

McCann: Ich weiß nicht, was Sie wollen.

Stanley: Es ist ein Irrtum! Verstehen Sie?

McCann: Sie sind aber in einem schlimmen Zustand, mein Lieber.

Stanley *flüsternd, auf ihn zugehend*: Hat er Ihnen was gesagt? Wissen Sie, weswegen Sie hier sind? Sagen Sie's mir. Sie brauchen vor mir keine Angst zu haben. Oder hat er Ihnen nichts gesagt?

McCann: Hat mir was gesagt?

Stanley *zischt*: Ich hab Ihnen doch erklärt, verdammt noch mal, daß ich all die Jahre, wo ich in Basingstoke gewohnt habe, nie das Haus verlassen habe.

McCann: Wissen Sie, ich bin einfach platt.

Stanley *vernünftig*: Schauen Sie. Sie sehen ehrlich aus. Man hält Sie zum Narren, weiter nichts. Verstanden? Wo kommen Sie her?

McCann: Was glauben Sie?

Stanley: Ich kenne Irland gut. Ich habe viele Bekannte dort. Ich liebe das Land und bewundere seine Einwohner und habe Vertrauen zu ihnen. Sie haben Achtung vor der Wahrheit und auch einen Sinn für Humor. Ich finde die Polizisten dort großartig. Ich bin dagewesen. Ich hab noch nie so einen Sonnenuntergang gesehen. Wie wär's, wenn wir zusammen einen trinken gehen? Da ist ein Lokal, die Straße runter, wo man Guiness vom Faß bekommt. Schwer zu bekommen in dieser Gegend.

Er bricht ab.

Die Stimmen kommen näher. Goldberg und Petey kommen durch die Hintertür herein.

GOLDBERG, *hereinkommend*: Eine Mutter wie keine zweite unter Millionen.

Er bemerkt Stanley.

Ah.

PETEY: Ach, da bist du ja, Stan. Sie haben, glaube ich, Stanley noch nicht kennengelernt. Mr. Goldberg?

GOLDBERG: Ich hatte noch nicht das Vergnügen.

PETEY: Also, das ist Mr. Goldberg, das ist Mr. Webber.

GOLDBERG: Erfreut, Sie kennenzulernen.

PETEY: Wir haben grade im Garten etwas Luft geschnappt.

GOLDBERG: Ich hab Mr. Boles von meinem lieben Mütterchen erzählt. Das waren Zeiten.

Er setzt sich rechts an den Tisch.

Ja. Als ich jung war, freitags, ging ich immer am Kanal spazieren mit einem Mädchen, das in unserer Straße wohnte. Ein wunderschönes Mädchen. Was für eine Stimme dieses Vögelchen hatte! Eine Nachtigall, mein Ehrenwort. Gut? Rein? Sie hat nicht umsonst sonntags beim Kindergottesdienst mitgeholfen. Jedenfalls hab ich mich immer mit einem leichten Kuß auf die Wange von ihr verabschiedet – ich hab mir nie was rausgenommen, wir benahmen uns damals nicht wie die jungen Männer heutzutage. Wir wußten, was Achtung bedeutete. Ich gab ihr ein Küßchen und dann rasch nach Hause. Vor mich hin gesummt hab ich, am Kinderspielplatz vorbei. Ich nahm den Hut ab vor den kleinsten Kindern. Ich half ein paar herrenlosen Hunden, alles war ganz selbstverständlich. Es kommt mir vor wie gestern. Die Sonne, die hinter der Hunderennbahn untergeht. Ah!

Er lehnt sich zufrieden zurück.

MCCANN: Wie hinter dem Rathaus.

GOLDBERG: Welchem Rathaus?

MCCANN: In Carrikmacross.

GOLDBERG: Aber kein Vergleich. Die Straße rauf, durchs Gartentor, in die Haustür, zu Hause. «Simey», rief mein gutes Mütterchen, «schnell, bevor es kalt wird.» Und auf dem Tisch, was stand da? Das schönste Stück gefilte Fisch, das je auf einem Teller zu sehen war.

MCCANN: Ich dachte, du heißt Nat.

GOLDBERG: Sie nannte mich Simey.

PETEY: Ja, wir denken alle gern an die Kindheit zurück.

GOLDBERG: Das ist wahr. He, Mr. Webber, was sagen Sie dazu? Die

Kindheit. Wärmflaschen. Warme Milch. Pfannkuchen. Seifenschaum. Das war ein Leben.

Pause.

PETEY *steht vom Tisch auf*: Also, ich muß weg.

GOLDBERG: Weg?

PETEY: Mein Schachabend.

GOLDBERG: Bleiben Sie nicht zur Geburtstagsfeier hier?

PETEY: Nein. Tut mir leid, Stan. Ich hab erst jetzt davon gehört. Und das Spiel ist angesetzt. Ich werd versuchen, früh zurückzukommen.

GOLDBERG: Wir heben Ihnen was zu trinken auf, ja? Ach, da fällt mir ein. Geh jetzt lieber die Flaschen holen.

McCANN: Jetzt?

GOLDBERG: Natürlich jetzt. Es wird Zeit. Um die Ecke, ja? Brauchst nur meinen Namen zu sagen.

PETEY: Ich gehe mit Ihnen mit.

GOLDBERG: Schlagen Sie ihn schnell, und dann kommen Sie, Mr. Boles.

PETEY: Ich werd's versuchen. Bis nachher, Stan.

Petey und McCann gehen links ab.

Stanley tritt in die Mitte der Bühne.

GOLDBERG: Ein warmer Abend.

STANLEY *dreht sich um*: Mischen Sie sich nicht ein!

GOLDBERG: Wie bitte?

STANLEY *kommt nach vorn*: Da ist leider ein Irrtum vorgekommen. Bei uns ist alles besetzt. Ihr Zimmer ist vermietet. Mrs. Boles hat vergessen, es Ihnen zu sagen. Sie müssen sich woanders etwas suchen.

GOLDBERG: Sind Sie hier der Geschäftsführer?

STANLEY: Ja.

GOLDBERG: Geht das Geschäft?

STANLEY: Ich führe das Haus. Es tut mir leid, aber Sie und Ihr Freund müssen sich woanders Unterkunft suchen.

GOLDBERG *steht auf*: Ach, ich hab ganz vergessen, Ihnen zu Ihrem Geburtstag zu gratulieren.

Bietet ihm seine Hand an.

Gratuliere.

STANLEY *ignoriert die Hand*: Sind Sie taub?

GOLDBERG: Nein, wie kommen Sie darauf? Ich muß sagen, jeder meiner fünf Sinne ist jetzt grade auf seinem Höhepunkt. Nicht schlecht, was? Für einen Mann über fünfzig. Aber ein Geburtstag, finde ich immer, ist eine große Angelegenheit, die viel zu oft für selbstverständlich genommen wird heutzutage. Was man da feiert – die Geburt. Wie das Aufstehen am Morgen. Großartig! Manche Leute stehen morgens nicht gerne auf. Ich hab sie reden hören. Aufstehen morgens, sagen sie, was ist das schon? Die Haut juckt, man muß sich rasieren, die Augen sind verklebt, der Mund ist wie ein Lokus, die

Hände sind verschwitzt, die Nase ist verstopft, die Füße stinken, was ist man mehr als eine Leiche, die darauf wartet, gewaschen zu werden? Wenn ich diese Ansicht zu hören bekomme, werde ich immer fröhlich. Denn ich weiß, was es bedeutet, aufzuwachen, wenn die Sonne scheint, beim Geräusch der Mähmaschine, der Vöglein, dem Geruch des Rasens, die Kirchenglocken, Tomatensaft –

STANLEY: Raus.

McCann kommt mit den Flaschen zurück.

Raus mit den Flaschen. Wir haben keine Genehmigung zum Getränkeausschank.

GOLDBERG: Sie haben aber eine schreckliche Laune heute, Mr. Webber, Und dazu noch an Ihrem Geburtstag, wo die gute Dame sich soviel Mühe macht, nett zu feiern.

McCann stellt die Flaschen auf die Anrichte.

STANLEY: Ich hab Ihnen gesagt, Sie sollen die Flaschen wegnehmen.

GOLDBERG: Mr. Webber, setzen Sie sich einen Augenblick.

STANLEY: Lassen Sie mich – nur eines klarstellen. Mir macht es nichts aus. Für mich sind Sie nur ein schlechter Witz. Aber ich habe eine Verantwortung den anderen gegenüber in diesem Haus. Sie wohnen schon zu lange hier. Sie haben ihren Geruchssinn verloren. Ich aber nicht. Und keiner wird diese Leute ausnutzen, während ich hier bin.

Etwas weniger kraftvoll:

Dieses Haus ist ohnehin nicht nach Ihrem Geschmack. Hier gibt es für Sie nichts zu holen, in keiner Weise, in keiner Weise. Also, warum gehen Sie nicht einfach, ohne soviel Theater zu machen?

GOLDBERG: Mr. Webber, setzen Sie sich.

STANLEY: Fangen Sie hier nichts an, es hat keinen Sinn.

GOLDBERG: Setzen Sie sich.

STANLEY: Warum denn?

GOLDBERG: Wenn ich Ihnen die Wahrheit sagen soll, Webber, Sie gehen mir allmählich auf die Nerven.

STANLEY: Wirklich? Na, da –

GOLDBERG: Setzen Sie sich.

STANLEY: Nein.

Goldberg seufzt und setzt sich rechts an den Tisch.

GOLDBERG: McCann.

MCCANN: Nat?

GOLDBERG: Bitte ihn, sich hinzusetzen.

MCCANN: Jawohl, Nat.

McCann geht zu Stanley.

Haben Sie was dagegen, sich hinzusetzen?

STANLEY: Ja, ich hab was dagegen.

MCCANN: Jetzt vielleicht, aber – es wäre bessser, wenn Sie sich setzen.

STANLEY: Warum setzen Sie sich denn nicht?

McCann: Nein, ich nicht – Sie.
Stanley: Nein, danke.
Pause.
McCann: Nat.
Goldberg: Was?
McCann: Er will sich nicht setzen.
Goldberg: Bitte ihn doch.
McCann: Ich hab ihn darum gebeten.
Goldberg: Bitte ihn noch mal.
McCann *zu Stanley*: Setzen Sie sich.
Stanley: Warum?
McCann: Das ist bequemer für Sie.
Stanley: Für Sie auch.
Pause.
McCann: Gut. Wenn Sie sich setzen, setze ich mich auch.
Stanley: Sie zuerst.
McCann setzt sich langsam links an den Tisch.
McCann: Na . . . und?
Stanley: So. Nun haben Sie sich beide ausgeruht, und jetzt können Sie gehen!
McCann *steht auf*: Das ist ein lausiger Trick! Ich werde die Scheiße aus ihm raushauen!
Goldberg *steht auf*: Nein! Jetzt bin ich aufgestanden.
McCann: Setz dich wieder!
Goldberg: Wenn ich mal stehe, steh ich.
Stanley: Ich auch.
McCann *geht zu Stanley*: Mr. Goldberg ist Ihretwegen aufgestanden.
Stanley *mit erhobener Stimme*: Das wird ihm guttun!
McCann: Setzen Sie sich auf den Stuhl!
Goldberg: McCann.
McCann: Setzen Sie sich auf den Stuhl!
Goldberg *geht auf Stanley zu*: Webber.
Ruhig:
Hinsetzen.
Stille. Stanley beginnt die irische Melodie «Die Berge von Morne» zu pfeifen. Er geht ungezwungen an den Stuhl beim Tisch. Sie beobachten ihn. Er hört auf zu pfeifen. Stille. Er setzt sich.
Stanley: Nehmen Sie sich in acht.
Goldberg: Was hast du gestern gemacht, Webber?
Stanley: Gestern?
Goldberg: Und vorgestern. Was hast du den Tag davor gemacht?
Stanley: Wie meinen Sie das?
Goldberg: Warum vergeudest du die Zeit anderer Menschen, Webber,

warum kommst du jedem in die Quere?

STANLEY: Ich? Was soll –

GOLDBERG: Ich sag dir, Webber, du bist eine Niete. Warum gehst du allen Leuten auf die Nerven? Warum bringst du die Alte ganz aus dem Häuschen?

MCCANN: Es macht ihm Spaß!

GOLDBERG: Warum benimmst du dich so schlecht, Webber? Zwingst du den Alten dazu, wegzugehen und Schach zu spielen?

STANLEY: Ich?

GOLDBERG: Warum behandelst du die junge Dame wie eine Aussätzige? Sie ist keine Aussätzige, Webber!

STANLEY: Was zum –

GOLDBERG: Was hast du vorige Woche angehabt, Webber? Wo hängst du deine Anzüge auf?

MCCANN: Warum hast du die Organisation verlassen?

GOLDBERG: Was würde deine liebe Mutter dazu sagen, Webber?

MCCANN: Warum hast du uns verraten?

GOLDBERG: Du hast mich verletzt, Webber. Du spielst kein ehrliches Spiel.

MCCANN: Das ist erwiesen, klipp und klar.

GOLDBERG: Was glaubt er denn, wer er ist?

MCCANN: Was glaubst du denn, wer du bist?

STANLEY: Da habt ihr den Falschen.

GOLDBERG: Wann bist du hierhergekommen?

STANLEY: Voriges Jahr.

GOLDBERG: Wo bist du hergekommen?

STANLEY: Von woanders.

GOLDBERG: Warum bist du hergekommen?

STANLEY: Mir taten die Füße weh!

GOLDBERG: Warum bist du hiergeblieben?

STANLEY: Ich hatte Kopfschmerzen.

GOLDBERG: Hast du was dagegen genommen?

STANLEY: Ja.

GOLDBERG: Was?

STANLEY: Pulver.

GOLDBERG: Marke Enos oder Marke Andrews?

STANLEY: En- ... An-

GOLDBERG: Hast du's richtig umgerührt? Hat es geschäumt?

STANLEY: Nun, Moment, Sie –

GOLDBERG: Hat es geschäumt? Hat es geschäumt, oder hat es nicht geschäumt?

MCCANN: Er weiß es nicht!

GOLDBERG: Du weißt es nicht. Wann hast du zum letztenmal gebadet?

STANLEY: Ich bade jeden –

GOLDBERG: Lüg nicht.
MCCANN: Du hast die Organisation verraten. Ich kenn ihn!
STANLEY: Sie kennen mich nicht!
GOLDBERG: Was kannst du ohne Brille sehen?
STANLEY: Alles.
GOLDBERG: Nimm ihm die Brille ab.
McCann reißt ihm die Brille ab, und während Stanley aufsteht, um sie zu ergreifen, schiebt er seinen Stuhl nach vorn vor den Tisch, so daß Stanley stolpert, als er versucht, McCann zu folgen. Stanley hält den Stuhl fest und bleibt über ihn gebeugt stehen.
Webber, du bist ein Schwindler.
Sie stehen einander gegenüber, mit dem Stuhl in der Mitte.
Wann hast du zum letztenmal eine Tasse abgewaschen?
STANLEY: Weihnachten vor einem Jahr.
GOLDBERG: Wo?
STANLEY: Bei Lyons im Eckrestaurant.
GOLDBERG: In welchem?
STANLEY: Am Marble Arch.
GOLDBERG: Wo war deine Frau?
STANLEY: In –
GOLDBERG: Antworte.
STANLEY *dreht sich um, gebückt*: Was für eine Frau?
GOLDBERG: Was hast du mit deiner Frau gemacht?
MCCANN: Er hat seine Frau umgebracht!
GOLDBERG: Warum hast du deine Frau umgebracht?
STANLEY *setzt sich, mit dem Rücken zum Zuschauer*: Was für eine Frau?
MCCANN: Wie hat er sie umgebracht?
GOLDBERG: Wie hast du sie umgebracht?
MCCANN: Du hast sie erwürgt.
GOLDBERG: Mit Arsen.
MCCANN: Da hast du ihn!
GOLDBERG: Wo ist deine Mutter?
STANLEY: Im Sanatorium.
MCCANN: Jaaa!
GOLDBERG: Warum hast du nicht geheiratet?
MCCANN: Da am Kirchentor sie wartend stand –
GOLDBERG: Du hast sie sitzenlassen.
MCCANN: – ließ im Stich der Wicht sie und entschwand.
GOLDBERG: Deinetwegen ist sie eine alte Jungfer geworden.
MCCANN: Vor der Kirche sie in Tränen stand.
GOLDBERG: Webber! Warum hast du deinen Namen gewechselt?
STANLEY: Ich hab meinen anderen vergessen.
GOLDBERG: Wie ist jetzt dein Name?

STANLEY: Johann Seifensieder.
GOLDBERG: Du stinkst nach Sünde.
MCCANN: Ich kann sie riechen.
GOLDBERG: Erkennst du eine übernatürliche Macht an?
STANLEY: Was?
GOLDBERG: Erkennst du eine übernatürliche Macht an?
MCCANN: Das ist die Frage!
GOLDBERG: Erkennst du eine übernatürliche Macht an, die für dich verantwortlich ist, die für dich leidet?
STANLEY: Es ist schon spät.
GOLDBERG: Spät. Spät genug! Wann hast du zuletzt gebetet?
MCCANN: Er schwitzt!
GOLDBERG: Wann hast du zuletzt gebetet?
MCCANN: Er schwitzt!
GOLDBERG: Ist die Zahl 846 möglich oder notwendig?
STANLEY: Weder noch.
GOLDBERG: Falsch! Ist die Zahl 846 möglich oder notwendig?
STANLEY: Beides.
GOLDBERG: Falsch! Sie ist notwendig, aber nicht möglich.
STANLEY: Beides.
GOLDBERG: Falsch! Warum glaubst du, die Zahl 846 ist notwendigerweise möglich?
STANLEY: Muß wohl sein.
GOLDBERG: Falsch! Sie ist nur notwendigerweise nötig! Wir geben die Möglichkeit erst zu, nachdem wir die Notwendigkeit anerkannt haben. Es ist möglich, weil notwendig, aber auf keinen Fall notwendig auf Grund der Möglichkeit. Die Möglichkeit kann erst angenommen werden, nachdem die Notwendigkeit erwiesen ist.
MCCANN: Richtig!
GOLDBERG: Richtig? Natürlich ist es richtig! Wir haben recht, und du hast unrecht, Webber, in allem.
MCCANN: In allem!
GOLDBERG: Wohin soll diese Unzucht führen?
MCCANN: Du wirst dafür bezahlen.
GOLDBERG: Du stopfst dich mit trockenem Toast voll.
MCCANN: Du befleckst das ewig Weibliche.
GOLDBERG: Warum bezahlst du keine Miete?
MCCANN: Mutterschänder!
GOLDBERG: Warum bohrst du in der Nase?
MCCANN: Ich verlange Gerechtigkeit!
GOLDBERG: Was ist dein Handwerk?
MCCANN: Was sagst du zu Irland?
GOLDBERG: Was ist dein Handwerk?
STANLEY: Ich spiel Klavier.

GOLDBERG: Mit wieviel Fingern?

STANLEY: Ohne Hände.

GOLDBERG: Keine Gemeinschaft würde mit dir etwas zu tun haben wollen. Nicht mal eine Baugemeinschaft.

MCCANN: Du entehrst den geistlichen Stand.

GOLDBERG: Was benutzt du als Pyjama?

STANLEY: Nichts.

GOLDBERG: Du verseuchst das Bettuch, auf dem du geboren bist.

MCCANN: Und die Ketzerei der Albigenser?

GOLDBERG: Wer hat das Spielfeld in Melbourne bewässert?

MCCANN: Und der selig gesprochene Oliver Plunkett?

GOLDBERG: Sprich deutlich, Webber. Warum ist das Huhn über die Straße gerannt?

STANLEY: Es wollte – es wollte – es wollte ...

MCCANN: Er weiß es nicht!

GOLDBERG: Warum ist das Huhn über die Straße gerannt?

STANLEY: Es wollte – es wollte ...

GOLDBERG: Warum ist das Huhn über die Straße gerannt?

STANLEY: Es wollte ...

MCCANN: Er weiß es nicht. Er weiß nicht, was zuerst da war!

GOLDBERG: Was war zuerst da?

MCCANN: Die Henne? Das Ei? Was war zuerst?

GOLDBERG/MCCANN: Was war zuerst? Was war zuerst? Was war zuerst?

Stanley schreit auf.

GOLDBERG: Er weiß es nicht. Kennst du dein eigenes Gesicht?

MCCANN: Weck ihn auf. Stech ihm eine Nadel ins Auge.

GOLDBERG: Du bist eine Pest, Webber. Du bist eine Katastrophe.

MCCANN: Du bist ein trauriger Rest!

GOLDBERG: Aber wir haben die Antwort darauf. Wir können dich sterilisieren.

MCCANN: Und die irischen Greuel?

GOLDBERG: Du kannst nicht mehr beißen. Nur dein Gestank ist noch übrig.

MCCANN: Du hast unser Land verraten.

GOLDBERG: Du verrätst unsere Rasse.

MCCANN: Wer bist du, Webber?

GOLDBERG: Warum glaubst du, daß du überhaupt existierst?

MCCANN: Du bist tot.

GOLDBERG: Du bist tot. Du kannst nicht leben, du kannst nicht denken, du kannst nicht lieben. Du bist tot. Du bist eine Pest, die in Fäulnis geriet. In dir ist kein Saft. Du bist nur noch ein Gestank.

Stille.

Sie stehen über ihn gebeugt. Er sitzt gekrümmt auf dem Stuhl.

Er blickt langsam auf und tritt Goldberg in den Magen. Goldberg fällt. Stanley steht auf. McCann ergreift einen Stuhl und hebt ihn über seinen Kopf. Stanley ergreift einen Stuhl und bedeckt seinen Kopf damit. McCann und Stanley gehen umeinander herum.
Vorsicht, McCann.

STANLEY *kreisend*: Uuuuuhhh!

MCCANN: Gut, Judas.

GOLDBERG *steht auf:* Vorsicht, McCann.

MCCANN: Los.

STANLEY: Uuuuuuuhhhh!

MCCANN: Er schwitzt.

STANLEY: Uuuuhhh!

GOLDBERG: Gib acht, McCann.

MCCANN: Das Scheißschwein schwitzt.

Man hört von links, die Treppe herunterkommend, lauten Trommelschlag. Goldberg nimmt den Stuhl aus Stanleys Händen. Sie stellen die Stühle hin. Sie verharren still. Meg tritt ein, im Abendkleid, mit Stöcken und Trommel.

MEG: Ich hab die Trommel runtergebracht. Ich hab mich schon umgezogen.

GOLDBERG: Großartig.

MEG: Gefällt Ihnen mein Kleid?

GOLDBERG: Großartig. Nicht von dieser Welt.

MEG: Ja. Mein Vater hat es mir geschenkt.
Stellt die Trommel auf den Tisch.
Macht sie nicht ein schönes Geräusch?

GOLDBERG: Sie ist ein Meisterstück. Vielleicht spielt Stan uns später eine kleine Melodie?

MEG: Ach ja, Stan, bitte.

STANLEY: Kann ich meine Brille haben?

GOLDBERG: Ach ja.
Er hält McCann die Hand hin. McCann reicht ihm die Brille.
Hier ist sie.
Er hält sie Stanley hin, der nach ihr greift.
Hier ist sie.
Stanley nimmt die Brille.
Na, was haben wir denn hier? Genug, um ein Schiff zu versenken. Wir haben vier Flaschen schottischen und eine Flasche irischen Whisky.

MEG: Ach, Mr. Goldberg, was soll ich denn trinken?

GOLDBERG: Erst mal Gläser her. Mach erst den schottischen auf, McCann.

MEG *an der Anrichte*: Hier drin sind meine allerbesten Gläser.

MCCANN: Ich trinke keinen schottischen.

GOLDBERG: Du kannst den da trinken.
MEG *bringt die Gläser*: Hier sind die Gläser.
GOLDBERG: Gut, Mrs. Boles. Ich finde, Stanley sollte uns jedem ein Glas zum Anstoßen eingießen, ja?
MEG: Ach ja, Stanley.
Stanley geht langsam an den Tisch.
Gefällt Ihnen mein Kleid, Mr. Goldberg?
GOLDBERG: Es ist einzig. Drehen Sie sich doch mal. Ich war früher in der Konfektion. Gehen Sie doch mal ein paar Schritte.
MEG: Aber nein.
GOLDBERG: Nicht so schüchtern.
Er gibt ihr einen Klaps.
MEG: Oooch!
GOLDBERG: Gehen Sie mal den Boulevard entlang. Lassen Sie sich mal anschauen. Was für eine Haltung. Was meinst du, McCann? Wie eine Gräfin, mindestens. Madame, drehen Sie sich um und promenieren Sie auf die Küche zu. Was für ein Gang!
MCCANN *zu Stanley*: Du kannst meinen Irischen auch eingießen.
GOLDBERG: Sie sehen aus wie eine Gladiole.
MEG: Wie findest du mein Kleid, Stan?
GOLDBERG: Eins für die Dame, eins für die Dame. So, Madame, Ihr Glas.
MEG: Danke.
GOLDBERG: Heben Sie Ihre Gläser an, meine Damen und Herren. Wir trinken einen Toast.
MEG: Lulu ist noch nicht da.
GOLDBERG: Es ist aber schon längst Zeit. Nun – wer sagt den Trinkspruch? Mrs. Boles, das können nur Sie.
MEG: Ich?
GOLDBERG: Wer sonst?
MEG: Was soll ich denn sagen?
GOLDBERG: Sagen Sie, was Sie empfinden. Was Sie ehrlich empfinden.
Meg sieht unsicher aus.
Es ist Stanleys Geburtstag. Ihr Stanley. Schauen Sie ihn an. Schauen Sie ihn an, und die Gedanken werden Ihnen kommen. Einen Augenblick, das Licht ist zu grell. Wir brauchen gedämpftes Licht. McCann, hast du deine Taschenlampe?
MCCANN *nimmt eine kleine Taschenlampe aus der Tasche*: Hier.
GOLDBERG: Dreh das Licht aus und mach die Taschenlampe an.
McCann geht an die Tür, dreht das Licht aus, kommt zurück und leuchtet Meg mit der Lampe an. Draußen vor dem Fenster ist es noch etwas hell.
Nein, nicht auf die Dame, auf den Herrn! Du mußt das Geburtstagskind anleuchten.

McCann läßt den Lichtstrahl auf Stanleys Gesicht fallen.
So, Mrs. Boles, jetzt kann's losgehen.
Pause.

MEG: Ich weiß nicht, was ich sagen soll.

GOLDBERG: Schauen Sie ihn an. Schauen Sie ihn nur an.

MEG: Blendet ihn das Licht nicht?

GOLDBERG: Aber nein. Fangen Sie an.

MEG: Ja, also – es ist sehr, sehr schön, daß wir hier heute abend zusammen sind, in meinem Haus, und ich möchte einen Trinkspruch auf Stanley ausbringen, weil heute sein Geburtstag ist, und er hat nun schon eine ganze Weile bei uns gewohnt, und er ist jetzt mein Stanley. Und ich glaube, er ist ein guter Junge, obwohl er manchmal auch unartig ist.
Goldberg lacht anerkennend.
Und er ist der einzige Stanley, den ich kenne, und ich kenne ihn besser als jeder andere auf der Welt, obwohl er es nicht glauben will.

GOLDBERG: Hört, hört.

MEG: Ja, und ich könnte weinen vor Glück, daß er hier ist und nicht weg an seinem Geburtstag, und es gibt nichts, was ich nicht für ihn tun würde und für euch gute Menschen hier heute abend ...
Sie schluchzt.

GOLDBERG: Wunderschön! Eine wunderschöne Rede. Mach das Licht an, McCann.
McCann geht zur Tür.
Stanley bleibt unbeweglich sitzen.
Das war ein schöner Trinkspruch.
Das Licht geht an.
Lulu kommt links herein.

GOLDBERG *tröstet Meg*: Aber munter jetzt. So, lachen Sie das Vögelchen an. So ist's besser. Wir müssen doch noch trinken. Ach, schau, wer da ist.

MEG: Lulu.

GOLDBERG: Guten Tag, Lulu. Ich bin Nat Goldberg.

LULU: Guten Tag.

GOLDBERG: Stanley, ein Glas für deinen Gast. Sie haben gerade den Trinkspruch versäumt, meine Liebe, und was für einen Trinkspruch.

LULU: So?

GOLDBERG: Stanley, ein Glas für deinen Gast, Stanley.
Stanley reicht Lulu ein Glas.
So. Nun heben wir die Gläser hoch. Stehen alle? Nein, nicht du, Stanley. Du mußt sitzen.

MCCANN: Ja, er muß sitzen.

GOLDBERG: Würdest du dich einen Augenblick hinsetzen? Wir wollen auf dich trinken.

MEG: Mach doch!

LULU: Mach doch!

Stanley setzt sich an den Tisch.

GOLDBERG: Gut. Jetzt hat sich Stanley gesetzt.

Spielt sich in den Mittelpunkt.

Also, zuerst will ich sagen, daß ich noch nie so im tiefsten Herzen gerührt war wie durch den Trinkspruch, den wir eben gehört haben. Wie oft trifft man heutzutage auf wirklich echte Wärme? Einmal im Leben. Bis vor ein paar Minuten, meine Damen und Herren, habe ich mir, wie Sie alle, die gleiche Frage gestellt. Was ist geworden aus all der Liebe, der Treuherzigkeit, dem freimütigen Ausdruck der Zuneigung von vorgestern, wie unsere Mütterchen es uns in unserer Kinderstube lehrten?

MCCANN: Vom Winde verweht.

GOLDBERG: So dachte ich auch, bis heute. Ich glaube an ein frohes Lachen, einen Tag mit der Angel am Fluß, ein bißchen Gartenarbeit. Ich war sehr stolz auf mein altes Treibhaus, mit eigener Spucke und Glauben erbaut. Ich bin so ein Typ von Mensch. Nicht Größe, sondern Qualität. Ein kleiner Austin, Tee in Fullers Teestube, ein Buch aus der Leihbibliothek von Boots, und ich bin schon zufrieden. Aber eben jetzt, ich sage eben jetzt, hat die Dame des Hauses das Ihrige gesagt, und ich, für meinen Teil, bin überwältigt durch die Gefühle, die sie zum Ausdruck gebracht hat. Glücklich ist der Mann, dem sie zuteil werden, das muß ich sagen.

Pause.

Wie soll ich es ausdrücken? Wir alle wandern durch die Welt, ganz auf uns allein gestellt. Einsam ist unser Kissen – zum Pennen. Stimmt's?

LULU *bewundernd*: Stimmt.

GOLDBERG: Schön. Aber heute abend, Lulu, McCann, ist uns ein großes Glück widerfahren. Wir haben gehört, wie eine Dame die ganze Fülle ihrer Anteilnahme zum Ausdruck brachte, mit allem Stolz und klingendem Spiel für einen ihrer Mitmenschen. Stanley, meine herzlichsten Glückwünsche. Ich wünsche dir, in unser aller Namen, einen frohen Geburtstag. Ich bin sicher, du bist noch nie so stolz gewesen wie heute. Maseltoff. Auf daß wir nur bei glücklichen Anlässen zusammentreffen.

Lulu und Meg applaudieren.

Dreh das Licht aus, McCann, während wir anstoßen.

LULU: Das war eine himmlische Rede.

McCann dreht das Licht aus, kommt zurück und leuchtet Stanley mit der Taschenlampe ins Gesicht. Das Licht, draußen vor dem Fenster ist kaum noch bemerkbar.

GOLDBERG: Erhebt eure Gläser. Stanley – auf dein Wohl.

McCann: Auf dein Wohl.
Lulu: Auf dein Wohl.
Meg: Ich gratuliere dir schön, Stan.
Goldberg: Und wohl bekomm's.
Sie trinken.
Meg *küßt ihn*: Ach, Stanny ...
Goldberg: Licht.
McCann: Sofort!
Dreht das Licht an.
Meg: Stoß mit mir an, Stan.
Lulu: Mr. Goldberg –
Goldberg: Sag doch Nat.
Meg *zu McCann*: Stoßen Sie an.
Lulu *zu Goldberg*: Ihr Glas ist leer. Ich werd Ihnen einschenken.
Goldberg: Es ist mir ein Vergnügen.
Lulu: Sie sind ein großartiger Redner, Nat, wissen Sie das? Wo haben Sie gelernt, so zu sprechen?
Goldberg: Hat dir das gefallen, ja?
Lulu: Ach ja!
Goldberg: Die erste Gelegenheit, aufzustehen und einen Vortrag zu halten, hatte ich im Saal der Ethischen Gesellschaft in Bayswater. Eine einzigartige Gelegenheit. Nie werd ich's vergessen. Alle waren da an dem Abend. Die Straße war menschenleer. Natürlich ist das schon eine ganze Weile her.
Lulu: Worüber haben Sie gesprochen?
Goldberg: Das Notwendige und das Mögliche. Es ging wie geschmiert. Seither spreche ich immer bei Hochzeiten.
Stanley bewegt sich nicht. Goldberg sitzt links vom Tisch. Meg geht zu McCann vorn rechts, Lulu vorn links. McCann schenkt sich noch ein Glas aus der Flasche irischen Whiskys ein, die er mit sich herumträgt.
Meg: Geben Sie mir einen Schluck von Ihrem.
McCann: Da hinein?
Meg: Ja.
McCann: Sind Sie es gewohnt, Sorten zu mischen?
Meg: Nein.
McCann: Geben Sie mir Ihr Glas.
Meg setzt sich auf eine Schuhputzkiste vorn rechts. Lulu, am Tisch, schenkt sich selber und Goldberg noch ein Glas ein und reicht es ihm.
Goldberg: Danke.
Meg *zu McCann*: Ich weiß nicht, was ich soll?
Goldberg: Lulu, du bist doch ein kräftiges Mädchen, rund wie ein Gummiball. Komm, setz dich auf meinen Schoß.
McCann: Warum nicht?

LULU: Ich weiß nicht, ob ich soll?
GOLDBERG: Versuch's doch mal.
MEG *probiert*: Sehr gut.
LULU: Wenn aber der Ball an die Decke springt.
MCCANN: Ich weiß nicht, wie Sie das zusammen trinken können.
GOLDBERG: Versuch's doch mal.
MEG *zu McCann*: Setzen Sie sich auf diesen Schemel.
Lulu setzt sich auf Goldbergs Schoß.
MCCANN: Auf diesen?
GOLDBERG: Bequem?
LULU: Ja, danke.
MCCANN *setzt sich*: Der ist bequem.
GOLDBERG: Weißt du, in deinen Augen steht viel geschrieben.
LULU: In deinen auch.
GOLDBERG: Glaubst du?
LULU *kichert*: Hör auf!
MCCANN *zu Meg*: Woher haben Sie ihn?
MEG: Von meinem Vater.
LULU: Ich wußte nicht, daß ich dich hier heute abend kennenlernen würde.
MCCANN: Sind Sie je in Carrikmacross gewesen?
MEG *trinkt*: Ich bin in King's Cross gewesen.
LULU: Du bist richtig vom blauen Himmel gefallen, weißt du?
GOLDBERG, *da sie sich bewegt*: Vorsichtig. Du brichst mir noch die Rippen.
MEG *steht auf*: Ich will tanzen.
Lulu und Goldberg blicken sich in die Augen. McCann trinkt. Meg geht zu Stanley hinüber.
Stanley, tanz mit mir.
Stanley sitzt unbeweglich. Meg tanzt allein durch das Zimmer. Sie kommt zu McCann zurück, der ihr noch ein Glas einschenkt. Sie setzt sich.
LULU *zu Goldberg*: Ich werd dir was sagen.
GOLDBERG: Was?
LULU: Ich hab Vertrauen zu dir.
GOLDBERG *hebt sein Glas hoch*: Dein Wohl.
LULU: Hast du eine Frau?
GOLDBERG: Ich hatte eine Frau. Und was für eine Frau. Hör dir das an. Freitag nachmittags machte ich gewöhnlich einen kleinen Spaziergang durch den Park – gut für die Gesundheit. Hier, tu mir einen Gefallen und setz dich einen Augenblick auf den Tisch, ja?
Lulu setzt sich auf den Tisch.
Er streckt die Beine und fährt fort.
So ein kleiner Spaziergang für die Gesundheit. Ich sagte guten Tag

zu den kleinen Buben und zu den kleinen Mädchen – ich machte da nie Unterschiede –, und dann zurück in mein kleines Häuschen mit dem flachen Dach. «Simey» rief meine Frau, «komm schnell, sonst wird es kalt!» Und was stand vor mir auf dem Tisch? der schönste Rollmops mit saurer Gurke, der je auf einem Teller zu sehen war.

LULU: Ich dachte, dein Name ist Nat.

GOLDBERG: Sie nannte mich Simey.

LULU: Du warst sicher ein guter Ehemann.

GOLDBERG: Du hättest die Beerdigung sehen sollen.

LULU: Warum?

GOLDBERG *holt tief Atem und schüttelt den Kopf*: Was für eine Beerdigung.

MEG *zu McCann*: Mein Vater wollte mich mal nach Irland mitnehmen. Aber dann ist er allein gefahren.

LULU *zu Goldberg*: Glaubst du, du hast mich gekannt, als ich ein kleines Mädchen war?

GOLDBERG: Warst du ein artiges kleines Mädchen?

MEG: Ich weiß nicht, ob er nach Irland fuhr.

LULU: O ja.

GOLDBERG: Vielleicht hab ich mit dir Huckepack gespielt.

LULU: Ja, vielleicht.

MEG: Er hat mich nicht mitgenommen.

GOLDBERG: Oder der Plumpsack geht um.

LULU: Ist das ein Spiel?

GOLDBERG: Natürlich ist das ein Spiel!

MCCANN: Warum hat er sie denn nicht mitgenommen nach Irland?

LULU: Du kitzelst mich!

GOLDBERG: Was ist schon dabei.

LULU: Ich hab immer ältere Männer gemocht. Sie wirken so beruhigend.

Sie umarmen einander.

MCCANN: Ich kenn ein Lokal. Roscrea. Bei Mutter Nolan.

MEG: In meinem Zimmer stand ein Nachtlicht, als ich ein kleines Mädchen war.

MCCANN: Einmal war ich die ganze Nacht dort mit den Jungs. Singen und trinken die ganze Nacht.

MEG: Und meine Kinderfrau hat bei mir gesessen und mir Lieder vorgesungen.

MCCANN: Und ein Teller voll Gebratenem am Morgen. Und wo bin ich jetzt?

MEG: Mein kleines Zimmer war rosa. Ich hatte einen rosa Teppich und rosa Vorhänge, und überall im Zimmer hatte ich Spieldosen. Und die spielten beim Einschlafen. Und mein Vater war ein berühmter Arzt. Darum war ich auch nie krank. Ich war gut versorgt, und ich hatte kleine Schwestern und Brüder in den anderen Zimmern, alle in verschiedenen Farben.

McCANN: Tullamore, wo bist du hin?

MEG *zu McCann*: Geben Sie mir noch einen Schluck.

McCANN *schenkt ein und singt*: Ruhm-o, Ruhm-o, den wackeren irischen Helden.

MEG: Ach, was für eine schöne Stimme.

GOLDBERG: Sing uns ein Lied, McCann.

LULU: Ein Liebeslied!

McCANN *sagt auf*: In der Nacht, da sie Paddy zum Kerker gebracht, da kamen die Kameraden.

GOLDBERG: Ein Liebeslied!

McCANN *singt mit voller Stimme*:

Der Garten Eden, so heiß's, schwand dahin,
Doch weiß ich noch, wo er liegt.
Geh links den Weg am Berge Ben Clay,
Bleib stehn, wo der Pfad dann abbiegt.
Dort wirst du ihn finden, das weiß ich bestimmt,
Und es flüstert hinüber zu mir:
Kehr zurück, Paddy Reilly, nach Bally-James-Duff,
Kehr zurück, Paddy Reilly, zu mir!

LULU *zu Goldberg*: Du siehst dem ersten Mann, den ich je geliebt habe, zum Verwechseln ähnlich.

GOLDBERG: Das ist ja klar.

MEG *steht auf*: Ich möchte was spielen!

GOLDBERG: Spielen?

LULU: Was für ein Spiel?

MEG: Irgendeins.

LULU *springt auf*: Ja, wir wollen was spielen.

GOLDBERG: Was für ein Spiel?

McCANN: Versteck.

LULU: Blindekuh.

MEG: Ja!

GOLDBERG: Ihr wollt Blindekuh spielen?

LULU/MEG: Ja!

GOLDBERG: Also gut. Blindekuh. Los. Alle Mann hoch!
Steht auf.
McCann. Stanley – Stanley!

MEG: Stanley. Steh auf.

GOLDBERG: Was ist denn mit ihm los?

MEG *beugt sich über ihn*: Stanley, wir spielen Blindekuh. Ach, los, sei doch nicht so verstockt, Stan.

LULU: Mach doch.

Stanley steht auf.
McCann steht auf.

GOLDBERG: Also, wer ist zuerst blind?

LULU: Mrs. Boles.

MEG: Ich nicht.

GOLDBERG: Natürlich Sie.

MEG: Wer, ich?

LULU *nimmt ihr Halstuch ab*: Hier.

MCCANN: Wie wird denn das gespielt?

LULU *verbindet Megs Augen mit ihrem Halstuch*: Haben Sie noch nie Blindekuh gespielt?
Still halten, Mrs. Boles. Sie darf Sie nicht anrühren. Aber Sie dürfen sich nicht mehr bewegen, nachdem sie blind ist. Sie müssen stehenbleiben, wo Sie sind, sobald sie blind sind. Und wenn sie Sie dann anrührt, werden Sie blind. Drehen Sie sich um.
Wieviel Finger sind das?

MEG: Ich kann nichts sehen.

LULU: Gut.

GOLDBERG: Also, alle die Plätze wechseln. McCann. Stanley. Halt jetzt. Still bleiben, Los, Mrs. Boles!
Stanley steht vorn rechts. Meg bewegt sich im Zimmer umher. Goldberg tätschelt Lulu beiläufig. Meg berührt McCann.

MEG: Gefangen.

LULU: Nehmen Sie das Tuch ab.

MEG: So schönes Haar!

LULU *löst das Tuch*: So.

MEG: Sie sind's!

GOLDBERG: Mach das Tuch um, McCann.

LULU *bindet es McCann um*: So. Umdrehen. Wieviel Finger sind das?

MCCANN: Ich weiß nicht.

GOLDBERG: Gut! Alle wieder Plätze wechseln. Halt! Stehenbleiben!
McCann begann umherzugehen.

MEG: Ach, wie himmlisch!

GOLDBERG: Ruhe! Sch, sch, sch. So – alle noch mal die Plätze wechseln. Halt. Stehenbleiben!
McCann geht umher. Goldberg tätschelt Lulu zerstreut. McCann kommt Stanley näher. Er streckt die Hand aus und berührt Stanlays Brille.

MEG: Es ist Stanley!

GOLDBERG *zu Lulu*: Macht es dir Spaß?

MEG: Du bist dran, Stan.
McCann nimmt das Tuch ab.

MCCANN *zu Stanley*: Ich halt die Brille.
Er nimmt Stanleys Brille.

MEG: Geben Sie mir das Tuch.

GOLDBERG *hält Lulu am Arm*: Binden Sie ihm das Tuch um, Mrs. Boles.

MEG: Das mach ich ja grade.

Zu Stanley:

Kannst du meine Nase sehen?

GOLDBERG: Kann er nicht. Fertig? Also, alle die Plätze wechseln. Halt. Stehenbleiben!

Stanley steht mit verbundenen Augen. McCann geht langsam rückwärts über die Bühne nach links. Er zerbricht Stanleys Brille, indem er das Gestell verbiegt. Meg ist vorn links. Lulu und Goldberg zusammen hinten in der Mitte. Stanley fängt an, sich sehr langsam über die Bühne nach links zu bewegen. McCann nimmt die Trommel und stellt sie seitwärts in Stanleys Weg. Stanley tritt in die Trommel und fällt hin, den Fuß in der Trommel.

MEG: Ooohhh!

GOLDBERG: Pst!

Stanley steht auf. Er fängt an, auf Meg zuzugehen, die Trommel mit dem Fuß nachziehend. Er erreicht sie und bleibt stehen. Seine Hände greifen ihr an den Hals. Er fängt an, sie zu würgen. McCann und Goldberg stürzen sich auf ihn und ziehen ihn weg.

Blackout.

Durch das Fenster kommt jetzt kein Licht mehr von draußen. Die Bühne ist völlig dunkel.

LULU: Licht!

GOLDBERG: Was ist geschehen?

LULU: Licht!

MCCANN: Augenblick.

GOLDBERG: Wo ist er?

MCCANN: Laß mich los!

LULU: Jemand faßt mich an!

GOLDBERG: Wer ist das?

MEG: Ich!

MCCANN: Wo ist er?

MEG: Warum ist denn das Licht ausgegangen?

GOLDBERG: Wo ist deine Taschenlampe?

McCann leuchtet Goldberg ins Gesicht.

Nicht auf mich!

McCann bewegt die Lampe. Sie wird ihm aus der Hand geschlagen und fällt auf die Erde. Sie geht aus.

MCCANN: Meine Taschenlampe!

LULU: O Gott!

GOLDBERG: Wo ist die Taschenlampe? Heb deine Taschenlampe auf!

MCCANN: Ich kann sie nicht finden.

LULU: Halt mich fest. Halt mich fest.
GOLDBERG: Knie dich hin. Hilf ihm die Taschenlampe suchen.
LULU: Ich kann nicht.
MCCANN: Sie ist weg.
MEG: Warum ist denn das Licht ausgegangen?
GOLDBERG: Alles still jetzt! Helft ihm die Taschenlampe suchen.
Stille. Stöhnen von McCann und Goldberg, die auf den Knien herumsuchen. Plötzlich hört man aus dem Hintergrund des Zimmers ein hartes, andauerndes Trommelgeräusch, auf die Seitenwand der Trommel mit dem Stock geschlagen. Stille. Gejammer von Lulu.
Hierher, McCann!
MCCANN: Hier.
GOLDBERG: Komm zu mir her, komm zu mir her. Vorsichtig. Da drüben.
Goldberg und McCann bewegen sich links vom Tisch nach hinten zu. Stanley kommt rechts vom Tisch nach vorn. Lulu bemerkt plötzlich, daß er auf sie zukommt, schreit auf und fällt in Ohnmacht. Goldberg und McCann drehen sich um und stoßen zusammen.
Was ist los?
MCCANN: Wer ist das?
GOLDBERG: Was ist los?
In der Dunkelheit hebt Stanley Lulu auf und legt sie auf den Tisch.
MEG: Das war Lulu!
Goldberg und McCann kommen rechts nach vorn.
GOLDBERG: Wo ist sie denn?
MCCANN: Sie ist hingefallen.
GOLDBERG: Wo?
MCCANN: Irgendwo hier.
GOLDBERG: Hilf mir, sie aufheben.
McCann kommt nach vorn links.
MCCANN: Ich kann sie nicht finden.
GOLDBERG: Sie muß doch irgendwo sein.
MCCANN: Hier ist sie nicht.
GOLDBERG *kommt nach vorn links*: Sie muß es aber sein.
MCCANN: Sie ist fort.
McCann findet die Taschenlampe auf dem Boden und leuchtet auf den Tisch und auf Stanley. Lulu liegt ausgebreitet auf dem Tisch. Stanley beugt sich über sie. Stanley fängt an zu kichern, sobald er vom Lichtstrahl getroffen wird. Goldberg und McCann gehen auf ihn zu. Er tritt kichernd zurück, den Lichtschein im Gesicht. Sie folgen ihm nach hinten links. Er tritt zurück zur Durchreiche, kichernd. Das Licht der Taschenlampe kommt näher. Das Kichern wird lauter und stärker, während er sich gegen die Wand stützt. Die beiden Gestalten kommen auf ihn zu.
Vorhang.

Dritter Akt

Am nächsten Morgen. Petey kommt links herein, mit einer Zeitung, und setzt sich an den Tisch. Er beginnt zu lesen. Megs Stimme hört man durch die Durchreiche.

MEG: Bist du's, Stan?
Pause.
Stanny?
PETEY: Ja?
MEG: Bist du's?
PETEY: Ich bin's.
MEG *erscheint an der Durchreiche*: Ach, du bist's. Ich hab keine Cornflakes mehr.
PETEY: Was hast du denn sonst?
MEG: Nichts.
PETEY: Gar nichts?
MEG: Einen Augenblick.
Sie geht von der Durchreiche weg und kommt durch die Küchentür herein.
Hast du die Zeitung?
PETEY: Ja.
MEG: Steht was Gutes drin?
PETEY: Nicht schlecht.
MEG: Die zwei Herren hatten das letzte Gebratene heute morgen.
PETEY: So?
MEG: Es ist aber noch etwas Tee in der Kanne.
Gießt ihm eine Tasse ein.
Ich geh gleich einkaufen. Bring dir was Schönes mit. Ich hab schreckliche Kopfschmerzen.
PETEY *liest*: Du hast heute nacht so fest geschlafen wie ein Murmeltier.
MEG: So?
PETEY: Du warst wie tot.
MEG: Ich muß sehr müde gewesen sein.
Sie blickt sich im Zimmer um und bemerkt die zerbrochene Trommel am Kamin.
Sieh mal.
Sie hebt die Trommel auf.
Die Trommel ist kaputt.
Petey blickt auf.
Warum ist die kaputt?
PETEY: Ich weiß nicht.
MEG *schlägt mit der Hand darauf*: Sie gibt noch einen Ton.
PETEY: Du kannst ja eine neue kaufen.

MEG *traurig*: Wahrscheinlich ist sie beim Feiern kaputtgegangen. Ich kann mich aber nicht erinnern, daß sie dabei kaputtgegangen ist.

Sie legt die Trommel hin.

Schade.

PETEY: Du kannst ja eine neue kaufen, Meg.

MEG: Wenigstens hat er sie an seinem Geburtstag gehabt, nicht? Wie ich's mir gewünscht hab.

PETEY *liest*: Ja.

MEG: Hast du ihn schon unten gesehen?

Petey antwortet nicht.

Petey.

PETEY: Was?

MEG: Hast du ihn hier unten gesehen?

PETEY: Wen?

MEG: Stanley.

PETEY: Nein.

MEG: Ich auch nicht. Der Junge sollte auf sein. Er kommt zu spät zum Frühstück.

PETEY: Du hast ja kein Frühstück.

MEG: Ja, aber das weiß er doch nicht. Ich werde ihn rufen.

PETEY *rasch*: Nein, tu das nicht, Meg. Laß ihn schlafen.

MEG: Aber du sagst doch immer, er liegt zu lange im Bett.

PETEY: Laß ihn schlafen . . . heute. Laß ihn in Ruh.

MEG: Ich bin schon mal oben gewesen, mit einer Tasse Tee. Aber Mr. McCann hat die Tür aufgemacht. Er sagte, sie unterhielten sich grade. Er sagte, er hätte ihm schon Tee gemacht. Er muß schon sehr früh auf gewesen sein. Ich weiß nicht, worüber sie sich unterhalten haben. Ich war überrascht. Denn Stanley schläft immer noch fest, wenn ich ihn wecken komme. Aber heute früh nicht. Ich hörte ihn sprechen.

Pause.

Meinst du, sie kennen sich? Ich glaube, sie sind alte Bekannte. Stanley hat viele Bekannte gehabt. Das weiß ich.

Pause.

Ich hab ihm den Tee nicht gegeben. Er hatte schon welchen getrunken. Ich bin wieder runtergegangen und hab mich an die Arbeit gemacht. Nach einer Weile sind sie zum Frühstück runtergekommen. Stanley muß dann wieder eingeschlafen sein.

Pause.

PETEY: Wann gehst du einkaufen, Meg?

MEG: Ja, ich geh jetzt.

Nimmt die Einkaufstasche.

Ich hab schreckliche Kopfschmerzen.

Sie geht zur Hintertür, bleibt plötzlich stehen und wendet sich um.

Hast du schon gesehen, was heute da draußen steht?

PETEY: Was?

MEG: Ein großer Wagen.

PETEY: Ach ja.

MEG: Der war gestern nicht da. Hast du ... hast du mal hineingesehen?

PETEY: Ich hab einen Blick reingeworfen.

MEG *kommt zurück, gespannt, flüsternd*: Ist was drin?

PETEY: Drin?

MEG: Ja.

PETEY: Wie meinst du, drin?

MEG: Drin im Wagen.

PETEY: Was denn zum Beispiel?

MEG: Na, ich meine ... ist ... ist eine Schubkarre drin?

PETEY: Eine Schubkarre?

MEG: Ja.

PETEY: Ich hab keine gesehen.

MEG: Nein? Bist du sicher?

PETEY: Was würde Mr. Goldberg denn mit einer Schubkarre anfangen?

MEG: Mr. Goldberg?

PETEY: Es ist doch sein Wagen.

MEG *erleichtert*: Sein Wagen? Ach so, ich wußte ja nicht, daß es sein Wagen ist.

PETEY: Natürlich ist es sein Wagen.

MEG: Jetzt ist mir besser.

PETEY: Was hast du denn?

MEG: Jetzt ist mir wirklich besser.

PETEY: Geh jetzt mal an die frische Luft.

MEG: Ja, ich geh schon. Ich geh schon. Ich geh jetzt einkaufen.
Sie geht zur Hintertür. Eine Tür wird oben zugeschlagen. Sie wendet sich um.
Da ist Stanley! Er kommt runter – was mach ich jetzt mit seinem Frühstück?
Sie stürzt in die Küche.
Petey, was soll ich ihm geben?
Sie blickt durch die Durchreiche.
Es sind keine Cornflakes da.
Beide blicken auf die Tür.
Goldberg tritt ein. Er bleibt an der Tür stehen, als er ihre Blicke bemerkt, und lächelt dann.

GOLDBERG: Empfangskomitee!

MEG: Ich dachte, es ist Stanley.

GOLDBERG: Sehen wir uns ähnlich?

MEG: Aber nein. Sie sehen ganz anders aus.

GOLDBERG, *ins Zimmer tretend*: Andere Figur natürlich.

MEG *kommt aus der Küche herein*: Ich dachte, er kommt zum Frühstück runter. Er hat noch kein Frühstück gehabt.

GOLDBERG: Ihre Frau macht einen ausgezeichneten Tee, Mr. Boles, wissen Sie das?

PETEY: Ja, manchmal. Manchmal vergißt sie es auch.

MEG: Kommt er runter?

GOLDBERG: Runter? Natürlich kommt er runter. An solchem schönen, sonnigen Tag soll er nicht runterkommen? Er wird jeden Augenblick auf sein.

Er setzt sich an den Tisch.

Und was für ein Frühstück er kriegen wird.

MEG: Mr. Goldberg.

GOLDBERG: Ja?

MEG: Ich wußte nicht, daß das Ihr Wagen draußen ist.

GOLDBERG: Gefällt er Ihnen?

MEG: Fahren Sie damit ins Grüne?

GOLDBERG *zu Petey*: Toller Wagen, was?

PETEY: Schön lackiert.

GOLDBERG: Was alt ist, ist gut, glauben Sie mir. Da ist Platz drin. Vorne Platz und hinten Platz.

Er faßt die Teekanne an.

Die Kanne ist warm. Noch etwas Tee, Mr. Boles?

PETEY: Nein, danke.

GOLDBERG *gießt sich Tee ein*: Dieser Wagen? Dieser Wagen hat mich noch nie im Stich gelassen.

MEG: Fahren Sie weg damit?

Goldberg antwortet nicht, sondern schlürft den Tee.

Na, ich muß mich jetzt auf die Beine machen.

Geht zur Hintertür und wendet sich um.

Petey, wenn Stanley runterkommt ...

PETEY: Ja?

MEG: Sag ihm, ich bleib nicht lange.

PETEY: Ich werd's ihm sagen.

MEG *unbestimmt*: Ich bleib nicht lange.

Sie geht.

GOLDBERG *schlürft den Tee*: Eine gute Frau. Eine charmante Frau. Meine Mutter war auch so. Meine Frau war genauso.

PETEY: Wie geht es ihm heute?

GOLDBERG: Wem?

PETEY: Stanley. Geht es ihm besser?

GOLDBERG *etwas ungewiß*: Ja ... etwas besser, ich glaube, etwas besser. Ich bin da natürlich nicht ganz zuständig, Mr. Boles, ich meine, ich hab ja nicht die ... die Qualifikationen dazu. Es wäre am besten, wenn jemand, der richtig ... hm ... qualifiziert ist ... ihn sich ansehen würde. Jemand mit ein paar Titeln vor seinem Namen. Das macht doch viel aus.

PETEY: Ja.

GOLDBERG: Jedenfalls ist Dermot jetzt bei ihm. Er ... leistet ihm Gesellschaft.

PETEY: Dermot?

GOLDBERG: Ja.

PETEY: Eine schreckliche Sache.

GOLDBERG *seufzt*: Ja. Die Geburtstagsfeier war zu viel für ihn.

PETEY: Wie ist es bloß gekommen?

GOLDBERG *scharf*: Wie es gekommen ist? Zusammenbruch, Mr. Boles. Ganz einfach. Nervenzusammenbruch.

PETEY: Aber warum denn so plötzlich?

GOLDBERG *steht auf und geht nach hinten durchs Zimmer*: Tja, Mr. Boles, das kann auf alle möglichen Arten passieren. Ein Freund hat mir erst neulich davon erzählt. Da war ein anderer Fall, der uns beide betraf – nicht ganz genauso, natürlich, aber ... ganz ähnlich, ganz ähnlich.

Macht eine Pause.

Ja, also, er erzählte mir, dieser Freund, manchmal geht das ganz allmählich, von Tag zu Tag wächst es und wächst es und wächst es ... von Tag zu Tag. Und dann wieder passiert es ganz plötzlich. Puff! So! Die Nerven reißen. Es gibt keine Garantie, auf welche Art es geschehen wird, aber bei gewissen Leuten ... ist es unvermeidlich.

PETEY: Wirklich?

GOLDBERG: Ja. Dieser Freund – er hat mir das erzählt – erst neulich.

Er bleibt einen Augenblick etwas unsicher stehen, holt dann ein Zigarettenetui aus der Tasche und nimmt eine Zigarette heraus.

Möchten Sie eine Abdullah?

PETEY: Nein, nein. Ich rauche die nicht.

GOLDBERG: Von Zeit zu Zeit erlaube ich mir manchmal eine Zigaratte. Eine Abdullah, vielleicht, oder eine ...

Er schnickt mit den Fingern.

PETEY: Das war aber ein Abend.

Goldberg zündet sich die Zigarette mit einem Feuerzeug an.

Komm zur Haustür rein, und das ganze Licht ist aus. Ich steck einen Shilling in den Automaten, komm hier rein, und die Feier ist schon vorbei.

GOLDBERG *kommt vorwärts*: Sie haben einen Shilling in den Automaten gesteckt?

PETEY: Ja.

GOLDBERG: Und das Licht ging an.

PETEY: Ja, und dann bin ich hier reingekommen.

GOLDBERG, *kurz lachend*: Ich hätte geschworen, es war eine Sicherung.

PETEY *fortfahrend*: Alles war totenstill. Nichts zu hören. Dann bin ich nach oben gegangen, und Ihr Freund und – Dermot – kam mir auf dem Flur entgegen. Und er hat mir dann erzählt.

GOLDBERG *scharf*: Wer?

PETEY: Ihr Freund – Dermot.

GOLDBERG *schwerfällig*: Dermot. Ja.

Er setzt sich.

PETEY: Manchmal erholt man sich doch aber davon, nicht? Ich meine, man kann sich doch davon erholen?

GOLDBERG: Erholen? Ja, manchmal kann man sich wohl erholen, so oder so.

PETEY: Ich meine, er hat sich vielleicht jetzt schon erholt?

GOLDBERG: Es ist denkbar. Durchaus denkbar.

Petey steht auf und nimmt die Teekanne und Tasse.

PETEY: Wenn es ihm bis mittags nicht besser geht, werde ich einen Arzt kommen lassen.

GOLDBERG *lebhaft*: Das ist schon alles erledigt, Mr. Boles. Machen Sie sich keine Gedanken.

PETEY *zweifelnd*: Wie meinen Sie?

McCann kommt mit zwei Koffern herein.

Fertig gepackt?

Petey nimmt die Teekanne und Tassen in die Küche. McCann geht nach links und stellt die Koffer hin. Er geht ans Fenster und blickt hinaus.

GOLDBERG: Nun?

McCann antwortet nicht.

McCann, ich habe gefragt, nun.

McCANN, *ohne sich umzudrehen*: Nun, was?

GOLDBERG: Was heißt was?

McCANN *wendet sich um und blickt Goldberg verbissen an*: Ich geh nicht noch mal rauf.

GOLDBERG: Warum nicht?

McCANN: Ich geh nicht noch mal rauf.

GOLDBERG: Was ist denn jetzt los?

McCANN *kommt nach vorn*: Jetzt ist er ruhig. Er hat aufgehört mit all dem ... Gerede, vor einer Weile.

Petey erscheint von beiden unbemerkt in der Durchreiche.

GOLDBERG: Wann wird er bereit sein?

McCANN *mürrisch*: Du kannst nächstes Mal selber raufgehen.

GOLDBERG: Was ist denn mit dir los?

McCANN *leise*: Ich hab ihm ...

GOLDBERG: Was?

McCANN: Ich hab ihm seine Brille gegeben.

GOLDBERG: War er nicht froh, sie wiederzubekommen?
MCCANN: Das Gestell ist kaputt.
GOLDBERG: Wie ist denn das passiert?
MCCANN: Er war grade dabei, die beiden Hälften vor die Augen zu stecken, als ich ging.
PETEY *an der Küchentür*: Wir haben irgendwo ein Stück Klebestreifen. Wir können sie zusammenkleben.
Goldberg und McCann wenden sich um.
Pause.
GOLDBERG: Klebestreifen? Nein, nein, das geht schon so, Mr. Boles. Dann ist er eine Weile beschäftigt, das hält ihn von anderen Dingen ab.
PETEY *kommt nach vorn*: Wie ist es mit dem Arzt?
GOLDBERG: Ist schon alles erledigt.
McCann geht nach rechts an den Schuhputzkasten, nimmt eine Bürste heraus und bürstet sich die Schuhe.
PETEY *geht zum Tisch*: Ich glaube, er braucht einen.
GOLDBERG: Da stimme ich Ihnen zu. Ist schon alles besorgt. Wir lassen ihm etwas Zeit, bis er sich beruhigt, und dann nehme ich ihn mit zu Monty.
PETEY: Sie wollen ihn zu einem Arzt mitnehmen?
GOLDBERG *starrt ihn an*: Natürlich. Monty.
Pause. McCann bürstet sich die Schuhe.
Also, Mrs. Boles ist einkaufen gegangen, um uns was Schönes zum Mittagessen zu holen?
PETEY: Ja.
GOLDBERG: Leider sind wir vielleicht bis dahin schon weg.
PETEY: So?
GOLDBERG: Bis dahin sind wir vielleicht schon weg.
Pause.
PETEY: Na, ich will mal nach meinen Erbsen sehen, in der Zwischenzeit.
GOLDBERG: In der Zwischenzeit?
PETEY: Während wir warten.
GOLDBERG: Warten, worauf?
Petey geht zur Hintertür.
Gehen Sie nicht zum Strand zurück?
PETEY: Nein, noch nicht. Rufen Sie mich doch, wenn er runterkommt, ja, Mr. Goldberg?
GOLDBERG *drängend*: Es wird heute voll sein am Strand ... an einem Tag wie heute. Die Leute werden in der Sonne liegen, ins Meer rausschwimmen. Meine Güte. Wie steht es mit den Liegestühlen? Sind die Liegestühle bereit?
PETEY: Ich hab sie alle heute früh aufgestellt.

GOLDBERG: Aber die Karten. Wer nimmt denn das Geld ein?

PETEY: Das ist in Ordnung. Ist alles in Ordnung, Mr. Goldberg. Machen Sie sich keine Gedanken. Ich komm bald wieder.

Er geht hinaus. Goldberg steht auf, geht zum Fenster und blickt ihm nach. McCann geht links zum Tisch, setzt sich, nimmt die Zeitung und fängt an, sie in Streifen zu reißen.

GOLDBERG: Alles bereit?

MCCANN: Klar.

Goldberg geht mit schweren Schritten nachdenklich zum Tisch zurück. Er setzt sich rechts davon hin und bemerkt, was McCann tut.

GOLDBERG: Hör auf damit!

MCCANN: Womit?

GOLDBERG: Warum machst du das immer? Es ist kindisch, es ist sinnlos. Ohne jeden Sinn.

MCCANN: Was ist denn heute mit dir los?

GOLDBERG: Fragen, Fragen. Hör auf mit dieser Fragerei. Für was hältst du mich denn?

McCann mustert ihn. Er faltet die Zeitung zusammen und läßt die Streifen innen zwischen den Seiten.

MCCANN: Na und?

Pause.

Goldberg lehnt sich im Sessel zurück und schließt die Augen.

Na und?

GOLDBERG *müde*: Na und was?

MCCANN: Warten wir auf ihn, oder holen wir ihn?

GOLDBERG *langsam*: Willst du raufgehen und ihn holen?

MCCANN: Ich will's hinter mir haben.

GOLDBERG: Das kann ich verstehen.

MCCANN: Also, warten wir, oder holen wir ihn?

GOLDBERG *unterbrechend*: Ich weiß nicht warum, aber ich bin völlig erledigt. Ich fühl mich so ... Das bin ich bei mir gar nicht gewohnt.

MCCANN: Wirklich?

GOLDBERG: Ungewöhnlich.

MCCANN *steht rasch auf und geht hinter Goldbergs Sessel. Zischend*: Wir machen's fertig, und dann gehen wir. Daß wir's hinter uns haben, und dann gehen wir. Machen die Sache fertig. Machen Schluß mit der verdammten Sache. Machen die Sache fertig und gehen!

Pause.

Soll ich raufgehen?

Pause.

Nat!

Goldberg sitzt vorgebeugt.

McCann geht an seine Seite.

Simey!

GOLDBERG *öffnet die Augen und blickt McCann an*: Wie – hast – du – mich – genannt?

MCCANN: Wer?

GOLDBERG, *als möchte er ihn ermorden*: Nenn mich nicht so!

Er faßt McCann an der Gurgel.

Nenn mich niemals so!

MCCANN *sich windend*: Nat, Nat, Nat, Nat! Ich hab dich Nat genannt. Ich hab dich nur gefragt, Nat. Ich schwör's vor Gott. Nur eine Frage, weiter nichts, nur eine Frage, verstehst du, weißt du, was ich meine?

GOLDBERG, *ihn wegstoßend*: Welche Frage?

MCCANN: Soll ich raufgehen?

GOLDBERG *wütend*: Rauf? Ich dachte, du wolltest nicht mehr raufgehen?

MCCANN: Wie meinst du das? Warum nicht?

GOLDBERG: Du hast es gesagt.

MCCANN: Das hab ich nicht gesagt!

GOLDBERG: Nein?

MCCANN *auf dem Fußboden, das Zimmer ansprechend*: Wer hat das gesagt? Ich hab's nicht gesagt! Ich geh jetzt rauf!

Er springt auf und läuft zur Tür links.

GOLDBERG: Halt!

Er streckt seine Arme entlang der Sessellehnen aus.

Komm her.

McCann kommt sehr langsam auf ihn zu.

Ich will deine Meinung hören. Guck mir mal in den Mund.

Er öffnet den Mund weit.

Schau gut hinein.

McCann blickt hinein.

Du weißt, was ich meine?

McCann schaut prüfend.

Weißt du was? Ich hab noch nie einen Zahn verloren. Seit dem Tag, wo ich geboren bin. Nichts hat sich verändert.

Er steht auf.

Darum habe ich auch meine Position erreicht, McCann. Ich bin immer auf dem Damm gewesen. Mein Leben lang hab ich das gleiche gesagt. Ran an den Ball, ran an den Ball und spiel fair. Ehre deinen Vater und deine Mutter. Auf der ganzen Linie. Immer die Linie halten, die Linie, McCann, und du wirst nicht fehlgehen. Glaubst du, ich bin durch eigene Kraft hochgekommen? Nein! Ich hab mich hingesetzt, wo man mir sagte. Ich hab den Ball im Auge behalten. Schule? Red mir nicht von der Schule. In allen Fächern der erste. Und warum? Weil ich dir sage, ich sage dir, kannst du mir folgen? Meinem Gedankengang folgen? Auswendig lernen. Niemals etwas auf-

schreiben. Nein. Und nicht zu nah ans Wasser gehen. Und du wirst finden – was ich dir sage, ist wahr. Denn ich glaube, daß die Welt ...
Geistesabwesend:
Denn ich glaube, daß die Welt ...
Verzweifelt:
D e n n i c h g l a u b e, d a ß d i e W e l t ...
Verliert den Faden. Er setzt sich.
Setz dich hierher, McCann, wo ich dich ansehen kann.
McCann kniet vor dem Tisch nieder. Intensiv, mit wachsender Sicherheit:
Mein Vater sagte zu mir, Benny, Benny, sagte er, komm her. Er lag im Sterben. Ich kniete nieder. An seiner Seite Tag und Nacht. Wer war sonst da? Vergib Benny, sagte er, und laß leben. Ja, Vater. Geh heim zu deiner Frau. Ja, Vater. Halte die Augen offen für Vagabunden, Schnorrer und Herumlungerer. Er erwähnte keine Namen. Ich hab mein Leben im Dienste anderer verloren, sagte er. Ich schäme mich nicht. Tu deine Pflicht und behalte, was du beobachtest, für dich selbst. Sag immer den Nachbarn guten Morgen. Vergiß niemals, niemals deine Familie, denn sie ist der Felsen, das Fundament und der Kern! Wenn du je in Schwierigkeiten gerätst, Onkel Barney wird dir wieder heraushelfen. Ich kniete nieder.
Er kniet gegenüber McCann.
Ich schwor auf die Heilige Schrift. Und ich kannte das Wort, an das ich mich zu halten hatte – Respekt! Denn, McCann –
Sanft:
Seamus – wer war vor deinem Vater? Sein Vater. Und wer war vor ihm? Vor ihm? ...
Geistesabwesend, triumphierend:
Wer war vor dem Vater deines Vaters? Kein anderer als die Mutter des Vaters deines Vaters. Deine Urgroßmama.
Stille. Er steht langsam auf.
Und deshalb habe ich meine Position erreicht, McCann. Weil ich immer auf dem Damm war. Mein Motto: Harte Arbeit, hartes Spiel. Nicht einen Tag krank.
Goldberg setzt sich.
Immerhin, puste mal.
Pause.
Puste mir in den Mund.
McCann steht vor ihm, legt die Hände auf die Knie, beugt sich vor und bläst in Goldbergs Mund.
Noch mal, als Zugabe.
McCann bläst noch einmal in den Mund.
Goldberg atmet tief ein, schüttelt den Kopf und springt auf.
Gut. Fertig.

Lulu kommt links herein.

McCann sieht beide an und geht zur Tür.

McCANN *bei der Tür*: Du hast fünf Minuten.

Er geht hinaus.

GOLDBERG: Komm her.

LULU: Was wollen Sie von mir?

GOLDBERG: Komm her.

LULU: Nein, danke.

GOLDBERG: Was ist denn? Bist du böse auf Onkel Natey?

LULU: Ich gehe.

GOLDBERG: Wollen wir nicht erst Karten spielen, in Erinnerung an alte Zeiten?

LULU: Ich hab genug vom Spielen.

GOLDBERG: Ein Mädchen wie du, in deinem Alter, bei deiner Gesundheit, will nicht gern spielen?

LULU: Sie sind sehr raffiniert.

GOLDBERG: Wer sagt denn, daß du nicht gern spielst?

LULU: Glauben Sie, ich bin wie all die anderen Mädchen?

GOLDBERG: Sind die anderen Mädchen auch so?

LULU: Ich weiß nicht, wie die anderen Mädchen sind.

GOLDBERG: Ich auch nicht. Ich hab noch nie eine andere Frau angerührt.

LULU *bekümmert*: Was würde mein Vater sagen, wenn er wüßte? Und was würde Eddie sagen?

GOLDBERG: Eddie?

LULU: Er war meine erste Liebe, Eddie. Und was auch geschah, es war rein. Mit ihm. Er ist nicht nachts mit einer Aktentasche in mein Zimmer gekommen!

GOLDBERG: Wer hat die Aktentasche aufgemacht, ich oder du? Lulu, Schmulu, was vorbei ist, ist vorbei, tu mir einen Gefallen. Gib mir einen Kuß und sei wieder gut.

LULU: Ich würde Sie um nichts anrühren.

GOLDBERG: Wo ich heute abreise.

LULU: Sie reisen ab?

GOLDBERG: Heute.

LULU *mit wachsendem Zorn*: Sie haben mich ausgenutzt für eine Nacht. Eine vorübergehende Laune.

GOLDBERG: Wer hat wen ausgenutzt?

LULU: Sie haben mich heimtückisch ausgenutzt, als ich mich nicht wehren konnte.

GOLDBERG: Wer hat sich gewehrt?

LULU: Es war Ihr Werk. Sie haben Ihren häßlichen Durst gestillt. Sie haben mir Dinge beigebracht, die ein Mädchen gar nicht wissen sollte, wenn sie nicht mindestens dreimal verheiratet gewesen ist!

GOLDBERG: Jetzt hast du den anderen was voraus! Worüber beklagst du dich denn?

McCann kommt rasch herein.

LULU: Sie haben mich nicht um meiner selbst willen geschätzt. Sie haben sich all diese Freiheiten nur herausgenommen, um Ihren Appetit zu stillen. Ach, Nat, warum hast du das getan?

GOLDBERG: Du wolltest, daß ich es tue, Lulula, so habe ich es getan.

MCCANN: Das ist nur fair.

Auf sie zugehend.

Sie haben aber lange geschlafen, Fräulein.

LULU, *sich nach hinten zurückziehend*: Ich?

MCCANN: Ihresgleichen verbringt zuviel Zeit im Bett.

LULU: Was soll das heißen?

MCCANN: Haben Sie irgend etwas zu beichten?

LULU: Was?

MCCANN *wild*: Beichten!

LULU: Was beichten?

MCCANN: Auf die Knie und gebeichtet!

LULU: Was meint er denn?

GOLDBERG: Beichte. Was hast du zu verlieren?

LULU: Was, ihm?

GOLDBERG: Er ist erst vor sechs Monaten aus der Kirche ausgestoßen worden.

MCCANN: Knie nieder, Weib, und erzähl mir das Neueste!

LULU *zieht sich zur Hintertür zurück*: Ich hab alles beobachtet, was geschehen ist. Ich weiß, was los ist. Ich weiß, was gespielt wird.

MCCANN *geht auf sie zu*: Ich hab dich am Felsen von Cashel herumlungern sehen, du hast den geweihten Boden mit deinem Treiben beschmutzt. Hinweg mit dir!

LULU: Ich geh schon.

Sie geht ab.

McCann geht zur linken Tür und geht hinaus. Er schiebt Stanley ins Zimmer, der einen dunklen, gut sitzenden Anzug und weißen Kragen trägt. Er trägt die zerbrochene Brille in der Hand. Er ist frisch rasiert. McCann folgt und schließt hinter ihm die Tür. Goldberg geht Stanley entgegen, setzt ihn auf den Stuhl.

GOLDBERG: Wie geht's, Stan?

Pause.

Fühlst du dich jetzt besser?

Pause.

Was ist denn mit der Brille los?

Goldberg beugt sich vor, um sie zu betrachten.

Zerbrochen. Schade.

Stanley starrt ausdruckslos vor sich auf den Fußboden.

McCann *am Tisch*: Er sieht besser aus, nicht?
Goldberg: Viel besser.
McCann: Ein neuer Mensch.
Goldberg: Weißt du, was wir machen?
McCann: Was?
Goldberg: Wir kaufen ihm eine neue.

Sie fangen an, ihn zu umwerben, sanft und mit Vergnügen. Während dem nun folgenden Dialog zeigt Stanley keine Reaktion. Er bleibt bewegungslos sitzen.

McCann: Aus unserer eigenen Tasche.
Goldberg: Das versteht sich doch von selbst. Unter uns, Stan, es ist Zeit, daß du eine neue Brille bekommst.
McCann: Du kannst nicht geradeaus vor dich hin sehen.
Goldberg: Stimmt. Du schielst schon seit Jahren.
McCann: Jetzt schielst du noch mehr.
Goldberg: Er hat recht. Aus schlimm ist schlimmer geworden.
McCann: Schlimmer als schlimm.
Goldberg: Du brauchst eine lange Erholung.
McCann: Luftveränderung.
Goldberg: Irgendwo hinter dem Regenbogen.
McCann: Wo sich nicht einmal Engel hinwagen.
Goldberg: Genau.
McCann: Du hast dich festgefahren.
Goldberg: Du siehst blutarm aus.
McCann: Rheumatisch.
Goldberg: Kurzsichtig.
McCann: Epileptisch.
Goldberg: Du bist am Überschnappen.
McCann: Du bist eine lahme Ente.
Goldberg: Aber wir können dich retten.
McCann: Vor einem schlimmeren Schicksal.
Goldberg: Stimmt.
McCann: Nicht abzuleugnen.
Goldberg: Von nun an sind wir die Nabe an deinem Rad.
McCann: Wir werden deine Monatskarte verlängern.
Goldberg: Wir geben dir deinen Frühstückstee um zwei Pennies billiger.
McCann: Wir geben dir Rabatt auf alle brennbaren Waren.
Goldberg: Wir werden dich beschützen.
McCann: Dich beraten.
Goldberg: Dich gut pflegen und behandeln.
McCann: Die Clubbar benutzen lassen.
Goldberg: Einen Tisch für dauernd reservieren.
McCann: Dir helfen, die Fasttage einzuhalten.

GOLDBERG: Dir Kuchen backen.
MCCANN: Dir helfen zu knien an Bettagen.
GOLDBERG: Dir eine Freikarte geben.
MCCANN: Dich spazieren führen.
GOLDBERG: Die besten Tips geben.
MCCANN: Wir werden das Springseil liefern.
GOLDBERG: Die Hemden und Hosen.
MCCANN: Die Salbe.
GOLDBERG: Den heißen Umschlag.
MCCANN: Den Fingerling.
GOLDBERG: Die Leibbinde.
MCCANN: Die Ohrenstöpsel.
GOLDBERG: Den Baby-Puder.
MCCANN: Den Rückenkratzer.
GOLDBERG: Den Reservereifen.
MCCANN: Die Magenpumpe.
GOLDBERG: Das Sauerstoffzelt.
MCCANN: Die Gebetsmühle.
GOLDBERG: Den Gipsverband.
MCCANN: Den Sturzhelm.
GOLDBERG: Die Krücken.
MCCANN: Einen Tag- und Nachtdienst.
GOLDBERG: Alles umsonst.
MCCANN: So ist es.
GOLDBERG: Wir werden einen Mann aus dir machen.
MCCANN: Und eine Frau.
GOLDBERG: Du wirst umerzogen.
MCCANN: Du wirst reich sein.
GOLDBERG: Du wirst dich anpassen.
MCCANN: Du wirst unser Stolz und unsere Freude sein.
GOLDBERG: Du wirst ein «Mensch» werden.
MCCANN: Du wirst Erfolg haben.
GOLDBERG: Du wirst mit eingegliedert werden.
MCCANN: Du wirst Befehle geben.
GOLDBERG: Du wirst Entscheidungen treffen.
MCCANN: Du wirst ein Magnat werden.
GOLDBERG: Ein Staatsmann.
MCCANN: Dir werden Yachten gehören.
GOLDBERG: Tiere.
MCCANN: Tiere.
GOLDBERG *schaut McCann an*:
Ich hab Tiere gesagt.
Er wendet sich wieder Stanley zu.
Du wirst Herr sein über Biegen und Brechen, Stan. Bei meinem Leben.

Stille. Stanley rührt sich nicht.
Na? Was sagst du?
Stanleys Kopf erhebt sich ganz langsam und wendet sich in die Richtung Goldbergs.
Was meinst du? He, Junge?
Stanley beginnt die Augen zuzukneifen und sie wieder aufzureißen.

MCCANN: Was ist Ihre Meinung, mein Herr? Über diese Aussichten, mein Herr?

GOLDBERG: Aussichten. Das ist wahr. Das ist wahr, es sind Aussichten.
Stanleys Hände, in denen er die Brille hält, beginnt zu zittern.
Was ist deine Meinung zu diesen Aussichten, Stanley?
Stanley konzentriert sich, er öffnet den Mund, versucht zu sprechen, versagt und preßt Laute aus der Kehle.

STANLEY: Uh-gug ... uh-gug ... eeehhh-gag ... *Ausatmend:* Cahh ... caahh ...
Sie beobachten ihn. Er holt tief Atem, wobei sein ganzer Körper erzittert. Er konzentriert sich.

GOLDBERG: Na, Stanny, mein Junge, was sagst du dazu?
Sie beobachten ihn. Er konzentriert sich. Sein Kopf sinkt nach vorn, das Kinn fällt auf die Brust, er kauert.

STANLEY: Uh-gughh ... uh-gughh ...

MCCANN: Was ist Ihre Meinung, mein Herr?

STANLEY: Caaahhh ... caaahhh ...

MCCANN: Mr. Webber! Was ist Ihre Meinung?

GOLDBERG: Was sagst du dazu, Stan? Was hältst du von den Aussichten?

MCCANN: Was ist Ihre Meinung zu diesen Aussichten?
Stanleys Körper erzittert, entspannt sich, sein Kopf fällt vorwärts, er sitzt wieder regungslos, vorgebeugt. Petey kommt links vorn durch die Tür.

GOLDBERG: Immer noch der gleiche alte Stan. Komm mit uns. Los, Junge.

MCCANN: Komm mit uns.

PETEY: Wo bringen Sie ihn hin?
Beide wenden sich um. Stille.

GOLDBERG: Wir bringen ihn zu Monty.

PETEY: Er kann hierbleiben.

GOLDBERG: Seien Sie nicht albern.

PETEY: Wir können für ihn sorgen.

GOLDBERG: Warum wollen Sie für ihn sorgen?

PETEY: Er ist mein Gast.

GOLDBERG: Er braucht spezielle Behandlung.

PETEY: Wir werden jemand finden.

GOLDBERG: Nein. Monty ist der Beste, den es gibt. Bring ihn her, McCann.

Sie helfen Stanley aus dem Stuhl. Alle drei gehen zur Tür links.

PETEY: Lassen Sie ihn sein!

Sie bleiben stehen. Goldberg mustert Petey.

GOLDBERG *heimtückisch*: Warum kommen Sie nicht mit, Mr. Boles?

MCCANN: Ja, warum kommen Sie nicht mit?

GOLDBERG: Kommen Sie mit zu Monty. Wir haben genug Platz im Wagen.

Petey rührt sich nicht.

Sie gehen an ihm vorbei zur Tür. McCann öffnet die Tür und nimmt die Koffer.

PETEY *gebrochen*: Stan, laß dir nichts von ihnen sagen, was du machen sollst!

Sie gehen ab.

Stille.

Petey bleibt stehen.

Die Haustür wird zugeschlagen. Ein Motor wird angelassen. Geräusch eines abfahrenden Autos.

Stille.

Petey geht langsam zum Tisch. Er setzt sich auf einen Stuhl links. Er nimmt die Zeitung und öffnet sie. Die Streifen fallen heraus auf den Fußboden. Er blickt auf sie hinunter.

Meg kommt am Fenster vorbei und zur Hintertür herein.

Petey liest die erste Seite der Zeitung.

MEG *kommt nach vorn*: Der Wagen ist weg.

PETEY: Ja.

MEG: Sind sie weg?

PETEY: Ja.

MEG: Werden sie zum Essen nicht hier sein?

PETEY: Nein.

MEG: Ach, wie schade.

Sie stellt die Einkaufstasche auf den Tisch.

Es ist heiß draußen.

Sie hängt den Mantel an einen Haken.

Was machst du?

PETEY: Lese.

MEG: Steht was Gutes drin?

PETEY: Es geht.

MEG *setzt sich an den Tisch*:

Wo ist Stan?

Pause.

Ist Stan schon unten, Petey?

PETEY: Nein ... Er ...

MEG: Ist er noch im Bett?

PETEY: Ja, er ... schläft noch.

MEG: Immer noch? Er wird zu spät zum Frühstück kommen.
PETEY: Laß ihn ... schlafen.
Pause.
MEG: War das nicht eine schöne Geburtstagsfeier gestern abend?
PETEY: Ich war nicht dabei.
MEG: Nein?
PETEY: Ich bin erst danach zurückgekommen.
MEG: Ach so.
Pause.
Es war eine schöne Geburtstagsfeier. Ich hab seit Jahren nicht so gelacht. Wir haben getanzt und gesungen. Und Spiele gespielt. Du hättest dabei sein sollen.
PETEY: Es war schön, ja?
Pause.
MEG: Ich war die Ballkönigin.
PETEY: Wirklich?
MEG: O ja. Sie haben's alle gesagt.
PETEY: Dann wirst du's wohl gewesen sein.
MEG: O ja, es stimmt. Ich war's.
Pause.
Ich weiß, ich war's.
Vorhang.

Der Hausmeister

Personen

Mick, *ein Mann Ende Zwanzig*
Aston, *ein Mann Anfang Dreißig*
Davies, *ein alter Mann*

Ort der Handlung:
Ein Haus in einem westlichen Stadtteil Londons.

Ein Zimmer. Ein Fenster in der Rückwand, die untere Hälfte mit einem Sack zugehängt. Eiserne Bettstelle längs der linken Wand. Darüber ein kleines Regal mit Farbtöpfen, Schachteln mit Muttern, Schrauben usw. Weitere Schachteln und Vasen neben dem Bett.
Eine Tür rechts hinten. Rechts neben dem Fenster ein Haufen Gerümpel: Spülstein, Trittleiter, Kohleneimer, Rasenmäher, Marktroller, Schachteln, Schubladen. Darunter ein eisernes Bettgestell. Davor ein Gasherd. Auf dem Gasherd eine Buddha-Statue. Vorn rechts ein Kamin. Rund herum ein paar Koffer; ein aufgerollter Teppich, eine Lötlampe, ein umgefallener Holzstuhl, Kartons, einige Nippsachen, ein Wäscheständer, ein paar kurze Bretter, ein kleiner elektrischer Heizofen und ein altmodischer elektrischer Toaster. Darunter ein Haufen alter Zeitungen
Unter Astons Bett an der linken Wand liegt ein Elektrolux-Staubsauger, den man erst gewahrt, wenn er in Benutzung genommen wird.
Von der Zimmerdecke hängt ein Eimer herunter.

Erster Akt

Mick ist allein im Zimmer, sitzt auf dem Bett. Er hat eine Lederjacke an.
Stille.
Er blickt sich langsam im Zimmer um, betrachtet jeden einzelnen Gegenstand. Blickt zur Decke und starrt den Eimer an. Dann sitzt er unbeweglich und starrt ausdruckslos vor sich hin zum Publikum.
Dreißig Sekunden Stille.
Eine Tür wird zugeschlagen. Man hört undeutliche Stimmen. Mick wendet den Kopf. Er steht auf, geht lautlos zur Tür, geht hinaus und schließt die Tür leise hinter sich.
Stille.
Man hört wieder Stimmen. Sie kommen näher, dann Stille. Die Tür geht auf.
Aston und Davies kommen herein, zuerst Aston, dann Davies, der unsicher geht und schwer atmet. Aston trägt einen alten Tweedmantel, darunter einen dünnen, abgetragenen dunkelblauen, gestreiften Anzug, einreihig, mit einem Pullover und ausgeblaßtem Hemd und Krawatte. Davies trägt einen abgetragenen braunen Mantel, verbeulte Hosen, eine Weste, Unterhemd, kein Oberhemd, Sandalen.
Aston steckt den Schlüssel in die Tasche und schließt die Tür. Davies blickt sich im Zimmer um.

ASTON: Setzen Sie sich.

DAVIES: Danke.
Sieht sich um.
Ehh –

ASTON: Moment.

Er blickt sich nach einem Stuhl um, sieht den umgefallenen neben dem zusammengerollten Teppich beim Kamin und holt ihn hervor.

DAVIES: Mich setzen? Heh ... ich hab nicht mehr gesessen seit ... ich hab nicht mehr richtig gesessen ... na, ich weiß nicht mehr wie lange ...

ASTON *stellt ihm den Stuhl hin*: Da.

DAVIES: Zehn Minuten Teepause mitten in der Nacht in dem Laden dort, und ich konnte keinen Platz finden, keinen einzigen. Die ganzen Griechen saßen schon drauf, Polen, Griechen, Schwarze, die ganze Bande, die ganzen Ausländer hatten die Plätze. Und mich haben sie da schuften lassen ... mich haben sie schuften lassen ...

Aston setzt sich auf das Bett, nimmt eine Blechdose und Zigarettenpapier aus der Tasche und dreht sich eine Zigarette. Davies schaut zu.

Die ganzen Schwarzen hatten schon die Plätze, die Schwarzen, die Griechen, die Polen, die ganze Bande, das haben sie gemacht, mich um meinen Platz gebracht, wie Dreck behandelt. Als er heute abend auf mich losging, hab ich ihm meine Meinung gesagt.

Pause.

ASTON: Setzen Sie sich.

DAVIES: Ja, aber zuerst muß ich mich, sehen Sie, zuerst muß ich mich mal entspannen, verstehen Sie? Die hätten mich umbringen können dort.

Davies stößt heftige Laute aus, boxt mit geballten Fäusten nach unten, dreht Aston den Rücken zu und starrt die Wand an. Pause. Aston zündet sich die Zigarette an.

ASTON: Wollen Sie sich eine drehen?

DAVIES *wendet sich um*: Was?, nein, ich rauche keine Zigaretten.

Pause. Kommt näher.

Ich werd Ihnen aber mal was sagen. Ich nehm ein bißchen Tabak für meine Pfeife, wenn's Ihnen recht ist.

ASTON *reicht ihm die Dose*: Ja. Nehmen Sie. Nehmen Sie sich da was raus.

DAVIES: Sehr nett von Ihnen, Chef. Nur so viel, daß ich die Pfeife stopfen kann. Mehr nicht.

Nimmt die Pfeife aus der Tasche und stopft sie.

Ich hatte eine Schachtel, noch ... noch gar nicht lange her. Aber sie ist mir geklaut worden. Ist mir geklaut worden auf der West-Autobahn.

Er hält die Dose hin.

Wo soll ich sie hintun?

ASTON: Ich nehm sie.

DAVIES *reicht ihm die Dose*: Als er heute abend auf mich losging, da hab ich ihm meine Meinung gesagt, was? Sie haben gehört, wie ich ihm meine Meinung gesagt hab, was?

ASTON: Ich hab gesehen, wie er auf Sie los ist.

DAVIES: Los auf mich? Das ist gelinde gesagt. Der Dreckskerl, einen alten Mann wie mich. Ich hab in den besten Kreisen verkehrt.

Pause.

ASTON: Ja, ich hab gesehen, wie er auf Sie los ist.

DAVIES: Die ganze Bettlerbande, mein Lieber, Manieren haben die wie Schweine. Ich hab zwar ein paar Jahre auf der Landstraße verbracht, aber Sie können's mir glauben, ich halte mich sauber. Ich halte was auf mich. Darum hab ich meine Frau sitzenlassen. Vierzehn Tage nachdem ich sie geheiratet hatte, nein, nicht mal so lange, nach einer Woche hab ich den Deckel vom Kochtopf hochgehoben, und was glauben Sie, was drin war? Ein Haufen schmutzige Unterwäsche. Im Topf für Gemüse. Im Gemüsetopf. Da bin ich abgehauen und hab sie seither nie wieder gesehen.

Er wendet sich um, schlurft durchs Zimmer und steht der Buddha-Statue gegenüber, die auf dem Gasherd steht. Er betrachtet sie und wendet sich um.

Ich hab vom feinsten Geschirr gespeist. Aber ich bin nicht mehr jung. Ich kann mich noch gut an die Zeit erinnern, wo ich so gut in Schuß war wie irgendeiner. Da hat sich keiner was rausgenommen gegen mich. Aber in letzter Zeit geht's mir nicht so besonders. Ich hab ein paar Anfälle gehabt.

Pause.

Tritt näher.

Haben Sie gesehen, wie das war mit dem Kerl?

ASTON: Ich hab nur den Schluß mitbekommen.

DAVIES: Kommt auf mich zu, drückt mir einen Abfalleimer in die Hand und sagt, ich soll ihn rausschaffen nach hinten. Das ist nicht meine Arbeit, den Eimer rauszuschaffen! Dazu haben sie einen Jungen, der den Eimer rausschafft. Ich bin nicht angestellt dazu, um Eimer rauszuschaffen. Meine Arbeit ist, den Fußboden aufwischen, die Tische abräumen und ein bißchen beim Abwaschen helfen, aber nicht Eimer wegschaffen!

ASTON: Hmmm.

Geht nach rechts vorn, um den elektrischen Toaster zu holen.

DAVIES *folgt ihm:* Na, und selbst wenn! Selbst wenn. Selbst wenn ich den Eimer hätte rausschaffen sollen, was glaubt denn dieser Lümmel, wer er ist, daß er mir Befehle geben kann? Wir sind gleichgestellt. Er ist nicht mein Chef. Er ist nicht mein Vorgesetzter.

ASTON: Ein Grieche?

DAVIES: Keine Rede – ein Schotte.

Aston geht mit dem Toaster zum Bett zurück und fängt an, den Stecker aufzuschrauben. Davies folgt ihm.

Sie haben ihn gesehen, nicht?

ASTON: Ja.

DAVIES: Ich hab ihm gesagt, was er mit dem Eimer machen kann. Stimmt's? Sie haben's gehört. Hör mal, hab ich gesagt, ich bin ein alter Mann, hab ich gesagt, wo ich aufgewachsen bin, da hat man uns beigebracht, wie man zu älteren Leuten spricht mit dem richtigen Respekt, wir sind anständig erzogen worden, wenn ich ein paar Jahre weniger auf dem Buckel hätte, würd ich ... würd ich dich in der Luft zerreißen. Das war, nachdem mir der Chef den Laufpaß gegeben hatte. Zuviel Aufruhr mach ich, sagt er. Ich, zuviel Aufruhr! Hören Sie mal, hab ich zu ihm gesagt, ich hab auch meine Rechte. Das hab ich ihm gesagt. Ich bin zwar auf der Landstraße gewesen, aber deswegen hab ich nicht weniger Rechte als jeder andere. Spielen wir mal fair, hab ich gesagt. Trotzdem hat er mir den Laufpaß gegeben.

Er setzt sich auf den Stuhl.

So ein Laden ist das. *Pause.* Wenn Sie nicht rausgekommen wären und den schottischen Bengel gestoppt hätten, läg ich jetzt im Krankenhaus. Ich hätt mir den Kopf auf dem Pflaster aufgeschlagen, wenn er mich getroffen hätte. Den krieg ich aber noch. Eines Abends krieg ich den noch. Wenn ich mal in der Gegend bin.

Aston geht zu einem Karton mit Steckern und nimmt einen anderen heraus.

Das wäre alles gar nicht so schlimm, wenn ich nicht meine ganzen Sachen dort gelassen hätte, in dem Hinterzimmer da. Alles, meine ganzen Sachen, wissen Sie, in der Reisetasche. Meinen ganzen verdammten Kram hab ich dagelassen. In der Eile. Ich wette, der stöbert drin rum in diesem Augenblick.

ASTON: Ich werd mal dort reinschauen und die Sachen für Sie holen.

Er geht zu seinem Bett zurück und beginnt den Stecker am Toaster zu befestigen.

DAVIES: Jedenfalls bin ich Ihnen sehr verbunden, daß ich mich ... daß ich mich so ein bißchen ausruhen kann ... ein paar Minuten.

Er blickt sich um.

Ist das Ihr Zimmer?

ASTON: Ja.

DAVIES: Sie haben 'ne Menge Zeug hier.

ASTON: Ja.

DAVIES: Muß ein paar Möpse wert sein, das ... alles zusammen.

Pause.

Genug Zeug da.

ASTON: Ja, 'ne ganze Menge.

DAVIES: Schlafen Sie auch hier?

ASTON: Ja.

DAVIES: Was, da?

ASTON: Ja.
DAVIES: Na ja, da liegen Sie wenigstens nicht im Zug.
ASTON: Zieht hier nicht sehr.
DAVIES: Da liegen Sie geschützt. Anders, wenn man im Freien übernachtet.
ASTON: Das glaub ich.
DAVIES: Nichts als Wind.
Pause.
ASTON: Ja, wenn der Wind mal anfängt ...
Pause.
DAVIES: Ja ...
ASTON: Mnnn ...
Pause.
DAVIES: Dann wird's sehr zugig.
ASTON: Ah.
DAVIES: Ich bin da sehr empfindlich.
ASTON: So?
DAVIES: Immer gewesen.
Pause.
Sie haben wohl noch mehr Zimmer?
ASTON: Wo?
DAVIES: Ich meine, hier den Flur entlang ... den Flur rauf.
ASTON: Die sind außer Gebrauch.
DAVIES: Was Sie nicht sagen.
ASTON: Sie müssen erst hergerichtet werden.
Kleine Pause.
DAVIES: Und unten?
ASTON: Alles abgesperrt. Muß renoviert werden ... Die Fußböden ...
Pause.
DAVIES: Hab ich Glück gehabt, daß Sie in das Lokal gekommen sind. Dieser Schotte, der Lümmel, hätte mich fertiggemacht. Man hat mich schon mehr als einmal für tot liegen lassen.
Pause.
Ich hab bemerkt, daß im Haus nebenan jemand wohnt.
ASTON: Was?
DAVIES *gestikulierend*: Ich hab bemerkt ...
ASTON: Ja. Da wohnen Leute die ganze Straße rauf.
DAVIES: Ja, ich hab bemerkt, daß nebenan die Vorhänge vorgezogen waren, als wir vorbeigingen.
ASTON: Das sind die Nachbarn.
Pause.
DAVIES: Ist das hier Ihr Haus?
Pause.

ASTON: Ich bin verantwortlich dafür.

DAVIES: Sind Sie der Hauswirt?

Er nimmt die Pfeife in den Mund und zieht daran, ohne sie anzuzünden.

Ja, ich hab die schweren Vorhänge bemerkt, die nebenan vorgezogen waren, als wir vorbeigingen. Ich hab die schweren großen Vorhänge bemerkt, das ganze Fenster da unten zugezogen. Ich dachte mir, da muß jemand wohnen.

ASTON: Eine indische Familie wohnt dort.

DAVIES: Schwarze?

ASTON: Ich seh sie nicht oft.

DAVIES: Schwarze, was?

Er steht auf und geht herum.

Na, Sie haben einen schönen Krimskram hier, das muß man schon sagen. Ich kann leere Zimmer nicht leiden.

Aston geht zu Davies hinten Mitte.

Sag mal, Kumpel, hast du vielleicht ein Paar Schuhe über?

ASTON: Schuhe?

Er geht nach rechts vorn.

DAVIES: Die Scheißkerle im Kloster haben mich wieder reingelegt.

ASTON *geht zu seinem Bett*: Wo?

DAVIES: In Luton. In dem Kloster Luton ... Ich hatte einen Kumpel in Shepherd's Bush ...

ASTON *sucht unterm Bett*: Ich hab vielleicht ein Paar.

DAVIES: Ich hatte diesen Kumpel in Shepherd's Bush. In der Bedürfnisanstalt. Also, er war in der Bedürfnisanstalt. Führte die beste Bedürfnisanstalt, die es gab.

Er beobachtet Aston.

Führte die beste, die es gab. Hat mir immer ein Stück Seife zugesteckt, jedesmal, wenn ich hinkam. Sehr gute Seife. Die müssen die beste Seife haben. Mir fehlte es nie an Seife, solange ich mich in der Gegend von Shepherd's Bush herumtrieb.

ASTON *kommt von unter dem Bett mit Schuhen hervor*: Ein Paar braune.

DAVIES: Er ist nicht mehr dort. Weggegangen. Er hat mir den Tip mit dem Kloster gegeben. Hinter Luton liegt es. Er hatte gehört, daß dort Schuhe verschenkt werden.

ASTON: Ein anständiges Paar Schuhe muß man haben.

DAVIES: Schuhe? Sind Leben und Tod für mich. In diesen mußte ich bis nach Luton laufen.

ASTON: Und was geschah, als Sie dort ankamen?

Pause.

DAVIES: Ich kannte mal einen Schuhmacher in Acton. Ein guter Kumpel war der.

Pause.

Weißt du, was der Scheißmönch zu mir gesagt hat?

Pause.

Wieviel Schwarze wohnen hier noch in der Gegend?

ASTON: Was?

DAVIES: Wohnen hier noch mehr Schwarze in der Gegend?

ASTON *hält die Schuhe hin*: Sehen Sie mal, ob die passen.

DAVIES: Weißt du, was der Scheißmönch zu mir gesagt hat?

Er mustert die Schuhe.

Ich glaub, die wären ein wenig zu klein.

ASTON: Glauben Sie?

DAVIES: Die sehen nicht so aus, als ob sie die richtige Größe wären.

ASTON: Nicht schlecht gearbeitet.

DAVIES: Kann keine Schuhe tragen, die nicht passen. Nichts ist schlimmer. Ich hab zu diesem Mönch gesagt, sehen Sie mal, Chef, er hat das Tor aufgemacht, 'n Riesentor, er hat's aufgemacht, sehen Sie mal, Chef, hab ich gesagt, ich hab den langen Weg hierher gemacht, sehen Sie, hab ich gesagt, ich hab ihm diese hier gezeigt, hab ich gesagt, Sie haben vielleicht ein Paar Schuhe, zufällig, ein Paar Schuhe, hab ich gesagt, daß ich wieder laufen kann. Sehen Sie sich die hier an, sie sind beinah durch, sag ich, die sind zu nichts mehr gut. Ich hab gehört, daß Sie hier Schuhe auf Lager haben. Verpiß dich, hat er zu mir gesagt. Na hören Sie mal, hab ich gesagt, ich bin ein alter Mann, so können Sie nicht mit mir reden, egal, wer Sie sind. Wenn du dich jetzt nicht verpißt, sagt er, geb ich dir einen Tritt, daß du bis über die Mauer fliegst. Aber hören Sie, sag ich, einen Augenblick, ich will ja nichts weiter als ein Paar Schuhe, so können Sie doch mit mir nicht umspringen, ich bin drei Tage unterwegs gewesen, bis hierher, sag ich zu ihm, drei Tage ohne einen Bissen, einen Bissen hab ich mir doch verdient, nicht? Mach, daß du in die Küche kommst, um die Ecke, sagt er, mach, daß du um die Ecke kommst, und wenn du dein Essen hast, verpiß dich schleunigst. Da bin ich also rum in die Küche gegangen. Das Essen, das sie mir gegeben haben! Ein Vogel, sag ich dir, ein kleiner Vogel, ein winziges Vögelchen hätte das in weniger als zwei Minuten aufgefressen. Los, sagen sie zu mir, jetzt hast du dein Essen, jetzt hau ab. Essen? Ich sag, was glaubt ihr, was ich bin, ein Hund? Nichts Besseres als ein Hund? Was glaubt ihr, was ich bin, ein wildes Tier? Was ist mit den Schuhen, wegen denen bin ich den weiten Weg gekommen, weil ich gehört habe, ihr verschenkt welche? Ich beschwer mich noch bei eurer Äbtissin. Einer von ihnen, so ein irischer Verbrecher, geht auf mich los. Da bin ich abgehauen. Bin eine Abkürzung gegangen nach Watford und hab mir dort ein Paar geholt. Wie ich auf den Nordring komme, grad an Hendon vorbei, geht die Sohle ab, direkt beim Gehen. Zum Glück hatte ich noch meine alten bei mir, eingewickelt, ich hatt sie mitgenommen, sonst wär's aus gewesen mit mir, mein Lieber. Und jetzt trag ich die immer noch, siehst du, sie sind hin, taugen nichts mehr, da ist nichts mehr dran.

ASTON: Probieren Sie die mal.

DAVIES *nimmt die Schuhe, zieht seine Sandalen aus und probiert die Schuhe an*:
Nicht schlecht, die Schuhe.
Er geht im Zimmer umher.
Die sind fest. Ja. Auch nicht schlecht geschnitten. Das Leder ist haltbar, nicht? Schön haltbar. Neulich wollt mir einer wildlederne andrehen. Hab sie nicht genommen. Geht nichts über echtes Leder, was Haltbarkeit betrifft. Wildleder trägt sich nicht gut, wird faltig, bekommt Flecke, die nie wieder rausgehen, nach fünf Minuten. Geht nichts über echtes Leder. Ja. Ein anständiger Schuh ist das.

ASTON: Fein.

DAVIES *bewegt die Füße im Schuh*:
Passen aber nicht.

ASTON: So?

DAVIES: Nein. Ich hab einen breiten Fuß.

ASTON: Mnnn.

DAVIES: Die sind zu spitz, siehst du.

ASTON: Ach!

DAVIES: Die würden mich in einer Woche lahm machen, ich meine, die hier, die ich anhabe, taugen nichts, aber wenigstens sind sie bequem. Nicht viel dran, aber ich meine, sie tun nicht weh.
Zieht die Schuhe aus und reicht sie hin.
Jedenfalls schönen Dank, Chef.

ASTON: Ich werd sehen, ob ich was finde.

DAVIES: So geht's nicht weiter. Kann nicht von einem Ort zum anderen. Und ich muß ja schließlich weiter, damit ich irgendwo was Festes finde.

ASTON: Wo wollen Sie denn hin?

DAVIES: Ach, ich hab ein oder zwei Sachen im Auge. Ich wart nur, bis das Wetter umschlägt.
Pause.

ASTON, *mit dem Toaster beschäftigt*: Möchten Sie ... möchten Sie hier übernachten?

DAVIES: Hier?

ASTON: Sie können hier übernachten, wenn Sie wollen.

DAVIES: Hier? Ich weiß nicht, ob das geht. *Pause.* Für wie lange?

ASTON: Bis Sie ... bis Sie was Festes finden.

DAVIES *setzt sich*: Na ja, das ...

ASTON: Bis Sie wieder was haben ...

DAVIES: Ach, ich werd was Festes finden ... wird nicht lange dauern ...

Pause.

Wo könnte ich denn schlafen?

ASTON: Hier. Mit den anderen Zimmern ... ist nichts.

DAVIES *steht auf und sieht sich um*: Hier? Wo?

ASTON *steht auf und zeigt nach hinten rechts*: Dahinter steht noch ein Bett.

DAVIES: Ach so. Das ist ja praktisch. Ja, das ist ... ich sag dir was, das mach ich vielleicht ... bis ich wieder was habe. Genug Möbel sind hier ja.

ASTON: Gelegenheitskäufe. Laß sie hier stehen bis auf weiteres. Man weiß nie, wozu es gut ist.

DAVIES: Geht der Gasherd?

ASTON: Nein.

DAVIES: Was machst du denn, wenn du 'ne Tasse Tee willst?

ASTON: Nichts.

DAVIES: Das ist aber Pech.

Er bemerkt die Bretter.

Baust du was?

ASTON: Ich will vielleicht hinten einen Schuppen bauen.

DAVIES: Tischler, ja?

Wendet sich zum Rasenmäher.

Hast du Rasen?

ASTON: Da! Schauen Sie.

Er hebt den Sack am Fenster hoch. Sie schauen hinaus.

DAVIES: Sieht ziemlich dicht aus.

ASTON: Zu hoch gewachsen.

DAVIES: Was ist das? Ein Teich?

ASTON: Ja.

DAVIES: Was ist drin? Fische?

ASTON: Nein. Da ist nichts drin.

Pause.

DAVIES: Wo soll denn der Schuppen hin?

ASTON *wendet sich um*: Ich muß erst den Garten klar haben.

DAVIES: Dazu brauchst du 'n Traktor, mein Lieber.

ASTON: Ich werd's schon schaffen.

DAVIES: Tischler, wie?

ASTON *steht bewegungslos*: Ich arbeite gern ... mit den Händen.

DAVIES *nimmt die Buddha-Figur*: Was ist das?

ASTON *nimmt sie und betrachtet sie*: Ein Buddha.

DAVIES: Nicht möglich.

ASTON: Ja. Hat mir gut gefallen. Hab's gesehen ... in einem Laden. Dachte, es sieht ganz hübsch aus. Ich weiß nicht warum. Was halten Sie von diesen Buddha-Figuren?

DAVIES: Ach, nicht ... nicht schlecht, wie?

ASTON: Ja, ich hab mich gefreut, als ich diesen hier bekam. Ist gut gearbeitet.

DAVIES *dreht sich um und mustert die Sachen unter dem Spülstein usw.*:

Soll das das Bett sein?

ASTON *geht ans Bett*: Wir werden das hier alles wegräumen. Die Leiter geht unters Bett.

Sie legen die Leiter unters Bett.

DAVIES *deutet auf den Spülstein*: Und das?

ASTON: Ich glaub, das geht auch noch drunter.

DAVIES: Ich helf dir.

Sie heben ihn an.

Das wiegt ein paar Zentner, was?

ASTON: Hier drunter.

DAVIES: Wird das je benutzt?

ASTON: Nein. Ich werd's weggeben. Hier.

Sie schieben das Becken unter das Bett.

Da ist ein Klosett den Flur runter. Da drin ist ein Becken. Dieses Zeug können wir dorthin stellen.

Sie räumen den Kohleneimer, den Marktroller, Rasenmäher und Schubladen an die rechte Wand.

DAVIES: Das benutzt doch kein anderer?

ASTON: Was?

DAVIES: Ich meine, die Schwarzen benutzen doch nicht auch das Klosett?

ASTON: Die wohnen im Nebenhaus.

DAVIES: Sie kommen nicht rüber?

Aston stellt eine Schublade gegen die Wand.

Denn, schließlich ... ich meine ... das wär doch ein starkes Stück...

ASTON *geht an das Bett, bläst den Staub weg und schüttelt eine Decke aus*:

Ist da wo ein blauer Koffer?

DAVIES: Ein blauer Koffer? Da. Neben dem Teppich.

Aston geht zum Koffer, öffnet ihn, nimmt ein Bettuch und Kopfkissen heraus und legt sie auf das Bett.

Schönes Bettuch.

ASTON: Die Decke ist ein bißchen staubig.

DAVIES: Das macht nichts.

ASTON *richtet sich auf, nimmt den Tabak heraus und fängt an, sich eine Zigarette zu drehen. Er geht zu seinem Bett und setzt sich*: Wie steht es mit Geld?

DAVIES: Ja, also ... wenn ich ehrlich sein soll, Chef ... ich bin ein bißchen knapp ...

ASTON *nimmt einige Geldmünzen aus der Tasche, sucht einige davon heraus und hält Davies fünf Shilling hin:*
Hier sind ein paar Shilling.

DAVIES *nimmt das Geld:* Schönen Dank, schönen Dank, vergelt's Gott. Ich bin grade ein bißchen knapp. Ich hab ja nichts für die Arbeit bekommen vorige Woche. So stehn die Aktien, so stehn sie.
Pause.

ASTON: Ich ging neulich in eine Kneipe. Bestellte mir ein dunkles Bier. Die stellten mir eins hin, in einem dicken Krug. Ich kann nicht dunkles Bier aus einem dicken Krug trinken. Mir schmeckt's nur aus einem dünnen Glas. Ich hab ein paar Schluck davon getrunken, aber ich konnte es einfach nicht austrinken.
Er nimmt einen Schraubenzieher und den Stecker vom Bett und stochert in dem Stecker herum.

DAVIES *gefühlvoll:* Wenn sich nur das Wetter ändern würde! Dann könnte ich nach Sidcup!

ASTON: Sidcup?

DAVIES: Das Wetter ist so verdammt saumäßig, wie soll ich in diesen Schuhen bis nach Sidcup kommen?

ASTON: Warum wollen Sie denn nach Sidcup?

DAVIES: Ich hab meine Papiere dort!
Pause.

ASTON: Was?

DAVIES: Ich hab meine Papiere dort!
Pause.

ASTON: Wie kommen die denn nach Sidcup?

DAVIES: Sie sind bei einem Mann, den ich kenne. Ich hab sie bei ihm gelassen. Verstehst du? Damit kann ich beweisen, wer ich bin! Ich kann nirgends hin ohne diese Papiere. Damit kann ich beweisen, wer ich bin. Verstehst du. Ohne sie bin ich verloren.

ASTON: Warum denn?

DAVIES: Ja, weißt du, das ist so, weißt du, ich habe meinen Namen geändert! Vor Jahren. Ich zieh unter einem falschen Namen herum! Das ist nicht mein wirklicher Name.

ASTON: Welchen Namen benutzen Sie denn?

DAVIES: Jenkins. Bernard Jenkins. Das ist der Name. Jedenfalls der Name, unter dem ich bekannt bin. Aber es hat keinen Sinn, den Namen weiter zu benutzen. Er gibt mir zu nichts ein Recht. Hier hab ich eine Versicherungskarte.
Nimmt sie aus der Tasche.
Auf den Namen Jenkins. Siehst du? Bernard Jenkins. Da. Vier Marken drauf. Vier. Aber ich kann nichts mit ihnen anfangen. Das ist nicht mein richtiger Name; wenn das rauskommt, stecken sie mich ins Loch. Vier Marken. Dafür hab ich gezahlt, nicht Pennies, sag ich

dir, Pfunde, Pfunde, sag ich dir, nicht Pennies. Ich hab noch mehr Marken gehabt, viel mehr, aber sie haben sie nicht eingeklebt, die Gauner, ich hab nie Zeit gehabt, mich drum zu kümmern.

ASTON: Die Karte hätte gestempelt werden müssen.

DAVIES: Das hätt auch nichts genützt. Ich hätte trotzdem nichts bekommen. Das ist doch nicht mein richtiger Name. Wenn ich mit der Karte hingeh, stecken sie mich ins Loch.

ASTON: Was ist denn Ihr richtiger Name?

DAVIES: Davies. Mac Davies. Das heißt, bevor ich meinen Namen gewechselt habe.

Pause.

ASTON: Es sieht so aus, Sie müßten das alles mal in Ordnung bringen.

DAVIES: Wenn ich nur nach Sidcup könnte! Ich warte schon die ganze Zeit drauf, daß sich das Wetter ändert. Der hat meine Papiere, der Mann, bei dem ich sie gelassen habe, da steht alles schwarz auf weiß, ich könnte alles beweisen.

ASTON: Wie lange hat er sie denn schon?

DAVIES: Was?

ASTON: Seit wann hat er sie denn schon?

DAVIES: Ach, das muß ... das war im Krieg ... das muß ... beinah fünfzehn Jahre her sein.

Er bemerkt plötzlich den Eimer und schaut rasch hinauf.

ASTON: Wann immer Sie wollen ... wann immer Sie ins Bett wollen, legen Sie sich einfach hin. Kümmern Sie sich nicht um mich.

DAVIES *zieht sich den Mantel aus*: Ja, na, das werd ich, glaub ich, tun. Ich bin ganz ... ganz erschöpft.

Er zieht sich die Hose aus und hält sie hoch.

Soll ich die hier hinhängen?

ASTON: Ja.

DAVIES *hängt den Mantel und die Hose auf den Wäscheständer*: Ich seh, da oben hängt ein Eimer.

ASTON: Es regnet durch.

DAVIES *blickt nach oben*: Na, dann werd ich mal das Bett probieren. Legst du dich auch hin?

ASTON: Ich repariere den Stecker.

DAVIES *blickt auf Aston und dann auf den Gasherd*: Das ... das geht nicht wegzurücken, was?

ASTON: Bißchen schwer.

DAVIES: Ja.

Davies geht ins Bett. Er probiert sein Gewicht darauf aus und die Länge des Bettes.

Nicht schlecht. Nicht schlecht. Ein ganz ordentliches Bett. Ich glaube, ich werd drin schlafen können.

ASTON: Ich muß einen richtigen Lampenschirm über die Birne hängen.

Das Licht ist ziemlich grell.

DAVIES: Das macht doch nichts, Chef, das macht nichts.

Er dreht sich um und zieht sich die Decke über den Kopf. Aston bleibt sitzen und arbeitet weiter an dem Stecker. Licht langsam aus. Dunkelheit.

Wieder Licht. Es ist Morgen. Aston zieht sich die Hose an. Er steht neben seinem Bett. Er zieht sein Bett glatt. Er wendet sich um, geht in die Mitte des Zimmers und blickt Davies an. Er wendet sich um, zieht sein Jackett an, wendet sich wieder um, geht auf Davies zu und blickt auf ihn hinunter. Er hustet. Davies fährt auf.

DAVIES: Was? Was ist los? Was ist los?

ASTON: Schon gut.

DAVIES *starrt ihn an*: Was ist los?

ASTON: Schon gut.

DAVIES *blickt sich um*: Ach so.

ASTON *geht an sein Bett, nimmt den Stecker und schüttelt ihn*: Gut geschlafen?

DAVIES: Ja. Wie ein Bär. Hab wie ein Bär geschlafen.

ASTON *geht nach vorn rechts, nimmt den Toaster und untersucht ihn*: Sie ... eh ...

DAVIES: Was?

ASTON: Haben Sie geträumt oder was?

DAVIES: Geträumt?

ASTON: Ja.

DAVIES: Ich träume nicht. Ich träume nie.

ASTON: Nein, ich auch nicht.

DAVIES: Ich auch nicht.

Pause.

Warum fragst du mich denn?

ASTON: Weil Sie solche Geräusche gemacht haben.

DAVIES: Wer?

ASTON: Sie.

DAVIES *steigt aus dem Bett. Er trägt eine lange Unterhose*: Na, Moment mal. Moment mal, was meinst du damit? Was für Geräusche?

ASTON: Sie haben gestöhnt. Sie haben so undeutlich genuschelt.

DAVIES: Genuschelt? Ich?

ASTON: Ja.

DAVIES: Ich nuschle nicht, mein Lieber. Das hat mir noch niemand vorgeworfen.

Pause.

Worüber soll ich denn genuschelt haben?

ASTON: Ich weiß nicht.

DAVIES: Ich meine, was hätte das für einen Sinn?

Pause.

Das hat mir noch niemand vorgeworfen.
Pause.
Da bist du an den Falschen gekommen, Kumpel.

ASTON *geht mit dem Toaster zu seinem Bett zurück*: Nein. Sie haben mich aufgeweckt. Ich dachte, Sie haben vielleicht geträumt.

DAVIES: Ich hab nicht geträumt. Ich hab noch nie in meinem Leben geträumt.

ASTON: Vielleicht war es das Bett.

DAVIES: Gar nichts ist mit dem Bett.

ASTON: Etwas ungewohnt.

DAVIES: Ich finde gar nichts ungewohnt an Betten. Ich hab in Betten geschlafen. Ich mach keine Geräusche, nur weil ich in einem Bett schlafe. Ich hab in vielen Betten geschlafen.
Pause.
Ich will dir mal was sagen, vielleicht waren es die Schwarzen.

ASTON: Was?

DAVIES: Mit den Geräuschen.

ASTON: Was für Schwarze?

DAVIES: Die ihr hier habt. Nebenan. Vielleicht waren es die Schwarzen, die Geräusche gemacht haben, und man hört sie durch die Wand.

ASTON: Hmmmnn.

DAVIES: Das ist meine Meinung.
Aston legt den Stecker hin und geht zur Tür.
Wo gehst du hin, gehst du aus?

ASTON: Ja.

DAVIES *nimmt die Sandalen*: Moment mal, einen Augenblick.

ASTON: Was ist?

DAVIES *zieht die Sandalen an*: Ich komm lieber mit.

ASTON: Warum?

DAVIES: Ich meine, ich komm auf jeden Fall lieber mit.

ASTON: Warum?

DAVIES: Na ... soll ich denn nicht weg?

ASTON: Wozu?

DAVIES: Ich meine ... wenn du weg bist. Soll ich nicht raus ... wenn du weg bist?

ASTON: Sie brauchen nicht wegzugehn.

DAVIES: Du meinst, ich kann hierbleiben?

ASTON: Machen Sie, was Sie wollen. Sie brauchen nicht weg, nur weil ich weggehe.

DAVIES: Du hast nichts dagegen, wenn ich hierbleibe?

ASTON: Ich hab zwei Schlüssel.
Er geht an einen Karton neben seinem Bett und holt sie hervor.
Die Tür hier, und das ist die Haustür.
Reicht Davies die Schlüssel.

DAVIES: Besten Dank. Vergelt's Gott.

Pause.

ASTON *bleibt stehen*: Ich glaube, ich werd die Straße runterspazieren. Da ist ein kleiner ... so eine Art Laden. Der Mann da hat neulich eine Schweifsäge gehabt. Die hat mir ganz gut gefallen.

DAVIES: Eine Schweifsäge, Kumpel?

ASTON: Ja. Könnte ganz nützlich sein.

DAVIES: Ja.

Kleine Pause.

Was genau ist das eigentlich?

ASTON *geht ans Fenster und blickt hinaus*: Eine Schweifsäge? Na, sie gehört zur selben Familie wie die Laubsäge. Aber es ist ein Zusatzgerät, wissen Sie. Man muß sie in eine Bohrmaschine spannen.

DAVIES: Ach so. Die sind sehr praktisch.

ASTON: Das sind sie, ja.

Pause.

Wissen Sie, ich saß neulich in einem Café. Ich saß zufällig am gleichen Tisch mit dieser Frau. Also, wir fingen an ... wir sind so ein bißchen ins Gespräch gekommen. Ich weiß nicht ... über ihre Ferien war es, wo sie gewesen war. Sie war an der Südküste gewesen. Ich weiß aber nicht mehr wo. Jedenfalls, wir saßen da und unterhielten uns ein bißchen ... und plötzlich legt sie ihre Hand auf meine ... und sagt, ich soll mir deinen Körper ansehen?

DAVIES: Was!

Pause.

ASTON: Ja. Das so plötzlich zu sagen, mitten in einer Unterhaltung. Kam mir etwas komisch vor.

DAVIES: Zu mir haben sie das auch schon gesagt.

ASTON: So?

DAVIES: Frauen? Mehr als einmal haben sie sich an mich rangemacht und haben mehr oder weniger die gleiche Frage gestellt.

Pause.

ASTON: Wie sagten Sie, war Ihr Name?

DAVIES: Bernard Jenkins ist mein angenommener Name.

ASTON: Nein, Ihr anderer Name?

DAVIES: Davies. Mac Davies.

ASTON: Waliser, ja?

DAVIES: Was?

ASTON: Sind Sie Waliser?

Pause.

DAVIES: Na, ich bin rumgekommen, weißt du ... ich meine ... ich bin rumgekommen ...

ASTON: Wo sind Sie denn geboren?

DAVIES *dunkel*: Wie meinst du?

ASTON: Wo sind Sie geboren?
DAVIES: Ich bin ... hu ... ach, das ist nicht so einfach, sich daran zu erinnern ... du weißt, was ich meine ... liegt schon so weit zurück ... da verliert man leicht die Spur, so ... weißt du ...
ASTON *tritt vor den Kamin*: Sehn Sie diesen Stecker? Machen Sie's hier an, wenn Sie wollen. Diesen kleinen Heizofen.
DAVIES: Jawohl, Chef.
ASTON: Nur hier reinstecken.
DAVIES: Jawohl, Chef.
Aston geht zur Tür. Besorgt:
Was mach ich dann?
ASTON: Nur anmachen, weiter nichts. Er kommt dann schon.
DAVIES: Ich werd dir was sagen, ich werd mir nicht damit die Schererei machen.
ASTON: Ist keine Schererei.
DAVIES: Nein, ich halt nicht viel von solchen Sachen.
ASTON: Es müßte funktionieren.
Wendet sich um.
Also –
DAVIES: Äh, was ich noch fragen wollte, dieser Herd? Ich meine, kann da irgendwas ausströmen ... was meinst du?
ASTON: Er ist nicht angeschlossen.
DAVIES: Ja, die Sache ist nämlich die, er steht direkt neben meinem Bett, weißt du? Ich muß aufpassen, daß ich nicht anstoße ... an einen von den Gashähnen mit dem Ellbogen, wenn ich aufstehe, du verstehst, was ich meine?
Er geht auf die andere Seite des Herdes und untersucht ihn.
ASTON: Keine Sorge.
DAVIES: Also, paß auf, mach du dir keine Gedanken deswegen. Was ich machen werde, ist, ich werde ab und zu einen Blick auf diese Hähne werfen, weißt du. Nur um zu sehen, ob sie auch zu sind. Überlaß das nur mir.
ASTON: Ich glaube nicht ...
DAVIES *geht wieder auf die andere Seite des Herdes*: Äh, Kumpel, eins noch ... äh ... du könntest nicht ein paar Möpse springen lassen, nur für eine Tasse Tee, weißt du?
ASTON: Ich hab Ihnen doch gestern abend was gegeben.
DAVIES: Ach so, ja, stimmt. Stimmt. Das hatte ich ganz vergessen. Ist mir völlig entfallen. Stimmt ja. Danke bestens. Hör mal. Bist du sicher, daß es dir nichts ausmacht, wenn ich hierbleibe? Ich meine, ich bin nicht so einer, der sich was rausnehmen will.
ASTON: Nein, schon recht.
DAVIES: Vielleicht geh ich nachher noch nach Wembley runter.
ASTON: Aha.

DAVIES: Da ist ein kleines Lokal, da kann ich vielleicht was bekommen. Ich war da schon mal, weißt du? Ich weiß, die hatten nicht genug Personal. Die können vielleicht etwas mehr Personal gebrauchen.

ASTON: Wann war das?

DAVIES: Was? Ach, das war ... etwa ... das wird sein ... das wird jetzt schon eine ganze Weile her sein. Aber die Sache ist ja, sie können nie die richtigen Leute finden in diesen Betrieben. Was sie wollen, ist, sie versuchen, ohne diese Ausländer auszukommen, verstehst du, im Gaststättengewerbe. Sie wollen Engländer zum Tee einschenken, die wollen sie dort, brauchen sie unbedingt. Das sagt einem doch der gesunde Menschenverstand, nicht? Ja, ich hab mir all das vorgenommen ... das ... äh ... das ... werd ich machen.

Pause.

Wenn ich nur hinkommen kann.

ASTON: Mmnn.

Er geht zur Tür.

Na, ich seh dann noch.

DAVIES: Ja, gut.

Aston geht hinaus und schließt die Tür. Davies bleibt stehen. Er wartet einige Sekunden, geht dann zur Tür, öffnet sie, blickt hinaus, schließt die Tür, steht mit dem Rücken zur Tür, dreht sich rasch um, öffnet sie, blickt hinaus, kommt zurück, schließt die Tür, sucht die Schlüssel in der Tasche, probiert einen, probiert den anderen, schließt die Tür ab. Er blickt sich im Zimmer um. Dann geht er rasch an Astons Bett, bückt sich und holt das Paar Schuhe hervor und mustert sie.

Nicht schlecht, diese Schuhe. Ein bißchen spitz.

Er stellt sie wieder unter das Bett. Er untersucht die Umgebung von Astons Bett, hebt eine Vase hoch und blickt hinein, nimmt dann eine Schachtel und schüttelt sie.

Schrauben!

Er bemerkt Farbtöpfe unter dem Bett, geht hin und untersucht sie.

Farbe. Was will er denn anstreichen?

Stellt den Farbtopf hin, tritt in die Mitte des Zimmers, blickt hoch zum Eimer und zieht eine Grimasse.

Das muß ich erst mal sehen.

Er geht nach rechts und nimmt eine Lötlampe in die Hand.

Der hat aber allerhand Kram hier.

Er hebt die Buddha-Figur hoch und beschaut sie.

Voller Kram. Schau sich einer das an.

Er erblickt einen Stapel Zeitungen.

Was will er denn mit den Zeitungen? Verdammter Haufen Zeitungen.

Er geht an den Stapel und berührt ihn. Der Stapel wackelt. Er hält ihn fest.
Halt, halt!
Er hält den Stapel fest und schiebt die Zeitungen zurecht. Die Tür geht auf. Mick kommt herein, steckt den Schlüssel in die Tasche und schließt leise die Tür hinter sich. Er bleibt bei der Tür stehen und beobachtet Davies.
Was will er denn mit diesen Zeitungen?
Davies steigt über den aufgerollten Teppich zum blauen Koffer.
Er hatte ein Bettuch und ein Kissen drin.
Er öffnet den Koffer.
Nichts.
Er schließt den Koffer.
Wenigstens hab ich mich ausgeschlafen. Ich mach keine Geräusche.
Blickt zum Fenster.
Was ist das?
Er nimmt einen anderen Koffer und versucht ihn zu öffnen. Mick geht leise nach hinten.
Zugeschlossen.
Er stellt ihn hin und geht nach vorn.
Muß doch was drin sein.
Er nimmt eine Schublade, stöbert darin herum und stellt sie wieder hin. Mick gleitet schnell durchs Zimmer. Davies dreht sich halb um. Mick ergreift seinen Arm und dreht ihm den Arm auf den Rücken. Davies schreit:
Auuuuhhh. Auuuuuhhh. Was ist! Was ist! Was ist! Auuuuuhhh!
Mick zwingt ihn auf den Boden, während Davies sich wehrt, das Gesicht verzieht, wimmert und vor sich hinstarrt. Mick hält ihm den Arm fest, legt seine andere Hand auf seine Lippen und legt dann seine Hand auf die Lippen von Davies. Davies wird ruhiger. Mick läßt ihn los. Davies windet sich. Mick droht ihm mit dem Finger. Er bückt sich, um Davies zu beobachten. Er beobachtet ihn und steht dann auf und blickt auf Davies nieder. Davies reibt sich den Arm und beobachtet Mick. Mick wendet sich langsam um und betrachtet das Zimmer. Er geht zu dem Bett, in dem Davies geschlafen hat, und zieht die Decke weg. Er wendet sich um, geht an den Wäscheständer und nimmt die Hose von Davies. Davies will aufstehen. Mick drückt ihn mit dem Fuß auf den Boden und bleibt über ihm stehen. Endlich nimmt er den Fuß herunter. Er untersucht die Hose und wirft sie weg. Davies bleibt zusammengekrümmt auf dem Boden. Mick geht langsam zum Stuhl, setzt sich und beobachtet Davies mit ausdruckslosem Gesicht. Stille.
MICK: Was geht hier vor?
Vorhang.

«Eine Zeitlang war kein Geld mit einem Stück zu gewinnen …

… wenn Dichter und Schauspieler sich nicht darin mit ihren Gegnern herumzausten», sagt Rosenkranz im *Hamlet*.

Daran hat sich im Prinzip nichts geändert. Das Theater lebt von Konflikten, sonst wäre es langweilig. Und für ein langweiliges Stück zahlt niemand Eintritt. Konflikt hin, Konflikt her – finanziell gesehen ist jedes Stück ein Risiko. Viele Theaterbesucher gehen deshalb auch zur Bank.

Einige Sekunden später. Mick sitzt auf dem Stuhl. Davies ist noch am Boden, halb sitzend, halb zusammengekauert. Stille.

MICK: Na?

DAVIES: Nichts, nichts. Nichts.

Man hört einen Tropfen in den Eimer über ihren Köpfen fallen. Sie blicken auf, Mick blickt wieder auf Davies.

MICK: Wie ist Ihr Name?

DAVIES: Ich kenne Sie nicht. Ich weiß nicht, wer Sie sind.

Pause.

MICK: Was?

DAVIES: Jenkins.

MICK: Jenkins?

DAVIES: Ja.

MICK: Jen ... kins.

Pause.

Haben Sie heute nacht hier geschlafen?

DAVIES: Ja.

MICK: Gut geschlafen?

DAVIES: Ja.

MICK: Das freut mich. Sehr erfreut, Ihre Bekanntschaft zu machen.

Pause.

Wie sagten Sie, ist Ihr Name?

DAVIES: Jenkins.

MICK: Wie bitte?

DAVIES: Jenkins!

MICK: Jen ... kins.

Man hört wieder einen Tropfen in den Eimer fallen. Davies blickt nach oben.

Sie erinnern mich an den Bruder meines Onkels. Der war immer unterwegs, dieser Mensch. Nie ohne seinen Paß. Er war scharf auf Mädchen. So ziemlich Ihre Figur. Hatte was Athletisches. Spezialist im Weitsprung. Er zeigte uns immer verschiedene Anläufe im Wohnzimmer um Weihnachten herum. Hatte ein «penchant» für Nüsse. Das war es. Nur ein «penchant», weiter nichts. Konnte nicht genug davon kriegen. Erdnüsse, Walnüsse, Paranüsse, Haselnüsse, rührte kein Stück Rosinenkuchen an. Hatte eine prima Stoppuhr. Die hat er in Hongkong aufgestöbert. Am Tag nachdem er aus der Heilsarmee rausgeflogen war. Spielte als vierter Schläger beim Bekkenham-Kricketclub – in der Reserve. Das war, bevor er eine Goldmedaille gewonnen hatte. Hatte eine komische Art, seine Geige auf dem Rücken zu tragen. Wie ein Indianerkind. Ich glaube, er hatte einen Schuß Indianerblut. Um ganz offen zu sein, ich hab nie richtig rausbringen können, wieso er der Bruder meines Onkels war. Ich hab mir oft gedacht, daß es vielleicht andersherum war. Ich meine, mein Onkel war sein Bruder, und er war mein Onkel. Aber ich habe nie Onkel zu ihm gesagt. Ich nannte ihn Sid. Meine Mutter hat ihn auch Sid genannt. Komisch, was? Sah genau aus wie Sie. Hat einen Chinesen geheiratet und ist nach Jamaika ausgewandert.

Pause.

Ich hoffe, Sie haben heute nacht gut geschlafen.

DAVIES: Hören Sie mal! Ich weiß nicht, wer Sie sind!

MICK: In welchem Bett haben Sie geschlafen?

DAVIES: Na hören Sie –

MICK: Was?

DAVIES: Dem da.

MICK: Nicht in dem anderen?

DAVIES: Nein.

MICK: Wählerisch.

Pause.

Gefällt Ihnen mein Zimmer?

DAVIES: Ihr Zimmer?

MICK: Ja.

DAVIES: Das ist nicht Ihr Zimmer. Ich weiß nicht, wer Sie sind. Ich kenn Sie nicht.

MICK: Wissen Sie, ob Sie's glauben oder nicht, Sie haben eine komische Ähnlichkeit mit einem Kerl, den ich mal in Shoreditch gekannt habe. Eigentlich wohnte er in Aldgate. Ich wohnte bei einem Vetter in Camden Town. Dieser Kerl, der hatte einen Stand in Finsbury Park, direkt neben der Omnibusgarage. Als ich ihn besser kennenlernte, stellte es sich heraus, daß er in Putney aufgewachsen war. Das machte mir nichts aus. Ich kenne eine ganze Reihe Leute, die in Putney geboren sind. Und wenn nicht in Putney, dann eben in Fulham. Das einzige war, daß er nicht in Putney geboren wurde, sondern nur in Putney aufgewachsen ist. Es stellte sich heraus, daß er in der Caledonian Road geboren war, kurz bevor man zu der Kneipe kommt, «Zum Gaulkopf». Seine alte Mutter wohnte immer noch am «Engel» in Islington. Die Autobusse gingen direkt vor der Tür vorbei. Sie konnte den 38, den 581, den 30 oder den 38 A nehmen, die Essex Road hinunter bis zum Dalston-Kreuz, in ein paar Minuten. Natürlich, wenn sie den Dreißiger nahm, fuhr der die Upper Street herum bis zur Highbury-Ecke und dann zur St. Pauls-Kirche runter, aber zum Schluß kam sie wieder beim Dalston-Kreuz an. Ich hab immer mein Fahrrad in ihrem Garten auf dem Weg zur Arbeit abgestellt. Komisch, was? Sah Ihnen ähnlich wie aus dem Gesicht geschnitten. Etwas breiter um die Nase herum, aber das ist kaum der Rede wert.

Pause.

Haben Sie heute nacht hier geschlafen?

DAVIES: Ja.

MICK: Gut geschlafen?

DAVIES: Ja!

MICK: Mußten Sie mal in der Nacht aufstehen?

DAVIES: Nein!

Pause.

MICK: Wie ist Ihr Name?

DAVIES *bewegt sich, will aufstehen*: Also hören Sie!

MICK: Was?

DAVIES: Jenkins!

MICK: Jen ... kins.

Davies macht eine plötzliche Bewegung, um aufzustehen. Ein heftiger Schrei von Mick bringt ihn wieder in seine Ausgangsstellung zurück.

Mick brüllt: Hier geschlafen heute nacht?

DAVIES: Ja ...

MICK *rasch fortfahrend*: Wie haben Sie geschlafen?

DAVIES: Ich hab –

MICK: Gut geschlafen?

DAVIES: Also hören –

MICK: In welchem Bett?

DAVIES: In dem –

MICK: Nicht in dem anderen?

DAVIES: Nein!

MICK: Wählerisch.

Pause.

Ruhig.

Wählerisch.

Pause.

Wieder freundlich: Wie haben Sie in dem Bett geschlafen?

DAVIES *schlägt auf den Fußboden*: Gut!

MICK: Es war nicht unbequem?

DAVIES *stöhnend*: Es war gut!

MICK *steht auf und geht auf ihn zu*: Sind Sie Ausländer?

DAVIES: Nein.

MICK: Geboren und aufgewachsen auf den britischen Inseln?

DAVIES: Ja!

MICK: Was haben Sie gelernt?

Pause.

Wie hat Ihnen mein Bett gefallen?

Pause.

Das ist mein Bett. Sie müssen achtgeben, daß Sie keinen Zug kriegen.

DAVIES: Im Bett?

MICK: Nein, jetzt, auf 'n Arsch.

Davies blickt argwöhnisch zu Mick, der sich umwendet. Davies stolpert zum Wäscheständer und ergreift seine Hose. Mick wendet sich rasch um und entreißt sie ihm. Davies beugt sich vorwärts, um sie zu fassen. Mick hält warnend die Hand hoch.

Haben Sie die Absicht, sich hier niederzulassen?

DAVIES: Dann geben Sie mir meine Hose.

MICK: Lassen Sie sich hier auf längere Zeit nieder?

DAVIES: Geben Sie mir die verdammte Hose!

MICK: Warum, gehen Sie aus?

DAVIES: Geben Sie her, und ich geh. Ich geh nach Sidcup!

Mick schlägt Davies mit der Hose mehrere Male leicht ins Gesicht. Davies zieht sich zurück. Pause.

MICK: Wissen Sie, Sie erinnern mich an einen Kerl, den ich mal zufällig getroffen habe, ein Stück nach der Umgehungsstraße bei Guildford –

DAVIES: Ich bin hierher mitgenommen worden!

Pause.

MICK: Wie bitte?

DAVIES: Ich bin hierher mitgenommen worden! Ich bin hierher mitgenommen worden!

MICK: Mitgenommen? Wer hat Sie mitgenommen?

DAVIES: Der Mann, der hier wohnt ... er ...

Pause.

MICK: Sie Schwindler, Sie!

DAVIES: Der hat mich hierher mitgenommen, gestern abend ... ich hab ihn in einer Gaststätte kennengelernt ... wo ich gearbeitet habe ... die haben mir den Laufpaß gegeben ... ich hab da gearbeitet ... der da hat mich aus einer Prügelei rausgehalten, hat mich hierher mitgenommen, direkt hierhergebracht.

Pause.

MICK: Sie scheinen ein geborener Schwindler zu sein, nicht? Sie sprechen mit dem Eigentümer. Das ist mein Zimmer, Sie befinden sich in meinem Haus.

DAVIES: Es ist seins ... er hat wirklich ... er ...

MICK *zeigt auf das Bett, in dem Davies geschlafen hat*: Das ist mein Bett.

DAVIES: Und dieses dort?

MICK: Das gehört meiner Mutter.

DAVIES: Na, sie hat aber in der Nacht nicht drin gelegen!

MICK *geht auf ihn zu*: Nicht frech werden, Kleiner, nicht frech werden. Laß die Pfoten von meinem lieben alten Mütterchen.

DAVIES: Ich bin nicht ... ich hab ja nicht ...

MICK: Übertritt nicht die Grenzen, Kleiner, keine Frechheiten, was meine liebe Mutter betrifft, zeig ihr lieber ein bißchen Respekt.

DAVIES: Ich hab ja Respekt, Sie werden keinen finden, der mehr Respekt hat als ich.

MICK: Nun hör mit dem Schwindel auf.

DAVIES: Also hören Sie mal, ich hab Sie noch nie gesehen, stimmt's?

MICK: Hast wohl auch noch nie meine Mutter gesehen, was?

Pause.

Ich glaube, ich komme zu der Überzeugung, daß du ein alter Schuft bist. Nichts wie ein alter Halunke.

DAVIES: Moment mal –

MICK: Hör mal, Kleiner. Hör mal, du Knirps. Du stinkst.

DAVIES: Sie haben kein Recht –

MICK: Du stinkst wie die Pest. Du bist ein alter Räuber, das läßt sich nicht bestreiten. Du bist ein alter Schurke. Du gehörst nicht in eine anständige Wohnung wie diese. Du bist ein alter Barbar. Wirklich. Das steht dir gar nicht zu, in einer unmöblierten Wohnung so herumzulungern. Ich könnte sieben Pfund in der Woche dafür verlangen, wenn ich wollte. Morgen würde es einer dafür nehmen. Dreihundertundfünfzig Pfund im Jahr, exklusive Abgaben. Keine Frage. Ich meine, wenn du dir was in dieser Preislage leisten kannst, brauchst du's nur zu sagen. Hier, bitte schön. Möbel und gesamte Ausstattung, dafür nehme ich vierhundert oder das nächstbeste Angebot. Steuerklasse neunzig Pfund im Jahr. Für Wasser, Heizung und Licht kannst du etwa fünfzig rechnen. Das alles zusammen kostet dann achthundertundneunzig, wenn du so wild darauf bist. Du brauchst es nur zu sagen, und mein Rechtsanwalt wird einen Vertrag aufsetzen. Anderenfalls hab ich meinen Lieferwagen draußen, damit brauche ich dich nur in fünf Minuten auf die Polizei zu fahren und dich dort anzuzeigen: Hausfriedensbruch, Herumlungern, Raub, Diebstahl und Verpesten der Luft. Was sagst du dazu? Es sei denn, du bist an einem direkten Kauf interessiert. Selbstverständlich lasse ich es erst von meinem Bruder alles neu für dich dekorieren. Ich habe einen Bruder, der ist ein prima Tapezierer und Anstreicher. Der wird alles neu herrichten für dich. Falls du mehr Platz brauchst, da sind noch vier Zimmer den Flur runter zu haben. Badezimmer, Wohnzimmer, Schlafzimmer und Kinderzimmer. Dies hier kannst du als Herrenzimmer benutzen. Der Bruder, von dem ich eben sprach, fängt jetzt bald mit den anderen Zimmern an. Ja, er wird in allernächster Zeit damit anfangen. Also, was sagst du? Achthundert und etwas für dieses Zimmer oder dreitausend bar für das ganze obere Stockwerk. Andererseits, wenn du es lieber langfristig abzahlen willst, da kenne ich eine Versicherungsgesellschaft in West Ham, die bereit sein würde, einen Kreditvertrag zu arrangieren. Ohne irgendeinen Haken, alles ehrlich und offen, eine Gesellschaft von unbeflecktem Ruf; zwanzig Prozent Zinsen, fünfzig Prozent Anzahlung; Anzahlungen, Abzahlungen, Familienbeihilfe, Bonustabellen, Tilgungen bei guter Führung, sechsmonatiger Mietvertrag, jährliche Einsicht in die betreffenden Geschäftsbücher, Tee wird serviert, Aktienverkauf, Gewinnerweiterung, Entschädigung bei Kündigung, umfassende Entschädigung bei Aufruhr, Bürgerkrieg, Störungen des Arbeitsfriedens, Unwetter, Sturm, Blitzeinschlag, Diebstahl oder Viehschaden, alles mit täglicher Prüfung und Revision. Selbstverständlich benötigen wir eine beglaubigte Erklärung deines persönlichen medizinischen Beraters, als Versicherung, daß du körperlich in der Lage bist, diese Verantwortung zu übernehmen, nicht wahr? Auf welcher Bank hast du dein Konto?

Pause.

Auf welcher Bank hast du dein Konto?

Die Tür geht auf, und Aston kommt herein. Mick wendet sich um und läßt die Hose fallen. Davies hebt sie auf und zieht sie an. Aston wirft einen Blick auf die beiden und geht zu seinem Bett. Er stellt eine Reisetasche, die er trägt, auf das Bett, setzt sich und fährt fort, den Toaster zu reparieren. Davies zieht sich in seine Ecke zurück. Mick setzt sich auf den Stuhl. Stille. Ein Tropfen fällt in den Eimer. Alle blicken auf. Stille.

Regnet immer noch durch.

ASTON: Ja.

Pause.

Kommt durchs Dach.

MICK: Durchs Dach?

ASTON: Ja.

Pause.

Ich werd's überteeren müssen.

MICK: Du wirst es überteeren?

ASTON: Ja.

MICK: Was?

ASTON: Die Risse.

Pause.

MICK: Du wirst die Risse im Dach überteeren?

ASTON: Ja.

Pause.

MICK: Glaubst du, das genügt?

ASTON: Das genügt vorläufig.

MICK: Aha.

Pause.

DAVIES *unvermittelt*: Was macht ihr –?

Beide blicken ihn an.

Was macht ihr ... wenn der Eimer voll ist?

Pause.

ASTON: Ausgießen.

Pause.

MICK: Ich habe meinem Freund hier grade erzählt, daß du in allernächster Zeit anfangen wirst, die anderen Zimmer neu zu malen und zu tapezieren.

ASTON: Ja.

Pause.

Zu Davies: Ich hab Ihre Tasche.

DAVIES: Ach.

Geht zu ihm und nimmt die Tasche.

Ach danke, Chef. Sie haben sie dir ausgehändigt, was?

Er geht mit der Tasche zurück.

MICK *steht auf und entreißt sie ihm*: Was ist das?

DAVIES: Gib her, das ist meine Tasche!

MICK *ihn abwehrend*: Ich kenne diese Tasche.

DAVIES: Das ist meine Tasche!

MICK *ihm ausweichend*: Diese Tasche kommt mir bekannt vor.

DAVIES: Was soll das heißen?

MICK: Wo hast du sie her?

ASTON *steht auf, zu den beiden*: Hört doch auf damit.

DAVIES: Das ist meine.

MICK: Wessen?

DAVIES: Das ist meine! Sag ihm, es ist meine!

MICK: Ist das deine Tasche?

DAVIES: Gib sie mir!

ASTON: Gib sie ihm.

MICK: Was? Gib ihm was?

DAVIES: Die verdammte Tasche.

MICK *versteckt sie hinter dem Gasherd*: Welche Tasche?

Zu Davies: Welche Tasche?

DAVIES *geht auf ihn zu*: Also bitte!

MICK *ihm entgegen*: Wohin denn?

DAVIES: Ich will ... meine alte ...

MICK: Mal ganz sachte, Kleiner! Du klopfst an die Tür, wenn niemand zu Hause ist. Übertreib es nicht. Du kommst in ein Privathaus hereingeschneit und nimmst dir, was du dir nur nehmen kannst. Übertreib es nicht, Kleiner.

Aston nimmt die Tasche.

DAVIES: Du Saudieb ... du verdammter Seeräuber ... gib mir meine ...

ASTON: Hier haben Sie.

Er hält Davies die Tasche hin.

Mick entreißt sie ihm. Aston nimmt sie wieder. Mick reißt sie an sich. Davies greift danach. Aston nimmt sie wieder. Mick greift danach. Aston gibt sie Davies. Mick reißt sie an sich. Pause. Aston nimmt sie wieder. Davies nimmt sie. Mick nimmt sie. Davies greift danach. Aston nimmt sie. Pause. Aston reicht sie Mick. Mick reicht sie Davies. Davies drückt die Tasche an sich. Pause. Mick blickt auf Aston. Davies entfernt sich mit der Tasche. Er läßt sie fallen. Pause. Sie beobachten ihn. Er hebt die Tasche auf. Geht zu seinem Bett und setzt sich hin. Aston geht zu seinem Bett, setzt sich und fängt an, sich eine Zigarette zu drehen. Mick bleibt stehen. Pause. Ein Tropfen fällt in den Eimer. Alle blicken nach oben. Pause.

Wie war's in Wembley?

DAVIES: Ich bin nicht hingekommen.

Pause.

Nein, ich hab's leider nicht geschafft.

Mick geht zur Tür und geht dann hinaus.

ASTON: Ich hab mit der Schweifsäge Pech gehabt. Als ich hinkam, war sie weg.

Pause.

DAVIES: Wer ist dieser Kerl?

ASTON: Er ist mein Bruder.

DAVIES: So? Ein Witzbold, wie?

ASTON: Hmm.

DAVIES: Ja ... der ist ein richtiger Witzbold.

ASTON: Er hat Humor.

DAVIES: Ja, das hab ich bemerkt.

Pause.

Er ist ein richtiger Witzbold, der Knabe, das sieht man.

Pause.

ASTON: Ja, er neigt dazu ... er neigt dazu, von allen Dingen die komische Seite zu sehen.

DAVIES: Na, er hat Humor, was?

ASTON: Ja.

DAVIES: Ja, das sieht man.

Pause.

Das hab ich von Anfang an bemerkt, daß er seine eigene Art hat, die Dinge zu sehen.

ASTON *steht auf, geht zur Schublade rechts, nimmt die Buddha-Figur heraus und stellt sie auf den Gasherd*: Ich soll das obere Stockwerk des Hauses für ihn neu renovieren.

DAVIES: Was ... ist denn ... gehört das Haus ihm?

ASTON: Ja. Ich soll diesen Stock hier für ihn renovieren. Eine Wohnung draus machen.

DAVIES: Was macht er denn?

ASTON: Er ist im Baugewerbe. Er hat einen eigenen Lieferwagen.

DAVIES: Er wohnt doch nicht hier?

ASTON: Wenn ich erst mal den Schuppen draußen fertig habe ... dann kann ich mich mehr der Wohnung hier widmen, wissen Sie. Vielleicht kann ich ein paar Sachen dafür selber machen.

Geht zum Fenster.

Ich kann mit meinen Händen arbeiten, wissen Sie. Das ist etwas, das ich wirklich kann. Ich wußte gar nicht, daß ich es konnte. Aber jetzt kann ich alle möglichen Sachen tun, mit den Händen. Handwerkerarbeit, wissen Sie. Wenn ich erst mal den Schuppen draußen fertig hab ... dann hab ich eine Werkstatt, wissen Sie. Ich ... könnte ein bißchen schreinern. Einfache Sachen für den Anfang. Schreinern mit ... gutem Holz.

Pause.

Selbstverständlich ist hier eine Menge zu tun. Ich glaube, das beste ist, ich ziehe eine Trennwand ... in einem Zimmer den Flur lang. Ich glaube, das wird gehen. Wissen Sie ... da gibt es diese Zwischenwände ... wissen Sie ... orientalische. Damit kann man ein Zimmer aufteilen. In zwei Teile teilen. Ich könnte entweder das machen oder eine Trennwand ziehen. Ich könnte sie selber machen, wenn ich eine Werkstatt hätte.

Pause.

Na, ich glaube, ich entscheide mich für eine Trennwand.

Pause.

DAVIES: Hör mal, ich denk grade. Das hier ist nicht meine Tasche.

ASTON: Ach. Nein.

DAVIES: Nein, das ist nicht meine Tasche. Meine Tasche sah ganz anders aus, weißt du. Ich weiß, was da passiert ist. Die haben meine Tasche behalten und haben dir eine ganz andere gegeben.

ASTON: Nein ... das war so, jemand hat Ihre Tasche mitgenommen.

DAVIES *steht auf*: Das mein ich ja!

ASTON: Na, ich hab diese Tasche woanders bekommen. Da sind ein paar ... Kleidungsstücke drin. Ich hab alles zusammen billig bekommen.

DAVIES *öffnet die Tasche*: Sind Schuhe drin?

Er nimmt zwei karierte Hemden aus der Tasche, ein grelles rotes und ein grelles grünes. Er hält sie hoch.

Kariert.

ASTON: Ja.

DAVIES: Ja ... diese Art Hemden kenne ich, weißt du. Solche Hemden – damit kommt man im Winter nicht weit, ich meine, das weiß ich ganz bestimmt. Nein, was ich brauche, ist ein gestreiftes Hemd, ein gutes, solides Hemd mit Streifen, die nach unten gehn. Das brauche ich.

Er nimmt einen purpurroten Samtrock aus der Tasche.
Was ist das?

ASTON: Eine Hausjacke.

DAVIES: Eine Hausjacke?
Befühlt den Stoff.
Kein schlechter Stoff. Ich werd mal sehen, ob sie paßt.
Probiert die Jacke an.
Hast du hier keinen Spiegel?

ASTON: Ich glaube nicht.

DAVIES: Na, das paßt ganz gut. Wie findest du es?

ASTON: Sieht ganz gut aus.

DAVIES: Ich werd dazu nicht nein sagen.
Aston nimmt den Stecker und untersucht ihn.
Dazu sage ich nicht nein.
Pause.

ASTON: Sie könnten hier ... Hausmeister werden, wenn Sie wollen.

DAVIES: Was?

ASTON: Sie könnten ... sich um das Haus kümmern, wenn Sie wollen, wissen Sie, das Treppenhaus, der Flur, die Eingangsstufen, sich drum kümmern. Die Klingeln polieren.

DAVIES: Klingeln?

ASTON: Ich werd ein paar anmachen, unten an der Haustür. Messing.

DAVIES: Hausmeister sagen Sie?

ASTON: Ja.

DAVIES: Tja, ich ... ich hab das noch nie gemacht, weißt du ... ich meine ... ich hab noch nie ... ich meine ... ich bin noch nie Hausmeister gewesen
Pause.

ASTON: Also, wie wär es damit?

DAVIES: Ja, ich finde ... ja also, ich müßte wissen ... weißt du ...

ASTON: Was für eine ...

DAVIES: Ja, was für eine ... weißt du ...
Pause.

ASTON: Also, ich meine ...

DAVIES: Ich meine, ich müßte ... ich müßte ...

ASTON: Also, das könnte ich Ihnen sagen ...

DAVIES: Das ist es ... das ist es ... verstehst du ... weißt du, was ich meine?

ASTON: Wenn es soweit ist ...

DAVIES: Ich meine, das ist ja, was ich meine, weißt du ...

ASTON: Mehr oder weniger das, was Sie ...

DAVIES: Weißt du, was ich sagen will ... was ich wissen möchte ... ich meine, was für Arbeit ...
Pause.

ASTON: Also, da ist die Treppe ... und die ... die Klingeln ...

DAVIES: Aber da brauchte man doch ... nicht wahr ... da brauchte man doch einen Besen ... nicht wahr?

ASTON: Ja, und natürlich brauchen Sie ein paar Bürsten.

DAVIES: Man braucht dazu Geräte ... nicht wahr ... man braucht dazu ziemlich viel Geräte ...

ASTON *nimmt einen weißen Kittel von einem Haken über seinem Bett und zeigt ihn Davies*: Sie könnten den anziehen, wenn Sie wollen.

DAVIES: Ja ... sehr schön, nicht?

ASTON: Hält den Staub ab.

DAVIES *zieht den Kittel an*: Ja, das hält schön den Staub ab. Hält ihn schön ab. Danke schön, Chef.

ASTON: Wissen Sie, was ich machen könnte, wir könnten ... ich könnte unten eine Klingel anmachen, an der Haustür mit «Hausmeister» drauf. Und Sie könnten dann Auskünfte geben.

DAVIES: Ach, da bin ich nicht so sicher.

ASTON: Warum nicht?

DAVIES: Na, ich meine, man weiß doch nie, wer an die Haustür kommt. Ich muß ein bißchen vorsichtig sein.

ASTON: Warum? Ist jemand hinter Ihnen her?

DAVIES: Hinter mir her? Na, es könnte doch sein, dieser Hund, der Schotte, kommt mich suchen, was? Ich würde nur die Klingel hören, runtergehen, die Tür aufmachen, und wer steht da, irgendein Hinz oder Kunz kann da sein. Und im Nu können sie mir was antun, mein Lieber. Jemand könnte wegen meiner Versicherungskarte kommen, ich meine, sie sehen wollen, da steh ich, ich hab nur vier Marken drauf, auf dieser Karte, hier ist sie, schau, vier Marken, mehr hab ich nicht, hab keine weiter, mehr hab ich nicht, der läutet an der Klingel mit «Hausmeister», und schon sperren sie mich ein, so wird das gemacht; und ich hätte nicht die geringste Chance. Ich hab natürlich noch andere Versicherungskarten irgendwo, aber das wissen die ja nicht, und das kann ich denen ja auch nicht sagen, denn sonst merken sie, daß ich einen anderen Namen angenommen hab. Der Name, den ich jetzt benutze, ist nicht mein richtiger Name, weißt du. Mein richtiger Name ist nicht der, den ich jetzt benutze, weißt du. Der ist anders. Weißt du, der Name, unter dem ich jetzt bekannt bin, ist nicht mein richtiger. Es ist ein angenommener.

Stille.

Licht ausblenden. Schwaches Licht fällt durchs Fenster. Die Wohnungstür wird zugeschlagen. Geräusch eines Schlüssels im Schloß der Zimmertür. Davies kommt herein, schließt die Tür und versucht vergeblich, Licht zu machen, indem er den Lichtschalter an-, aus-, an-, ausdreht.

Davies, vor sich hin murmelnd: Was ist los?

Dreht an und aus.
Was ist mit dem verdammten Licht los?
Er dreht an und aus.
Aaach. Das verdammte Licht ist doch nicht etwa kaputt.
Pause.
Was mach ich jetzt? Das verdammte Licht ist kaputt. Kann nichts sehen.
Pause.
Was soll ich jetzt machen?
Er bewegt sich vorwärts, stolpert.
Ach Gott, was ist denn das? Licht her. Augenblick.
Er sucht nach Streichhölzern in seiner Hosentasche, holt eine Schachtel hervor und zündet eines an. Das Streichholz geht aus. Er läßt die Schachtel fallen.
Wo ist sie denn?
Bückt sich.
Wo ist die verdammte Schachtel?
Die Schachtel wird mit dem Fuß gestoßen.
Was ist das? Was? Wer ist das? Was ist das?
Pause. Er bewegt sich vorwärts.
Wo ist meine Schachtel? Sie war eben hier. Wer ist da? Wer hat die Schachtel weggestoßen?
Stille.
Los. Wer ist da? Wer hat meine Schachtel?
Pause.
Wer ist da?
Pause.
Ich hab ein Messer. Ich bin bereit. Los, raus, wer ist da?
Er bewegt sich vorwärts, stolpert, fällt hin und schreit auf. Stille. Davies wimmert leise. Er steht auf.
Also gut!
Er verharrt und atmet schwer. Plötzlich hört man den Staubsauger surren. Eine Gestalt bewegt sich mit dem Staubsauger und führt ihn. Der Sauger bewegt sich auf dem Fußboden entlang und hinter Davies her, der versucht, darüberzuhüpfen und ihm zu entkommen, bis er atemlos zu Boden fällt.
Ah, ah, ah, ah, ah, ah! Weg da-a-a-a!
Der Staubsauger hört auf zu surren. Die Gestalt springt auf Astons Bett.
Ich bin bereit! Ich bin ... ich bin ... ich bin hier!
Die Gestalt zieht den Stecker des Staubsaugers aus dem Lampenkontakt und schraubt die Birne ein. Das Licht geht an. Davies drückt sich gegen die rechte Wand, das Messer in der Hand. Mick steht auf dem Bett mit dem Stecker in der Hand.

MICK: Hab grade ein bißchen großreinegemacht.

Er steigt vom Bett.

Da war mal eine Steckdose in der Wand für den Staubsauger. Aber die funktioniert nicht. Darum mußte ich ihn in den Lampenkontakt stecken.

Schiebt den Staubsauger unter Astons Bett.

Na, wie sieht das Zimmer aus? Ich hab gründlich saubergemacht.

Pause.

Wir wechseln uns ab, einmal alle vierzehn Tage, mein Bruder und ich, da machen wir gründlich sauber. Ich bin eben erst von der Arbeit nach Hause gekommen. Aber ich hielt es für besser, gleich anzufangen, weil ich dran bin.

Pause.

Ich wohn zwar nicht selber hier. Ich wohne woanders. Aber ich bin ja schließlich verantwortlich dafür, daß das Haus gut instand gehalten wird, nicht wahr? Ich bin nun mal penibel.

Geht auf Davies zu und deutet auf das Messer.

Warum fuchteln Sie denn mit dem Ding da rum?

DAVIES: Komm mir nicht in die Nähe . . .

MICK: Tut mir leid, wenn ich Sie erschreckt hab. Aber ich hab's ja auch Ihretwegen gemacht. Ich meine, Sie sind doch Gast meines Bruders. Wir müssen doch an Ihre Bequemlichkeit denken, nicht wahr? Wir wollen ja nicht, daß Ihnen der Staub in die Nase zieht. Wie lange gedenken Sie denn übrigens zu bleiben? Eigentlich wollte ich sogar vorschlagen, daß wir die Miete ein bißchen runtersetzen, nur einen nominellen Betrag, ich meine, bis Sie was Festes haben. Nur nominell, weiter nichts.

Pause.

Aber wenn Sie Unannehmlichkeiten machen wollen, muß ich mir den ganzen Vorschlag noch mal überlegen.

Pause.

Sie wollen doch nicht etwa gewalttätig werden? Sie sind doch nicht der gewalttätige Typ, was?

DAVIES *heftig*: Ich halte mich aus allem raus, Kumpel. Aber wenn jemand was mit mir anfängt, dann kann er sich auf was gefaßt machen.

MICK: Das glaub ich.

DAVIES: Na, dann ist gut. Ich bin ganz schön runtergekommen, verstehst du? Verstehst du, was ich sagen will? Ich hab nichts gegen einen Jux ab und zu, aber – das werden dir alle bestätigen . . . mit mir fängt sich keiner was an.

MICK: Ich versteh, was Sie meinen, ja.

DAVIES: Man kann es so weit mit mir treiben . . . aber . . .

MICK: Nicht weiter.

DAVIES: Ganz recht.

Mick setzt sich auf das Gerümpel rechts vorn.

Was machst du da?

MICK: Ich wollte nur sagen ... ich bin tief beeindruckt.

DAVIES: Was?

MICK: Ich bin tief beeindruckt von dem, was Sie grade gesagt haben.

Pause.

Ja, das ist sehr eindrucksvoll.

Pause.

Ich bin jedenfalls davon beeindruckt.

DAVIES: Weißt du, wovon ich rede?

MICK: Ja, ich weiß schon. Ich glaube, wir verstehen uns.

DAVIES: Ja? Na ... ich sag dir ... ich ... ich will es hoffen. Du hast mich an der Nase herumgeführt, weißt du. Ich weiß nicht warum. Ich hab dir ja nichts getan.

MICK: Nein, wissen Sie, was es war? Wir haben einen schlechten Start gehabt. Weiter nichts.

DAVIES: Stimmt.

Er setzt sich zu Mick aufs Gerümpel.

MICK: Wie wär's mit einem Sandwich?

DAVIES: Was?

MICK *nimmt ein Käsebrot aus der Tasche*: Wie wär's damit?

DAVIES: Ich laß mich nicht –

MICK: Nein, Sie verstehen mich immer noch nicht. Ich interessiere mich für Sie, weil Sie ein Freund meines Bruders sind. Ich meine, Sie sind doch ein Freund meines Bruders, nicht wahr?

DAVIES: Na ... soweit würde ich nicht gehen.

MICK: Finden Sie nicht, daß er sich freundlich zu Ihnen verhält?

DAVIES: Na, ich würde nicht grade sagen, daß wir so dicke Freunde sind, ich meine, er hat mir nichts getan, aber ich würde nicht sagen, daß er ein besonders guter Freund von mir ist. Was ist in dem Sandwich drin?

MICK: Käse.

DAVIES: Na schön.

MICK: Bitte.

DAVIES: Besten Dank, Chef.

MICK: Tut mir leid zu hören, daß mein Bruder nicht freundlich zu Ihnen ist.

DAVIES: Er ist freundlich, freundlich ist er schon, ich hab ja nicht gesagt ...

MICK *nimmt einen Salzstreuer aus der Tasche*: Salz?

DAVIES: Nein, danke.

Kauend: Ich bin mir nur nicht ... nicht ganz klar über ihn.

MICK *fühlt in der Tasche*: Ich hab den Pfeffer vergessen.

DAVIES: Ich komm nicht ganz dahinter, weiter nichts.

MICK: Ich hatte irgendwo ein Stück rote Rübe. Muß sie verlegt haben.

Pause.

Davies ißt das Sandwich.

Mick beobachtet ihn. Dann steht er auf und kommt nach vorn.

Äh ... hören Sie ... darf ich Sie mal um Rat fragen? Ich meine, Sie sind doch ein Mann von Welt. Darf ich Sie mal wegen einer Sache um Rat fragen?

DAVIES: Schieß los.

MICK: Also, das ist so, wissen Sie, ich ... ich mach mir ein bißchen Sorgen um meinen Bruder.

DAVIES: Deinen Bruder?

MICK: Ja ... wissen Sie, die Sache ist die ...

DAVIES: Was?

MICK: Ja, das klingt nicht sehr nett ...

DAVIES *steht auf und kommt nach vorn*: Los, sag schon.

MICK *blickt ihn an*: Er arbeitet nicht gern.

Pause.

DAVIES: Aber was!

MICK: Er arbeitet einfach nicht gern, das ist es eben.

DAVIES: Tatsächlich?

MICK: Schrecklich, wenn man das von seinem eigenen Bruder sagen muß.

DAVIES: Ja.

MICK: Er scheut sich davor. Scheut sich einfach.

DAVIES: Ich kenne den Typ.

MICK: Sie kennen den Typ?

DAVIES: Denen bin ich schon begegnet.

MICK: Ich meine, ich möchte ihm helfen, sich zu etablieren.

DAVIES: Klar.

MICK: Wenn man einen älteren Bruder hat, will man ihm doch gern weiterhelfen, möchte man, daß er etwas erreicht. Man kann ihn nicht faulenzen lassen, damit schadet er sich nur selbst. Das ist meine Meinung.

DAVIES: Ja.

MICK: Aber er will einfach nicht ran an die Arbeit.

DAVIES: Die Arbeit sagt ihm nicht zu.

MICK: Arbeitsscheu.

DAVIES: Das sollte man meinen.

MICK: Sie kennen diesen Typ, ja?

DAVIES: Ich? Ich kenn die Sorte.

MICK: Ja.

DAVIES: Ich kenn die Sorte. Ich hab sie kennengelernt.

MICK: Macht mir große Sorgen, Sie sehen, ich bin ein arbeitender Mensch, ich bin Geschäftsmann. Ich hab meinen eigenen Lieferwagen.

DAVIES: Tatsächlich?

MICK: Er soll für mich eine kleine Arbeit verrichten ... ich laß ihn hier wohnen, damit er mir eine kleine Arbeit macht ... aber ich weiß nicht ... ich muß zu dem Schluß kommen, er ist ein langsamer Arbeiter.

Pause.

Was würden Sie mir raten?

DAVIES: Na ... ein komischer Kauz, dein Bruder.

MICK: Was?

DAVIES: Ich sag, er ist ... er ist ein etwas komischer Kauz, dein Bruder.

MICK *starrt ihn an*: Komisch? Warum?

DAVIES: Na ... er ist komisch ...

MICK: Was ist komisch an ihm?

Pause.

DAVIES: Daß er nicht gern arbeitet.

MICK: Was ist daran komisch?

DAVIES: Nichts.

Pause.

MICK: Ich finde das nicht komisch.

DAVIES: Ich auch nicht.

MICK: Sie sollten nicht allzu kritisch werden.

DAVIES: Nein, nein, das wollt ich ja nicht, ich wollt nicht ... ich wollte nur sagen ...

MICK: Nicht zu leicht urteilen, sag ich.

DAVIES: Ich wollte ja nichts weiter als –

MICK: Genug davon!

Geschäftsmäßig.

Hören Sie? Ich mache Ihnen einen Vorschlag. Ich trage mich mit dem Gedanken, diesen Laden hier zu übernehmen. Ich finde, man könnte das alles hier etwas besser organisieren. Ich hab eine Menge Ideen, eine Menge Pläne.

Er betrachtet Davies.

Wie wäre es, wenn Sie hierbleiben würden als Hausmeister?

DAVIES: Was?

MICK: Ich will ganz offen sprechen mit Ihnen. Auf einen Mann wie Sie könnt ich mich verlassen, hier, auf alles aufzupassen.

DAVIES: Na ... Moment mal ... ich ... ich bin noch nie Hausmeister gewesen.

MICK: Macht nichts. Sie machen auf mich einen sehr fähigen Eindruck.

DAVIES: Ja, fähig bin ich. Ich meine, ich hab seinerzeit immer viele Angebote gehabt, weißt du, das läßt sich nicht bestreiten.

MICK: Ja, ich hab vorhin beobachtet, als Sie das Messer rausgezogen haben, daß man mit Ihnen nicht beliebig umspringen kann.

DAVIES: Mit mir kann niemand umspringen, mein Lieber.

MICK: Ich meine, Sie haben doch gedient, nicht wahr?

DAVIES: Ge – was?

MICK: Gedient. Ich seh's an Ihrer Haltung.

DAVIES: Ach so, ja. Hab mein halbes Leben dort verbracht, mein Lieber. Übersee ... sozusagen ... gedient hab ich.

MICK: In den Kolonien, ja?

DAVIES: Ja, ich war drüben. Ich war einer der ersten drüben.

MICK: Das sag ich doch. Auf Sie hab ich direkt gewartet.

DAVIES: Wofür?

MICK: Als Hausmeister.

DAVIES: Ja, also ... schauen Sie ... hören Sie ... wer ist denn hier der Eigentümer, er oder Sie?

MICK: Ich. Ich bin's. Ich hab Urkunden, die es beweisen.

DAVIES: Ah ...

Entschlossen:

Also hören Sie, ich hätt nichts dagegen, Hausmeister zu sein, ich hätt nichts dagegen, für Sie das Haus zu versorgen.

MICK: Selbstverständlich würden wir zu einer kleinen finanziellen Abmachung kommen, zu unserem beiderseitigen Vorteil.

DAVIES: Das überlaß ich Ihnen, das auszurechnen.

MICK: Danke. Da ist nur eines.

DAVIES: Was?

MICK: Können Sie mir irgendwelche Empfehlungen nachweisen?

DAVIES: Was?

MICK: Nur um meinen Anwalt zufriedenzustellen.

DAVIES: Ich hab 'ne Menge Empfehlungen. Ich brauch nur nach Sidcup zu gehen morgen. Ich hab alle Empfehlungen, die ich brauche, da.

MICK: Wo?

DAVIES: Sidcup. Der hat nicht nur meine Emfehlungen dort, sondern auch alle meine Ausweise. Ich kenne mich aus da wie in meiner Hosentasche. Wenn ich hin könnte, würde ich nicht nur die Empfehlungen holen, sondern alle meine Dokumente. Ich muß sowieso hin, verstehen Sie, ich muß sowieso hin, oder es ist aus mit mir.

MICK: Wir können uns also die Empfehlungen jederzeit beschaffen, wenn wir sie brauchen.

DAVIES: Ich werd in den nächsten Tagen hinkommen, sag ich Ihnen. Ich wollte schon heute hin, aber ich ... ich warte darauf, daß sich das Wetter ändert.

MICK: Ach so.

DAVIES: Hören Sie mal. Könnten Sie mir vielleicht ein Paar gute

Schuhe beschaffen? Ich brauche dringend ein Paar anständige Schuhe. Ich komme ja nirgends hin ohne ein Paar anständige Schuhe, wissen Sie. Glauben Sie, es ist möglich, mir ein Paar zu verschaffen?

Licht ausblenden. Blackout. Wieder Licht. Morgen. Aston zieht sich die Hose über seine lange Unterwäsche. Er verzieht das Gesicht. Er sucht am Kopfende seines Bettes, nimmt ein Handtuch von der Stange und wedelt damit herum. Er legt das Handtuch hin, geht zu Davies und weckt ihn. Davies fährt hoch.

ASTON: Sie haben mir gesagt, ich soll Sie wecken.

DAVIES: Weshalb?

ASTON: Sie haben gesagt, Sie wollen nach Sidcup.

DAVIES: Ja, das wär gut, wenn ich hin könnte.

ASTON: Wetter sieht nicht sehr gut aus.

DAVIES: Na, dann ist nichts damit, was?

ASTON: Ich ... ich hab wieder eine schlechte Nacht verbracht.

DAVIES: Ich hab schrecklich schlecht geschlafen.

Pause.

ASTON: Sie haben ...

DAVIES: Schrecklich schlecht. Hat etwas geregnet in der Nacht, ja?

ASTON: Nur etwas.

Er geht zu seinem Bett, nimmt ein kleines Holzbrett und reibt es mit Sandpapier ab.

DAVIES: Dachte ich mir. Ist mir auf den Kopf getropft.

Pause.

Außerdem zieht's mir direkt auf den Kopf.

Pause.

Geht das Fenster hinter dem Sack nicht zuzumachen?

ASTON: Das geht.

DAVIES: Na und, warum tust du's dann nicht? Der Regen geht mir direkt auf den Kopf.

ASTON: Muß etwas frische Luft haben.

Davies steigt aus dem Bett. Er trägt seine Hose, Weste und Unterhemd.

DAVIES *zieht seine Sandalen an*: Hör mal. Ich hab mein Leben lang an der frischen Luft verbracht, Junge. Du brauchst mir nichts von frischer Luft zu erzählen. Was ich sage, ist, es kommt zuviel Luft durch das Fenster, wenn ich schlafe.

ASTON: Wird sehr stickig hier drinnen, wenn das Fenster nicht offen ist.

Er geht zum Stuhl, legt das Brett darauf und reibt es weiter mit Sandpapier ab.

DAVIES: Ja, aber hör mal, du kapierst ja gar nicht, was ich sagen will. Der verdammte Regen, mein Lieber, der regnet mir direkt auf den

Kopf. Stört meinen Schlaf. Ich könnte mich auf den Tod erkälten dabei, mit dieser Zugluft. Das meine ich nur. Mach das Fenster zu, und keiner wird sich erkälten, das ist alles.

Pause.

ASTON: Ich könnte nicht schlafen hier, wenn das Fenster nicht offen ist.

DAVIES: Na, und ich? Was ... was soll ich machen?

ASTON: Warum schlafen Sie nicht andersrum?

DAVIES: Wie meinst du?

ASTON: Mit den Füßen zum Fenster.

DAVIES: Was für einen Sinn soll das haben?

ASTON: Es würde Ihnen nicht auf den Kopf regnen.

DAVIES: Nein, das kann ich nicht. Das kann ich nicht.

Pause.

Ich meine, ich hab mich dran gewöhnt, so rum zu schlafen. Ich brauch mich nicht zu ändern, sondern daß Fenster. Da siehst du, wie's jetzt regnet. Da, sieh mal. Jetzt regnet's richtig.

Pause.

ASTON: Ich glaube, ich werd mal zur Goldhawk Road runterlaufen. Ich hab da neulich mit einem Mann gesprochen. Er hatte eine Hobelbank. Ich fand, sie war in ganz gutem Zustand. Ich glaub nicht, daß er damit viel anfangen kann.

Pause.

Werd mal hingehen, glaub ich.

DAVIES: Hör dir das an. Heute ist's nichts mit Sidcup. Wie wär's, wenn du jetzt das Fenster zumachst? Es wird reinregnen.

ASTON: Machen Sie's eine Weile zu.

DAVIES *schließt das Fenster und blickt hinaus*: Was ist das unter der Zeltplane da draußen?

ASTON: Holz.

DAVIES: Wofür?

ASTON: Um meinen Verschlag zu bauen.

DAVIES *setzt sich auf sein Bett*: Das Paar Schuhe hast du noch nicht für mich bekommen, das du mir verschaffen wolltest?

ASTON: Nein. Ich werd mal sehen, ob ich heute welche erwische.

DAVIES: Mit diesen kann ich ja nicht raus, nicht wahr? Ich kann nicht mal raus, um 'ne Tasse Tee zu trinken.

ASTON: Da ist ein Café ein Stückchen die Straße runter.

DAVIES: Das mag schon sein, Kumpel.

Während Astons nachfolgendem Monolog wird es im Zimmel dunkel. Am Ende der Szene ist nur noch Aston deutlich zu sehen. Davies und die Gegenstände im Zimmer liegen dann im Schatten. Licht so langsam und unauffällig wie möglich ausblenden.

ASTON: Ich bin früher ziemlich oft hingegangen. Ach, das ist schon

Jahre her. Aber dann hab ich aufgehört. Ich hatte die Bude ganz gern. Hab ziemlich viel Zeit dort verbracht. Das war, bevor ich weg war. Grade davor. Ich glaube, dieser ... Laden hatte ziemlich viel Schuld daran. Sie waren alle ... ein gutes Stück älter als ich. Aber sie haben mir immer zugehört. Ich dachte ... sie würden verstehen, was ich sage. Ich meine, ich hab mit ihnen geredet. Ich hab zu viel geredet. Das war mein Fehler. Genau wie in der Fabrik. Wenn ich da stand, oder in der Pause, hab ich ... geredet über alles mögliche. Und diese Männer, sie haben mir zugehört, wenn ich ... etwas zu sagen hatte. Das war schon gut. Der Haken war nur, daß ich diese Art Halluzinationen bekam. Es waren keine Halluzinationen, sie ... ich hatte das Gefühl, ich könnte Dinge sehen ... ganz klar ... alles ... war so klar ... alles wurde ... alles wurde ganz still ... alles wurde ganz still ... diese ... Stille ... und ... die Klarheit ... es war ... aber vielleicht hatte ich mich getäuscht. Jedenfalls muß jemand was gesagt haben. Ich wußte gar nichts davon. Und ... irgendeine Lüge muß die Runde gemacht haben. Und diese Lüge ging um. Ich dachte, die Leute benehmen sich auf einmal so komisch. Im Café. In der Fabrik. Ich konnt's nicht verstehen. Dann, eines Tages, hat man mich in ein Krankenhaus gebracht, außerhalb von London. Man ... hat mich hingebracht. Ich wollte nicht hin. Jedenfalls ... ich hab versucht rauszukommen, mehrere Male. Aber ... es war nicht leicht. Die haben mir Fragen gestellt dort. Haben mich reingerufen und Fragen gestellt. Na, ich hab ihnen gesagt ... denen, die gefragt haben ... sie standen immer alle um mich herum ... ich hab ihnen gesagt, wenn sie's wissen wollten ... welche Gedanken mir durch den Kopf gingen. Hmmm. Dann, eines Tages, dieser Mann ... ein Arzt, nehme ich an ... der Chef ... er war ein Mann von ... Rang ... obwohl ich mir dessen nicht ganz sicher war. Er hat mich reingerufen. Er hat mir gesagt ... er hat mir gesagt, ich hätte etwas. Er sagte, die Untersuchung sei beendet. Das hat er gesagt. Und er zeigte mir einen Stapel Papiere und sagte, ich hätte etwas, irgendein Leiden. Er sagte ... nur das. Sie haben ... diese Sache. Das ist Ihr Leiden. Und wir haben uns entschlossen, sagte er, daß wir in Ihrem Interesse nur eines tun können. Er sagte ... aber ich kann mich nicht ... genau erinnern ... wie er es ausgedrückt hat ... er sagte, wir werden etwas mit Ihrem Gehirn machen. Er sagte ... wenn wir das nicht machen, werden Sie Ihr Leben lang hierbleiben müssen, aber wenn wir es versuchen, haben Sie eine Chance. Sie können raus, sagte er, und leben wie alle anderen. Was wollen Sie mit meinem Gehirn machen, sagte ich zu ihm. Aber er wiederholte nur, was er schon gesagt hatte. Na, ich war nicht dumm. Ich wußte, ich bin minderjährig. Ich wußte, er darf ohne Erlaubnis nichts mit mir machen. Ich wußte, er muß von meiner Mutter Erlaubnis einholen. Ich schrieb ihr, was man mit mir machen will. Aber sie hat das Formular unterschrieben und die Erlaubnis gegeben. Ich weiß es, denn sie haben mir ihre Unterschrift gezeigt, als ich es erwähnte. In dieser Nacht versuchte ich zu entkommen, in dieser Nacht. Fünf Stunden lang hab ich an einem Gitter gesägt an einem Fenster in dieser Abteilung. Solange es dunkel war. Alle halbe Stunde haben sie die Betten mit einer Taschenlampe abgeleuchtet. Ich hab mir die Zeit genau ausgerechnet. Und dann war es beinah soweit, und da hatte ein Mann einen ... Anfall, direkt neben mir. Und da haben sie mich erwischt. Ungefähr eine Woche später fingen sie dann an, diese Sache mit meinem Gehirn zu machen. Wir sollten es alle bekommen, in dieser Abteilung. Und sie sind rumgegangen und haben's bei einem nach dem anderen gemacht. Jede Nacht einen. Ich war einer der letzten. Und ich konnte genau beobachten, was sie mit den anderen gemacht haben. Sie sind rumgegangen mit diesen ... ich weiß nicht, was sie waren ... sie sahen aus wie große Zangen mit Drähten dran, die Drähte waren an einer kleinen Maschine befestigt. Die war elektrisch. Sie hielten den Mann auf dem Bett fest und dieser Chef ... der Chefarzt hat die Zange befestigt, so wie Kopfhörer, auf beiden Seiten des Schädels. Einer hielt die Maschine, und der ... Einer hielt die Maschine, und der hat sie angedreht, und der Chefarzt hat die Zangen fest an beide Seiten des Schädels gedrückt und sie dort festgehalten. Dann hat er sie abgenommen. Dann haben sie den Mann zugedeckt ... und nicht mehr angerührt bis später. Ein paar haben sich gewehrt, aber die meisten nicht. Sie haben einfach dagelegen. Na, ich war an der Reihe, und in der Nacht, wo sie zu mir kamen, bin ich aufgestanden und hab mich gegen die Wand gestellt. Sie sagten, ich soll zurück aufs Bett, und ich wußte, sie müssen mich aufs Bett zurückbringen, denn wenn sie es machen, während ich stehe, können sie mir das Rückgrat brechen. Ich blieb stehen, und dann kamen ein oder zwei auf mich zu. Na, ich war damals noch jünger und stärker als jetzt, ich war damals ziemlich kräftig, ich legte den einen um und hatte den anderen an der Gurgel, und dann legte mir plötzlich der Chef diese Zange um den Schädel, und ich wußte, er sollte es eigentlich nicht machen, wenn ich stehe, darum hatte ich ja ... jedenfalls hat er es gemacht. Und so bin ich doch rausgekommen. Ich bin von dort rausgekommen ... aber ich konnte nicht gut laufen. Ich glaube nicht, daß mein Rückgrat verletzt war. Das war völlig in Ordnung. Die Sache war ... meine Gedanken ... kamen nur langsam ... ich konnte gar nicht richtig denken ... ich konnte nicht ... meine Gedanken ... zusammen ... bringen ... huhhh ... ich konnte ... sie nie richtig ... zusammenbringen. Das Unglück war, ich konnte nicht hören, was die Leute sagten. Ich konnte nicht nach rechts oder links gucken,

ich mußte immer gradeaus gucken, denn wenn ich den Kopf umdrehte ... konnte ich mich nicht ... aufrecht halten. Und ich hatte immer Kopfschmerzen. Ich saß immer in meinem Zimmer. Das war, als ich bei meiner Mutter wohnte. Und meinem Bruder. Er war jünger als ich. Und ich legte alles fein säuberlich in meinem Zimmer zurecht, alles, was mir gehörte, aber ich bin nicht gestorben. Eigentlich hätte ich tot sein müssen. Ich hätte sterben sollen. Jedenfalls fühl ich mich jetzt viel besser. Aber ich spreche mit keinem mehr. Ich bleib weg von Läden wie diesem Café. Ich gehe nicht mehr rein. Ich rede mit keinem mehr ... so. Ich hab oft daran gedacht, hinzugehen und den Mann zu suchen, der mir das angetan hat. Aber erst will ich was anderes tun. Ich will den Schuppen bauen draußen im Garten.
Vorhang.

Dritter Akt

Zwei Wochen später. Mick liegt auf dem Fußboden, links vorn, mit dem Kopf auf dem zusammengerollten Teppich, und starrt zur Decke. Davies sitzt auf dem Stuhl mit der Pfeife in der Hand. Er trägt die Samtjacke. Es ist Nachmittag. Stille.

DAVIES: Ich hab das Gefühl, er hat was mit den Rissen gemacht.
Pause.
Es hat dauernd geregnet vergangene Woche, aber es ist nichts in den Eimer getropft.
Pause.
Er muß drübergeteert haben da oben.
Pause.
Jemand ist neulich in der Nacht auf dem Dach rumgegangen. Daß muß er gewesen sein.
Pause.
Aber ich hab das Gefühl, daß er es übergeteert hat da oben auf dem Dach. Hat mir kein Wort davon gesagt. Sagt kein Wort zu mir.
Pause.
Antwortet mir nicht, wenn ich mit ihm spreche.
Er zündet ein Streichholz an, hält es an die Pfeife und bläst es aus.
Er gibt mir kein Messer!
Pause.
Er gibt mir kein Messer zum Brotschneiden.
Pause.
Wie soll ich ein Brot ohne Messer schneiden?
Pause.

Unmöglich.

Pause.

MICK: Du hast doch ein Messer.

DAVIES: Was?

MICK: Du hast doch ein Messer.

DAVIES: Ich hab ein Messer, klar hab ich ein Messer, aber wie soll ich damit einen anständigen Laib Brot schneiden? Das ist kein Brotmesser. Hat nichts mit Brotschneiden zu tun. Ich hab's irgendwo gefunden. Ich weiß doch nicht, wo's herkommt. Nein, was ich brauche –

MICK: Ich weiß, was du brauchst.

Pause.

DAVIES *steht auf und geht zum Gasherd*: Und dieser Gasherd. Er sagt, er ist nicht angeschlossen. Wie soll ich wissen, daß er nicht angeschlossen ist? Hier bin ich, ich schlafe direkt daneben. Ich wach auf mitten in der Nacht und guck direkt in den Bratofen, mein Lieber! Ich hab ihn direkt neben meinem Gesicht, woher soll ich wissen, ich lieg vielleicht im Bett, und er explodiert, könnte mich verletzen!

Pause.

Aber er nimmt keine Notiz von dem, was ich sage. Ich hab ihm neulich gesagt, wissen Sie, ich hab ihm neulich von den Schwarzen gesagt, von den Schwarzen, die von nebenan raufkommen und die Toilette benutzen. Ich hab ihm gesagt, es ist alles schmutzig da drinnen, das Treppengeländer ist schmutzig, ganz schwarz, die Toilette ist schwarz. Aber was tut er? Er soll das angeblich hier beaufsichtigen, er hat gar nichts gesagt, hat kein Wort gesagt dazu.

Pause.

Vor ein paar Wochen ... hat er dagesessen und mir einen langen Vortrag gehalten ... etwa zwei Wochen her. Einen langen Vortrag hat er mir gehalten. Seitdem hat er kaum ein Wort gesagt. Er hat geredet und geredet ... ich weiß nicht, was er hatte ... er hat mich nicht angesehen, er hat nicht zu mir gesprochen, er kümmert sich nicht um mich. Er hat zu sich selber gesprochen! Nur darum kümmert er sich. Ich meine, Sie kommen zu mir, fragen mich um meinen Rat, das würde er nie tun. Ich meine, wir sprechen gar nicht miteinander, wissen Sie. Man kann nicht im selben Zimmer leben mit jemandem, der ... der nicht mit einem spricht.

Pause.

Ich kann ihn einfach nicht verstehen.

Pause.

Sie und ich, wir könnten hier was draus machen.

MICK *nachdenklich*: Ja, das stimmt. Ich könnte alles mögliche hieraus machen.

Pause.

Aus dieser Wohnung könnte ich eine elegante Dachwohnung machen. Zum Beispiel ... dieses Zimmer. Dieses Zimmer könnte die Küche werden. Die richtige Größe, schönes Fenster, die Sonne scheint rein. Ich würde ... ich würde Linoleumfliesen legen in Krickentenblau, Kupfer- und Pergamentfarben. Ich würde diese Farben an den Wänden widertönen lassen. Die Kücheneinrichtung würde ich zum Gegensatz mit kohlengrauen Arbeitsflächen versehen. Reichlich Platz für Geschirrschränke. Ein kleiner Wandschrank, ein großer Wandschrank, ein Eckschrank mit drehbaren Fächern. An Schränken würde es nicht fehlen. Das Eßzimmer könnte drüben auf der anderen Seite vom Flur sein, ja? Ja. Jalousien an den Fenstern. Korkfußböden, Korkfliesen. Ein cremefarbener, grober Leinenvorleger, ein Tisch aus ... aus Afromosia-Teak furniert, Anrichte mit mattschwarzen Schubladen, runde Stühle mit gepolsterten Sitzen, Lehnstühle mit hafermehlfarbenem Tweedstoff bezogen, Sofa aus Buchenholz mit geflochtenen Sitzen aus Seegras, niedriger Sofatisch mit weißer, hitzebeständiger Platte und weißem Kachelrahmen. Ja. Dann das Schlafzimmer. Was ist ein Schlafzimmer? Ein Zufluchtsort. Ein Ort für Ruhe und Frieden. Also gedämpfte Töne. Die Beleuchtung zweckbestimmt. Möbel ... aus Mahagoni und Rosenholz. Tief azurblauer Teppich, duffe blau-weiße Vorhänge, eine Bettdekke mit kleinem blauem Rosenmuster auf weißem Grund, Frisiertisch mit aufklappbarer Platte und einem Plastik-Einsatz, Tischlampe mit Schirm aus weißem Bast ...

Er richtet sich auf.

Das wäre keine Wohnung, das wäre ein Palast.

DAVIES: Das wär's.

MICK: Ein Palast.

DAVIES: Wer würde drin wohnen?

MICK: Ich. Mein Bruder und ich.

Pause.

DAVIES: Und ich?

MICK *ruhig*: Dieser ganze Krempel hier, damit kann niemand was anfangen. Ein Haufen altes Eisen, nichts weiter. Zeugs. Damit kann man kein Heim einrichten. Man könnte es gar nicht aufstellen. Trödel ist es. Er könnte es auch niemals verkaufen, er würde nicht zwei Pennies dafür bekommen.

Pause.

Trödel.

Pause.

Aber er scheint sich nicht für meine Pläne zu interessieren, das ist es eben. Warum redest du nicht mal mit ihm darüber, fragst ihn, ob er sich dafür interessiert?

DAVIES: Ich?

MICK: Ja. Du bist doch sein Freund.

DAVIES: Er ist nicht mein Freund.
MICK: Du wohnst doch mit ihm im selben Zimmer, nicht wahr?
DAVIES: Er ist nicht mein Freund. Man weiß nie, woran man mit ihm ist. Ich meine, bei einem Kerl wie Sie, da weiß man, woran man ist.
Mick blickt ihn an.
Ich meine, Sie haben so Ihre eigene Art, ich will nicht sagen, daß Sie nicht Ihre eigene Art haben, das sieht ja jeder. Sie haben manchmal eine komische Art, aber das haben wir schließlich alle, aber bei ihm ist es anders, verstehen Sie? Ich meine, mit Ihnen wenigstens, die Sache mit Ihnen ist, Sie sind ...
MICK: Geradeheraus.
DAVIES: So ist es, Sie sind gradeheraus.
MICK: Ja.
DAVIES: Aber bei ihm, da weiß man die halbe Zeit nicht, was er eigentlich will!
MICK: Hmmm.
DAVIES: Er hat keinen Takt!
Pause.
Sehen Sie, was ich brauche, ist eine Uhr! Ich brauche eine Uhr, damit ich weiß, wie spät es ist! Wie soll ich wissen, wie spät es ist, wenn ich keine Uhr habe? Ich kann es nicht! Ich hab zu ihm gesagt, hör mal, wie wär's mit einer Uhr, damit ich weiß, wie spät es ist? Ich meine, wenn man nicht weiß, wieviel Uhr es ist, weiß man doch gar nicht, wo man ist. Sie wissen, was ich meine? Sehen Sie, was ich jetzt tun muß, wenn ich auf der Straße bin, muß ich mir eine Uhr suchen und mir die Zeit im Kopf behalten für nachher, wenn ich wieder nach Hause komme. Aber das funktioniert nicht, ich meine, ich bin kaum fünf Minuten zurück, da hab ich sie schon wieder vergessen. Ich hab vergessen, wieviel Uhr es war!
Er geht im Zimmer auf und ab.
Wenn man es so betrachtet. Wenn ich mich nicht so wohl fühle, leg ich mich ein bißchen hin, und dann, wenn ich aufwache, weiß ich nicht, ob es Zeit ist für eine Tasse Tee! Wissen Sie, es ist nicht so schlimm, wenn ich nach Hause komme. Ich kann die Uhr an der Ecke sehen, in dem Augenblick, wo ich ins Haus trete, weiß ich, wie spät es ist, aber wenn ich mal d r i n bin! Wenn ich mal d r i n bin ... da hab ich nicht die geringste Ahnung, wie spät es ist!
Pause.
Nein, ich brauche hier eine Uhr, hier in diesem Zimmer, und dann wär ich besser dran. Aber er gibt mir keine.
Er setzt sich auf den Stuhl.
Er weckt mich auf. Er weckt mich auf mitten in der Nacht! Sagt, ich mach Geräusche! Ich sag Ihnen, ich möcht ihm am liebsten mal richtig die Meinung sagen.

MICK: Er läßt dich nicht schlafen?

DAVIES: Er läßt mich nicht schlafen. Er weckt mich auf!

MICK: Das ist aber schrecklich.

DAVIES: Ich hab schon an vielen Orten übernachtet. Immer lassen sie mich schlafen. In der ganzen Welt ist es so. Nur hier nicht.

MICK: Ohne Schlaf kommt man nicht aus. Das sag ich immer.

DAVIES: Ganz recht, ohne Schlaf kommt man nicht aus. Ich steh am Morgen auf, ich bin wie gerädert! Ich hab ja schließlich was zu tun. Ich muß mich auf den Weg machen, muß meine Angelegenheiten in Ordnung bringen, muß was Festes finden. Aber wenn ich morgens aufwache, hab ich keine Energie dazu. Und obendrein hab ich keine Uhr.

MICK: Ja.

DAVIES *steht auf, geht herum*: Er geht fort, ich weiß nicht, wohin er geht, wo er hingeht, er sagt es mir nie. Früher haben wir ein bißchen zusammen geredet, aber jetzt nicht mehr. Ich seh ihn nie, er geht fort, er kommt spät nach Hause, und bevor ich weiß, woran ich bin, schubst er mich herum mitten in der Nacht.

Pause.

Hören Sie zu! Ich wache morgens auf ... ich wache morgens auf, und er lächelt mich an! Er steht da, blickt mich an und lächelt! Ich kann ihn sehen, wissen Sie, ich kann ihn sehen durch die Decke. Er zieht sich seinen Rock an, dreht sich um, blickt auf mein Bett runter, mit einem Lächeln auf dem Gesicht! Was, zum Teufel, lächelt er? Was er nicht weiß, ist, daß ich ihn durch die Decke beobachte. Das weiß er nicht! Er weiß nicht, daß ich ihn sehen kann, er denkt, ich schlafe, aber ich beobachte ihn die ganze Zeit durch die Decke durch, verstehen Sie? Aber das weiß er nicht! Er blickt mich nur an und lächelt, aber er weiß nicht, daß ich ihn dabei sehen kann.

Pause.

Beugt sich näher zu Mick:

Nein, was Sie machen müssen, Sie müssen mit ihm sprechen, verstehen Sie? Ich weiß ... ich weiß genau wie. Sie müssen ihm sagen ... daß wir Pläne für dieses Haus haben, wir könnten es ausbauen, wir könnten einen Anfang machen. Wissen Sie, ich könnte die Malerarbeit machen für Sie, ich könnte Ihnen dabei helfen ... wir könnten es zusammen machen.

Pause.

Wo wohnen Sie denn jetzt?

MICK: Ich? Ach, ich hab eine kleine Bude. Nicht schlecht. Alles sehr bequem. Du mußt mal hinkommen und mit mir ein Gläschen trinken. Bißchen Tschaikowsky anhören.

DAVIES: Nein, wissen Sie, Sie sind's, der mit ihm reden muß. Ich meine, Sie sind sein Bruder.

Pause.

MICK: Ja ... vielleicht mach ich das.

Eine Tür wird zugeschlagen. Mick steht auf, geht zur Tür und geht hinaus.

DAVIES: Wohin gehen Sie? Das ist er!

Stille. Davies verharrt einen Augenblick, geht dann ans Fenster und blickt hinaus. Aston kommt herein. Er hat ein Paket in der Hand. Er zieht seinen Mantel aus, öffnet das Paket und nimmt ein Paar Schuhe heraus.

ASTON: Paar Schuhe.

DAVIES *sich umwendend*: Was?

ASTON: Hab sie zufällig gesehen. Probieren Sie mal.

DAVIES: Schuhe? Was für welche?

ASTON: Sie könnten passen.

Davies kommt nach vorn, zieht seine Sandalen aus und probiert die Schuhe an. Er geht umher, bewegt die Füße hin und her, beugt sich vor und drückt das Leder auf die Zehen.

DAVIES: Nein, die sind nichts.

ASTON: Nein?

DAVIES: Nein, die passen nicht.

ASTON: Hmmm.

Pause.

DAVIES: Na, ich will dir mal was sagen, vielleicht gehen sie ... bis ich ein anderes Paar kriege.

Pause.

Wo sind die Schnürsenkel?

ASTON: Keine Schnürsenkel.

DAVIES: Ich kann sie nicht ohne Schnürsenkel tragen.

ASTON: Ich hab nur die Schuhe bekommen.

DAVIES: Na, das schlägt doch dem Faß den Boden aus, nicht wahr? Ich meine, man kann die Schuhe doch nicht anbehalten ohne ein Paar Schnürsenkel. Das einzige, was man tun kann, ein Paar Schuhe anzubehalten, wenn man keine Schnürsenkel hat, ist, den Fuß verkrampfen, verstehst du? Mit einem verkrampften Fuß herumlaufen, verstehst du? Das ist doch nicht gut für den Fuß. Ermüdet den Fuß. Wenn man die Schuhe richtig zuschnüren kann, dann ist weniger Gefahr, daß der Fuß ermüdet.

ASTON *geht zum Kopfende seines Bettes*: Ich hab vielleicht welche irgendwo.

DAVIES: Du weißt, was ich meine?

Pause.

ASTON: Hier sind welche.

Er gibt sie Davies.

DAVIES: Die sind braun.

ASTON: Andere hab ich nicht.

DAVIES: Die Schuhe sind schwarz. *Aston antwortet nicht.* Na, die gehen jedenfalls, bis ich ein Paar andere kriege.

Er setzt sich auf den Stuhl und fädelt die Schnürsenkel in die Schuhe.

Vielleicht komm ich damit morgen bis Sidcup. Wenn ich bis dahin komme, kann ich alles in Ordnung bringen.

Pause.

Mir ist ein guter Posten angeboten worden. Der Mann, der ihn mir angeboten hat, der ... der hat eine Menge Ideen. Der wird's zu was bringen. Aber sie wollen meine Dokumente, weißt du, sie wollen meine Empfehlungen sehen. Ich muß erst nach Sidcup, um sie zu kriegen. Da sind sie nämlich, weißt du. Die Frage ist, wie ich hinkomme. Das ist mein Problem. Das Wetter macht mir einen Strich durch die Rechnung.

Aston geht lautlos aus dem Zimmer, von Davies unbemerkt.

Ich weiß nicht, ob diese Schuhe was taugen werden. Die Straße dahin ist hart. Ich bin schon mal dort gewesen. Von der anderen Richtung her. Das letzte Mal, als ich von dort weg bin, war es ... das letzte Mal ... schon eine ganze Weile her ... die Straße war schlecht, es goß in Strömen, ein Glück, daß ich nicht auf dem Weg gestorben bin, aber ich hab's geschafft, hab mich auf den Beinen gehalten, den ganzen Weg ... ja ... hab mich den ganzen Weg auf den Beinen gehalten. Aber trotzdem, so kann es nicht weitergehen, was ich machen muß, ich muß dahin zurück, diesen Mann suchen –

Er wendet sich um und blickt sich im Zimmer um.

Jesses! Dieser Scheißkerl, der hört nicht mal zu!

Blackout.

Schwaches Licht fällt durch das Fenster. Es ist Nacht. Aston und Davies liegen im Bett. Davies stöhnt. Aston setzt sich auf, steigt aus dem Bett, dreht das Licht an, geht zu Davies hinüber und schüttelt ihn.

ASTON: He, hören Sie auf, ja? Ich kann nicht schlafen.

DAVIES: Was? Was? Was ist los?

ASTON: Sie machen Geräusche.

DAVIES: Ich bin ein alter Mann, was soll ich machen, aufhören zu atmen?

ASTON: Sie machen Geräusche.

DAVIES: Was soll ich machen, aufhören zu atmen?

ASTON *geht zu seinem Bett und zieht seine Hose an*: Ich geh ein bißchen an die frische Luft.

DAVIES: Was soll ich machen? Ich sag dir was, Kumpel, mich wundert es nicht, daß sie dich ins Irrenhaus gesteckt haben. Einen alten Mann mitten in der Nacht aufzuwecken, bei dir muß ja eine Schrau-

be locker sein! Davon bekomm ich schlechte Träume, wer ist dann verantwortlich, daß ich schlechte Träume hab? Wenn du nicht immer an mir rummachen würdest, würde ich keine Geräusche machen! Wie soll ich denn ruhig schlafen, wenn du immerzu an mir rumrüttelst? Was soll ich machen, aufhören zu atmen?
Er wirft die Decke ab und steht aus dem Bett auf. Er trägt sein Unterhemd, Weste und Hose.
Es wird so kalt hier drin, daß ich meine Hose im Bett anbehalten muß. Das hab ich noch nie in meinem Leben getan. Aber hier muß ich es tun. Nur weil du keine verdammte Heizung haben willst! Ich hab jetzt wirklich genug davon, wie du mit mir umgehst. Ich hab bessere Zeiten erlebt als du, mein Lieber. Mich hat jedenfalls noch nie jemand in so 'ne Anstalt gebracht. Ich bin geistig gesund! Fang also nicht an, mich hier rumzuschubsen. Ich werd mich anständig benehmen, solange du weißt, wo dein Platz ist. Denk dran, wo dein Platz ist, weiter nichts. Denn ich sag dir eins, dein Bruder hat ein Auge auf dich. Er weiß Bescheid über dich. Da hab ich einen Freund, mach dir keine Sorgen darüber. Ich hab da einen echten Kameraden. Mich wie Dreck zu behandeln! Warum hast du mich denn überhaupt hierher eingeladen, wenn du mich so behandeln wolltest? Wenn du glaubst, du bist besser wie ich, hast du dich aber feste geirrt. Ich weiß genug. Sie haben dich schon mal in 'ne Anstalt gesteckt, und sie können's wieder tun. Dein Bruder paßt schon auf! Sie können die Zangen wieder um deinen Kopf tun, mein Lieber! Sie können sie wieder rantun! Jederzeit. Man braucht sie nur zu benachrichtigen. Schon würden Sie dich hinbringen, Junge. Sie würden hier reinkommen, dich nehmen und hinbringen! Und da würden sie dich nicht mehr rauslassen! Sie würden dir die Zangen um den Kopf tun und dich nicht mehr rauslassen! Sie würden nur einen Blick auf dieses Zeugs hier werfen, womit ich schlafen muß, und sie wüßten gleich, du bist ein prima Irrer. Das war der größte Fehler, den sie je gemacht haben, laß dir das sagen, daß sie dich da rausgelassen haben. Kein Mensch weiß, was du treibst, du gehst weg, kommst nach Hause, kein Mensch weiß, was du treibst! Na, mit mir geht man nicht lange so um. Glaubst du, daß ich für dich deine Dreckarbeit tue? Haaaaahhh! Überleg dir das lieber noch mal! Ich soll die ganze Dreckarbeit tun, die Treppen rauf und runter, nur damit ich in diesem lausigen Dreckloch jede Nacht schlafen kann? Nicht ich, Junge. Nicht für dich, Junge. Du weißt ja die halbe Zeit gar nicht, was du tust. Du bist ja nicht normal. Du bist nicht ganz beisammen! Man braucht dich ja bloß anzugucken. Wer hat denn gesehen, daß du mir ein paar Möpse zugesteckt hast? Mich wie ein verdammtes Tier zu behandeln! Ich bin noch nie in der Klapsmühle gewesen!

Aston macht eine kleine Bewegung auf ihn zu. Davies nimmt sein Messer aus der hinteren Hosentasche.

Fang nichts mit mir an, Kumpel. Ich hab das hier. Ich hab's schon benutzt. Ich hab's schon mal benutzt. Fang nichts mit mir an.

Pause. Sie blicken einander an.

Paß auf, was du machst.

Pause.

Versuch nicht, mit mir was anzufangen.

Pause.

ASTON: Ich ... ich glaube, es ist Zeit, daß Sie sich was anderes suchen. Ich glaube, wir kommen nicht aus miteinander.

DAVIES: Was anderes suchen?

ASTON: Ja.

DAVIES: Ich? Sprichst du zu mir? Nicht ich, mein Lieber! Du!

ASTON: Was?

DAVIES: Du! Du sollst dir lieber was anderes suchen!

ASTON: Ich wohne hier. Sie nicht.

DAVIES: Nein? Na, ich wohne hier. Mir ist hier ein Posten angeboten worden.

ASTON: Ja ... aber ich glaube nicht, daß Sie geeignet dafür sind.

DAVIES: Nicht geeignet, was? Na, ich kann dir nur sagen, jemand hier glaubt, ich bin geeignet. Und ich sag dir noch was. Ich bleib hier als Hausmeister! Verstanden? Dein Bruder, der hat mir gesagt, der hat mir gesagt, ich hab den Posten. Ich! Da bin ich also. Ich werde sein Hausmeister sein.

ASTON: Mein Bruder?

DAVIES: Er wird hier wohnen, er wird das hier übernehmen, und ich bleib bei ihm.

ASTON: Hören Sie. Wenn ich Ihnen ... ein paar Shilling gebe, kommen Sie damit nach Sidcup.

DAVIES: Bau erst mal deinen Schuppen! Ein paar Shilling! Wo ich mir hier einen guten Lohn verdienen kann! Bau erst mal deinen verstunkenen Schuppen! Also!

ASTON *starrt ihn an*: Das ist kein verstunkener Schuppen.

Stille. Aston kommt näher.

Er ist sauber. Alles gutes Holz. Ich werd ihn schon bauen. Kein Problem.

DAVIES: Komm mir nicht zu nah!

ASTON: Es ist kein Grund, den Schuppen verstunken zu nennen.

Davies hält das Messer stichbereit.

Du stinkst.

DAVIES: Was!

ASTON: Du verstinkst das ganze Zimmer.

DAVIES: Herrgott noch mal, das sagst du zu mir!

ASTON: Tagelang. Das ist einer der Gründe, warum ich nicht schlafen kann.

DAVIES: So nennst du mich. Du nennst mich verstunken!

ASTON: Geh lieber.

DAVIES: Ich werd dir das Stinken beibringen!

Davies stößt den Arm nach vorn, der Arm zittert, das Messer auf Astons Magen gerichtet. Aston rührt sich nicht. Stille. Davies bewegt den Arm nicht weiter. Sie stehen einander gegenüber.

Ich werd dir das Stinken beibringen ...

Pause.

ASTON: Packen Sie Ihre Sachen.

Davies zieht das Messer an seine Brust zurück, schwer atmend. Aston geht an Davies' Bett, nimmt die Tasche und fängt an, einige von Davies' Sachen hineinzupacken.

DAVIES: Du hast nicht ... du hast nicht das Recht ... Laß das, das gehört mir!

Er nimmt die Tasche und drückt die Sachen fester hinein.

Also gut ... mir ist hier ein Posten angeboten worden ... warte nur ...

Er zieht die Samtjacke an.

Warte nur ... dein Bruder ... der wird dir schon Bescheid sagen ... so was zu mir zu sagen ... so was zu mir zu sagen ... das hat noch keiner zu mir gesagt ...

Zieht sich den Mantel an.

Du wirst es noch bereuen, daß du das gesagt hast ... darüber wirst du noch mehr zu hören bekommen ...

Er nimmt die Tasche und geht zur Tür.

Du wirst es noch bereuen, daß du das gesagt hast ...

Er öffnet die Tür. Aston beobachtet ihn.

Ich weiß, auf wen ich mich verlassen kann.

Davies geht hinaus. Aston verharrt. Blackout. Licht aufblenden. Früher Abend. Stimmen auf der Treppe. Mick und Davies treten ein.

DAVIES: Stinken! Hast du das gehört! Ich! Ich hab dir doch erzählt, was er zu mir gesagt hat. Stinken! Hörst du? Das hat er zu mir gesagt.

MICK: Tsch, tsch, tsch.

DAVIES: Das hat er zu mir gesagt.

MICK: Sie stinken nicht.

DAVIES: Natürlich nicht!

MICK: Wenn Sie stinken würden, wär ich der erste, der es Ihnen gesagt hätte.

DAVIES: Ich hab ihm gesagt, ich hab ihm gesagt, er ... ich hab zu ihm gesagt, darüber wirst du noch mehr zu hören bekommen, mein

Lieber! Ich hab gesagt, denk an deinen Bruder. Ich hab ihm gesagt, du wirst herkommen und ihm Bescheid sagen. Er weiß gar nicht, auf was er sich da eingelassen hat. Mir das anzutun. Ich hab ihm gesagt, ich hab zu ihm gesagt, er wird herkommen, dein Bruder wird herkommen, er hat Verstand, nicht wie du –

MICK: Was meinen Sie?

DAVIES: Was?

MICK: Sie sagen, mein Bruder hat keinen Verstand?

DAVIES: Was? Was ich meine, ist, du hast Ideen für dieses Haus, diese ganze ... diese ganze Malerarbeit, verstehst du? Ich meine, er hat kein Recht, mich herumzukommandieren. Ich bekomme meine Anweisungen von dir, bin dein Hausmeister, ich meine, du behandelst mich ... du behandelst mich nicht wie ein Stück Dreck ... wir sehen ihn beide ... wir sehen ihn beide, wie er wirklich ist.

Pause.

MICK: Was hat er denn gesagt, als Sie ihm erzählt haben, daß ich Ihnen den Posten als Hausmeister angeboten habe?

DAVIES: Er ... er hat gesagt ... er hat gesagt ... so was wie ... er wohnt hier.

MICK: Ja, da muß man ihm recht geben, nicht wahr?

DAVIES: Recht geben! Das ist doch dein Haus? Du läßt ihn doch hier wohnen!

MICK: Ich könnte ihm zwar sagen, er muß gehen ...

DAVIES: Das sag ich doch.

MICK: Ich könnte ihm wohl sagen, er muß gehen. Ich meine, ich bin der Hauswirt. Andererseits steht er unter Mieterschutz. Wenn ich ihm kündige, verstehen Sie, das ist eine technische Frage, so ist das. Es hängt davon ab, wie man dieses Zimmer bezeichnet. Ich meine, es hängt davon ab, ob man dieses Zimmer als möbliert oder unmöbliert bezeichnet. Verstanden?

DAVIES: Nein.

MICK: Die ganzen Möbel hier drinnen, sehen Sie, sind seine, mit Ausnahme der Betten natürlich. Also, was es ist, es ist eine komplizierte juristische Frage, das ist es.

Pause.

DAVIES: Ich sag ja, er gehört da hin, wo er hergekommen ist!

MICK *wendet sich um und blickt ihn an*: Hergekommen?

DAVIES: Ja.

MICK: Wo ist er denn hergekommen?

DAVIES: Na ... er ... er ...

MICK: Manchmal vertun Sie sich ein bißchen, nicht wahr?

Pause. Steht auf, forsch.

Na, jedenfalls, wie die Dinge liegen, hab ich nichts dagegen, wenn das Haus renoviert wird ...

Davies: Das wollte ich hören!

Mick: Nein, ich hab nichts dagegen.

Er wendet sich um und steht Davies gegenüber.

Hoffentlich sind Sie so gut, wie Sie behauptet haben.

Davies: Was heißt das?

Mick: Na, Sie haben doch gesagt, Sie sind Tapezierer und Anstreicher, und ich hoffe, Sie sind ein guter.

Davies: Ein guter was?

Mick: Was meinen Sie, ein guter was? Tapezierer und Anstreicher.

Davies: Ich? Was meinen Sie? Ich hab das gesagt? Ich bin nie einer gewesen.

Mick: Was sind Sie nie gewesen?

Davies: Nein, nein, nicht ich, mein Freund. Ich bin kein Tapezierer und Anstreicher. Ich hab zu viel zu tun gehabt. Zu viel andere Sachen zu tun gehabt, ja? Aber ich ... aber ich kann mich in alles mögliche einarbeiten ... wenn man mir ... wenn man mir etwas Zeit gibt, es zu lernen.

Mick: Ich will ja gar nicht, daß Sie es lernen. Ich suche einen erstklassigen, erfahrenen Tapezierer und Anstreicher. Ich dachte, Sie sind einer.

Davies: Ich? Moment mal – Moment mal – da haben Sie aber den Falschen erwischt.

Mick: Wie kann ich den Falschen erwischt haben? Sie sind der einzige, mit dem ich gesprochen habe. Sie sind der einzige, dem ich von meinen Träumen erzählt habe, von meinen tiefsten Wünschen, Sie sind der einzige, zu dem ich davon gesprochen habe, und ich habe mit Ihnen nur davon gesprochen, weil Sie mir zu verstehen gegeben hatten, Sie wären ein erfahrener, erstklassiger, gelernter Tapezierer und Anstreicher für Innen und Außen.

Davies: Hören Sie mal –

Mick: Wollen Sie mir etwa sagen, Sie wissen nicht, wie man krickentenblaue, kupfer- und pergamentfarbene Linoleumfliesen legt und die gleichen Farben an den Wänden widertönen läßt?

Davies: Na hören Sie mal, woher haben Sie denn –?

Mick: Sie wären nicht imstande, einen Tisch anzufertigen, aus Afromosia-Teak furniert, einen Sessel mit hafermehlfarbenem Tweedstoff und ein Sofa aus Buchenholz mit geflochtenen Sitzen aus Seegras?

Davies: Das hab ich ja nie behauptet!

Mick: Himmelherrgott! Ich muß einen falschen Eindruck bekommen haben!

Davies: Ich hab es nie behauptet!

Mick: Du bist ja ein verfluchter Hochstapler, Kumpel!

Davies: Also sagen Sie nicht so was zu mir. Sie haben mich hier als

Hausmeister angestellt, ich wollte Ihnen etwas zur Hand gehen, weiter nichts, für ein kleines ... für ein kleines Entgelt, ich hab nie was gesagt von ... Sie fangen hier an, mich Namen zu nennen –

MICK: Wie ist Ihr Name?

DAVIES: Fangen Sie nicht wieder damit an –

MICK: Nein, wie ist Ihr richtiger Name?

DAVIES: Mein richtiger Name ist Davies.

MICK: Wie ist der Name, den Sie gebrauchen?

DAVIES: Jenkins!

MICK: Sie haben zwei Namen. Wie steht es mit den anderen? Was? Also los, warum haben Sie mir diesen Dreck erzählt, daß Sie Tapezierer und Anstreicher sind?

DAVIES: Ich hab ja gar nichts erzählt! Hören Sie doch zu, was ich sage.

Pause.

Er hat Ihnen das gesagt. Ihr Bruder muß es Ihnen gesagt haben. Er ist nicht ganz richtig im Kopf! Der erzählt alles mögliche, aus reiner Bosheit, er ist nicht ganz richtig, er ist halb verrückt, er hat Ihnen das gesagt.

MICK *geht langsam auf Davies zu*: Was haben Sie meinen Bruder genannt?

DAVIES: Wann?

MICK: Er ist was?

DAVIES: Ich ... Sie müssen richtig verstehen ...

MICK: Nicht ganz richtig? Wer ist nicht ganz richtig?

Pause.

Haben Sie gesagt, mein Bruder ist nicht ganz richtig im Kopf? Mein Bruder. Das ist wohl ein bißchen ... das ist wohl eine Unverschämtheit, so etwas zu sagen, nicht wahr?

DAVIES: Aber er sagt es ja selber!

MICK *geht langsam einmal im Kreis um Davies herum, ihn musternd*: Sie sind ein eigenartiger Mensch. Nicht wahr? Sie sind wirklich eigenartig. Seit Sie in dieses Haus gekommen sind, hat es nur Ärger gegeben. Wirklich. Ich kann nichts, was Sie sagen, wörtlich nehmen. Jedes Wort, das Sie sagen, kann verschieden gedeutet werden. Das meiste, was Sie sagen, sind Lügen. Sie sind gewalttätig, Sie sind unausgeglichen, Sie sind völlig unberechenbar. Sie sind nichts weiter als ein wildes Tier, wenn man der Sache auf den Grund geht. Ein Barbar. Und um dem Ganzen noch die Krone aufzusetzen, Sie stinken von Ihrem Arsch bis morgen früh. Hören Sie. Sie kommen hierher und empfehlen sich als Tapezierer und Anstreicher, ich engagiere Sie, und was geschieht? Sie halten eine lange Rede über die Empfehlungen, die Sie in Sidcup haben, und was geschieht? Ich hab noch nicht bemerkt, daß Sie in Sidcup waren und sie geholt haben.

Es ist höchst bedauerlich, aber es sieht so aus, als ob ich Sie entlohnen muß für Ihre Arbeit als Hausmeister. Hier sind zweieinhalb Shilling.

Er fühlt in der Tasche, nimmt ein Zweieinhalb-Shilling-Stück heraus und wirft es Davies vor die Füße. Davies steht regungslos. Mick geht an den Gasherd und nimmt die Buddha-Figur in die Hand.

DAVIES *langsam*: Na schön ... machen Sie das ... machen Sie das ... wenn Sie wollen ...

MICK: Ich will es!

Er wirft die Buddha-Figur gegen den Gasherd. Sie zerbricht. Heftig: Man würde glauben, ich hab nichts weiter zu tun, als mich um dieses Haus zu kümmern. Ich hab genügend andere Dinge, mit denen ich mich beschäftigen kann. Ich hab andere Sorgen. Ich hab noch ganz andere Interessen. Ich muß mein eigenes Geschäft aufbauen, nicht wahr? Ich muß Pläne machen, es zu erweitern ... in allen Richtungen. Ich bleibe nicht stehen. Ich komme weiter, die ganze Zeit. Ich komm weiter ... die ganze Zeit. Ich muß an die Zukunft denken. Ich mach mir um dieses Haus keine Sorgen. Ich interessier mich nicht dafür. Mein Bruder kann sich darüber den Kopf zerbrechen. Er kann es reparieren, neu anmalen, er kann damit machen, was er will. Mir kann es egal sein. Ich dachte, ich tue ihm einen Gefallen, wenn ich ihn hier wohnen lasse. Er hat seine eigenen Ideen. Er soll sie haben. Ich geb's auf.

Pause.

DAVIES: Und ich?

Stille. Mick blickt ihn nicht an. Eine Tür wird zugeschlagen. Stille. Die beiden rühren sich nicht. Aston kommt herein. Er schließt die Tür, geht ins Zimmer und stellt sich Mick gegenüber. Sie blicken einander an. Beide lächeln kaum merklich.

MICK *fängt an, zu Aston zu reden:* Hör mal ... äh ...

Er hält inne, geht zur Tür und hinaus. Aston läßt die Tür offen, geht hinter Davies weiter durch das Zimmer, sieht die zerbrochene Buddha-Figur und blickt einen Augenblick auf die Stücke. Dann geht er zu seinem Bett, zieht den Mantel aus, setzt sich, nimmt Schraubenzieher und Stecker und bastelt daran herum.

DAVIES: Ich bin noch mal zurückgekommen, hab meine Pfeife hier liegenlassen.

ASTON: Ach so.

DAVIES: Ich bin raus und ... auf der Treppe ... hab ich mich plötzlich ... erinnert ... also ... daß ich meine Pfeife hab liegenlassen. Drum bin ich noch mal zurückgekommen ...

Pause. Er tritt näher an Aston heran.

Das ist doch nicht derselbe Stecker, den Sie ...?

Pause.

Kommen immer noch nicht zurecht damit, was?

Pause.

Na, wenn Sie ... mit Ausdauer weitermachen, meine ich, werden Sie schon noch ...

Pause.

Hören Sie ...

Pause.

Sie haben das doch nicht wirklich gemeint, daß ich stinke, nicht wahr?

Pause.

Oder? Sie sind mir ein guter Freund gewesen. Sie haben mich hier aufgenommen. Sie haben mich hier aufgenommen, haben keine Fragen gestellt, mir ein Bett gegeben und sind ein guter Kamerad gewesen. Hören Sie. Ich hab mir überlegt, warum ich die Geräusche gemacht hab, es war wegen dem Durchzug, wissen Sie, es hat immer auf mich gezogen, wenn ich schlief, und da hab ich die Geräusche von mir gegeben, ohne daß ich es wußte, und da hab ich mir überlegt, ich meine, was ich damit sagen will, wenn Sie mir Ihr Bett geben, und Sie nehmen mein Bett, ist doch kein großer Unterschied zwischen den Betten, wenn ich Ihrs nehmen könnte, Sie schlafen sowieso gut, in welchem Bett Sie auch liegen, Sie nehmen meins, ich nehme Ihrs, und alles ist in Ordnung. Ich bin aus dem Zug raus, ich meine, Ihnen macht doch ein bißchen Wind nichts aus, Sie brauchen frische Luft, das kann ich verstehen, wo Sie doch so lange dort in der Anstalt waren, mit all den Ärzten, und was sie alles gemacht haben, so eingeschlossen, ich kenn die Läden, wissen Sie, zu warm, immer zu warm, hab mal in einen reingeguckt, bin beinah drin erstickt, darum meine ich, das ist der beste Ausweg, wir wechseln um, und dann können wir das machen, was wir geplant hatten, ich würde mich um alles hier kümmern, würde ein Auge drauf halten, für Sie, sozusagen, nicht für den anderen ... nicht für ... für Ihren Bruder, wissen Sie, nicht für ihn, für Sie, ich werde Ihr Angestellter sein, Sie brauchen es nur zu sagen, brauchen es nur zu sagen ...

Pause.

Was halten Sie davon?

Pause.

ASTON: Nein, ich schlaf gern in diesem Bett.

DAVIES: Aber Sie verstehen nicht, was ich meine!

ASTON: Außerdem, das da ist das Bett meines Bruders.

DAVIES: Ihr Bruder?

ASTON: Wenn immer er hier übernachtet. Dies ist mein Bett. Es ist das einzige Bett, in dem ich schlafen kann.

DAVIES: Aber Ihr Bruder ist weggegangen! Er ist weg!

Pause.

ASTON: Nein. Ich kann nicht Betten tauschen.

DAVIES: Aber Sie verstehen nicht, was ich meine!

ASTON: Außerdem hab ich sehr viel zu tun. Ich muß den Schuppen bauen. Wenn ich ihn jetzt nicht baue, wird es nie was werden. Ehe er nicht fertig ist, kann ich nicht anfangen.

DAVIES: Ich helfe Ihnen den Schuppen bauen, ja, das kann ich tun!
Pause.
Ich werd Ihnen helfen! Wir bauen den Schuppen zusammen! Verstehen Sie? Dann wird er ganz schnell fertig! Verstehen Sie, was ich sage?
Pause.

ASTON: Nein, ich kann es allein.

DAVIES: Aber hören Sie doch, ich mein's gut mit Ihnen. Ich werde hier sein, ich werd es für Sie machen.
Pause.
Wir werden es zusammen machen.
Pause.
Herrgott noch mal! Wir werden die Betten tauschen!
Aston geht ans Fenster und steht mit dem Rücken zu Davies.
Soll das heißen, Sie wollen mich rauswerfen? Das können Sie nicht tun. Hören Sie, mein Lieber, hören Sie, mein Lieber, es macht mir gar nichts, verstehen Sie, es macht mir gar nichts, ich werde hierbleiben, es macht mir gar nichts; ich sag Ihnen was, wenn Sie die Betten nicht tauschen wollen, lassen wir sie so, wie sie sind, ich bleib in meinem Bett, vielleicht kann ich ein etwas dickeres Stück Sack kriegen, so über das Fenster zu hängen, um die Zugluft abzuhalten, das wird schon genügen, was sagen Sie, wir lassen es so, wie es ist?
Pause.

ASTON: Nein.

DAVIES: Warum ... nicht?

ASTON *wendet sich um und blickt ihn an*: Sie machen zuviel Geräusche.

DAVIES: Aber ... aber ... sehen Sie ... hören Sie ... hören Sie mal ... ich meine ...
Aston wendet sich wieder zum Fenster.
Was soll ich denn machen?
Pause.
Was soll ich machen?
Pause.
Wo soll ich hin?
Pause.
Wenn Sie wollen, daß ich geh ... dann geh ich. Sie brauchen es nur zu sagen.
Pause.

Ich werd Ihnen aber was sagen ... die Schuhe ... die Schuhe, die Sie mir geschenkt haben ... die sind prima ... die sind prima. Vielleicht könnte ich ... hin nach ...

Aston verharrt reglos am Fenster, ihm den Rücken zuwendend.

Hören Sie ... wenn ich ... hinkomme ... wenn ich ... meine Papiere kriege ... würden Sie ... würden Sie mich ... würden Sie ... wenn ich hinkomme ... und meine ...

Lange Stille.

Vorhang.

Die Heimkehr

Personen

MAX, *ein Mann von Siebzig*
LENNY, *ein Mann Anfang Dreißig*
SAM, *ein Mann von dreiundsechzig*
JOEY, *ein Mann Mitte Zwanzig*
TEDDY, *ein Mann Mitte Dreißig*
RUTH, *eine Frau Anfang Dreißig*

Sommer.
Ein altes Haus im Norden Londons.
Ein großes Zimmer, über die volle Bühnenbreite. Die Rückwand, in deren Mitte früher die Tür war, ist herausgebrochen worden. Eine Art viereckiger Bogen ist geblieben. Dahinter der Hausflur. Im Hausflur eine Treppe, die nach links oben führt, und die man gut sehen kann. Die Haustür hinten rechts. Ein Kleiderständer, Haken usw.
Im Zimmer ein Fenster, rechts. Einzelne Tische und Stühle. Zwei große Sessel. Ein großes Sofa links. An der rechten Wand eine große Anrichte mit Spiegelaufbau. Hinten links ein Radio mit Plattenspieler.

Erster Akt

Abend. Lenny sitzt auf dem Sofa, eine Zeitung und einen Bleistift in der Hand. Er trägt einen dunklen Anzug. Er streicht gelegentlich etwas auf der letzten Seite an. Max kommt aus Richtung der Küche herein. Er geht zur Anrichte, öffnet die oberste Schublade, kramt darin herum und schiebt sie wieder zu. Er trägt eine alte Wolljacke und eine Mütze und hat einen Stock in der Hand. Er kommt nach vorn, bleibt stehen, schaut sich im Zimmer um.

MAX: Was hast du mit der Schere gemacht?
Pause.
Ich hab gesagt, ich suche die Schere. Was hast du damit gemacht?
Pause.
Hast du gehört? Ich will was aus der Zeitung ausschneiden.
LENNY: Ich les grade die Zeitung.
MAX: Doch nicht d i e. D i e Zeitung hab ich noch gar nicht gelesen. Ich meine die Sonntagszeitung. Ich hab sie mir in der Küche angesehen.
Pause.
Hörst du, was ich sage? Ich rede mit dir! Wo ist die Schere?
LENNY *blickt auf, gelassen*: Warum hältst du nicht das Maul, du blöder Quatschkopp?
Max hebt drohend den Stock gegen Lenny.
MAX: Sprich nicht so zu mir. Ich warne dich.
Er setzt sich in einen großen Sessel.
Da ist eine Anzeige in der Zeitung für Flanellunterhemden. Sonderangebot. Aus Marinebeständen. Ich könnte gut welche gebrauchen.
Pause.
Ich glaube, ich steck mir mal eine an. Gib mir mal ’nen Glimmstengel.
Pause.
Ich hab dich eben um eine Zigarette gebeten.
Pause.

So 'nen Sohn muß man haben.
Er holt eine zerkrumpelte Zigarette aus der Tasche.
Ich werde alt, Ehrenwort.
Er zündet sich die Zigarette an.
Du meinst wohl, ich war nie ein Kerl wie du? Ich hätte dich doppelt fertiggemacht. Ich bin immer noch stark. Frag Onkel Sam, was ich für einer gewesen bin. Aber ich hatte trotzdem immer ein weiches Herz. Immer.
Pause.
Ich hab mich mit einem Mann namens MacGregor herumgetrieben. Ich nannte ihn Mac. Erinnerst du dich noch an Mac? Ja?
Pause.
Hah! Wir waren zwei der bestgehaßten Leute im West End von London. Ich kann dir sagen, die Narben hab ich noch heute. Wo wir auch reinkamen, alle standen auf und machten Platz, um uns vorbeizulassen. So was von Stille hast du noch nie gehört. Na ja, er war auch ganz schön groß, über einsachtzig. Seine Familie waren alle MacGregors, sie stammten von da oben aus Aberdeen, aber er war der einzige, der Mac genannt wurde.
Pause.
Er hat deine Mutter sehr gern gehabt, der Mac. Sehr gern. Er hatte immer ein gutes Wort für sie.
Pause.
Na ja, sie war ja gar nicht so übel. Trotzdem mir das große Kotzen ankam, wenn ich nur ihre ekelhafte Visage ansah, sie war gar kein so übles Weibsstück. Jedenfalls hab ich ihr die verflucht besten Jahre meines Lebens geopfert.

LENNY: Halt's Maul, du blödes Aas, ich les die Zeitung.

MAX: Hör mal! Ich hack dir das Rückgrat ein, wenn du so mit mir sprichst. Verstehst du? Wie redest du denn mit deinem lausigen Drecksvater!

LENNY: Weißt du, du wirst langsam senil!
Pause.
Was hältst du von «Zweite Tour» im Rennen um halb vier?

MAX: Wo?

LENNY: Sandown Park.

MAX: Hat keine Chance.

LENNY: Klar hat er eine.

MAX: Keine Chance.

LENNY: Der gewinnt.
Lenny streicht den Namen in der Zeitung an.

MAX: Der will mir was von Pferden erzählen.
Pause.
Ich hab mein Leben auf dem Rennplatz verbracht. Eine meiner gro-

ßen Leidenschaften. Epsom? Kannte ich so gut wie meine Hosentasche. Jeder kannte mich auf dem Sattelplatz. Wunderbares Leben draußen an der frischen Luft.

Pause.

Der will mir was von Pferden erzählen. Du liest doch nur die Namen in der Zeitung. Ich hab ihnen die Mähne gestreichelt. Ich hab sie gehalten, ich hab sie beruhigt vor einem großen Rennen. Immer wurde ich hingeholt. Max, hieß es dann, hier haben wir ein Pferd, das ist sehr nervös, du bist der einzige hier, der es beruhigen kann. Das stimmte. Ich hatte ... ich hatte einen richtigen Instinkt für Tiere. Ich hätte Trainer werden sollen. Man hat mir öfters die Stellung angeboten – weißt du, ein richtiger Posten beim Herzog von ... ich habe den Namen vergessen ... Irgendein Herzog. Aber ich hatte Familienverpflichtungen, meine Familie brauchte mich zu Hause.

Pause.

Wie oft hab ich zugeschaut, wie die Tiere durchs Ziel sausten. Ein Erlebnis. Und weißt du, ich hab nie verloren, ich hab ein paar Shillinge daran verdient, und weißt du warum? Weil ich immer einen Riecher für ein gutes Pferd hatte. Ich hab das gerochen. Und nicht nur bei den Hengsten, auch bei den Stuten. Die Stuten sind nervöser als die Hengste, sie sind nicht so verläßlich, wußtest du das? Nein. Was weißt du denn schon? Nix. Aber ich hab immer eine gute Stute durch einen bestimmten Trick erkannt. Ich hab ihr ins Auge geschaut. Verstehst du? Ich hab vor ihr gestanden und ihr direkt ins Auge geschaut, das war so eine Art Hypnose, und aus dem Blick, der aus der Tiefe ihrer Augen kam, konnte ich erkennen, ob sie ein Pferd von Ausdauer war oder nicht. Es war eine Gabe. Ich hatte die Gabe.

Pause.

Und er will mir was von Pferden erzählen.

LENNY: Papa, könnte ich das Thema wechseln?

Pause.

Ich möchte dich was fragen. Das Essen vorhin, was sollte das eigentlich sein? Wie nennt man das?

Pause.

Warum kaufst du dir nicht einen Hund? Du bist ein Hundekoch. Wirklich. Du glaubst, du kochst nur für ein Pack Hunde.

MAX: Wenn's dir nicht recht ist, mach daß du weg kommst.

LENNY: Ich geh ja weg. Ich geh aus und bestell mir ein anständiges Abendessen.

MAX: Na, dann mach, daß du weg kommst! Worauf wartest du noch?

Lenny schaut ihn an.

LENNY: Was hast du gesagt?

MAX: Ich hab gesagt, mach daß du fortkommst, das hab ich gesagt.

LENNY: Du wirst noch vor mir fortkommen, Papa, wenn du in diesem Ton mit mir redest.

MAX: So, du Sau?

Max packt seinen Stock.

LENNY: Aber Vati, du wirst mich doch nicht mit dem Stock schlagen? Was? Schlag mich nicht mit deinem Stock, Vati. Nein, bitte nicht. Ich kann nichts dafür, es war einer von den anderen. Ich hab ja gar nichts getan, Papa, wirklich nicht. Schlag mich bitte nicht mit dem Stock, Papa.

Stille.

Max sitzt nach vorn übergebeugt.

Lenny liest die Zeitung.

Sam kommt durch die Haustür herein. Er trägt eine Chauffeursuniform. Er hängt seine Mütze an einen Haken auf dem Flur und tritt ins Zimmer. Er geht zu einem Sessel, setzt sich und seufzt.

'n Abend, Onkel Sam.

SAM: 'n Abend.

LENNY: Wie geht's, Onkel?

SAM: 's geht. Ein bißchen müde.

LENNY: Müde? Das glaub ich, daß du müde bist. Wo warst du denn?

SAM: Ich war auf dem Flughafen.

LENNY: So weit, bis zum Flughafen? Was, die A 4 rauf?

SAM: Ja, ganz da rauf.

LENNY: Tsch, tsch, tsch. Na, dann hast du ja allen Grund, müde zu sein, Onkel.

SAM: Ja, das dauernde Anhalten, an den verstopften Straßen.

LENNY: Das meine ich doch. Das sag ich ja grade. Ich rede ja von den verstopften Straßen.

SAM: Macht einen ganz fertig.

Pause.

MAX: Ich bin auch noch da, weißt du.

Sam schaut ihn an.

Ich sag, ich bin auch noch da. Ich sitze hier.

SAM: Ich weiß, daß du da bist.

LENNY: Es liegt an den Straßenkreuzungen, nicht wahr, Onkel? Die ganzen Straßenkreuzungen quer über die A 4. Die sollten abgeschafft werden.

SAM: Nein, das geht nicht.

LENNY: Was soll das heißen, das geht nicht? Wenn das nicht geändert wird, wird es immer Verstopfungen geben.

SAM: Aber die Wagen, die so lang kommen, müssen doch irgendwie über die Straße, nicht wahr? Ich meine ... sonst ... wie sollen sie denn sonst auf die andere Seite rüber?

LENNY: Aber hör mal, Onkel. Hör doch mal, sei doch nicht so blöd, ja?

Man braucht doch nur Überführungen und Unterführungen zu bauen, weiter nichts. Wie in Kalifornien.

MAX: Was weißt du denn über Kalifornien?

LENNY: Wie bitte, Papa? Ich hab das nicht ganz mitbekommen.

MAX: Was weißt du denn über Kalifornien?

LENNY: Na, mehr als du, glaubst du nicht?

Pause.

SAM: Ich hab da heute einen Ami hingefahren ... zum Flugplatz.

LENNY: Ach, einen Ami?

SAM: Ja, hab ihn den ganzen Tag rumgefahren. Erst hab ich ihn vom Savoy Hotel um halb eins abgeholt, dann hab ich ihn zum Mittagessen ins Caprice gefahren. Nach dem Essen habe ich ihn wieder abgeholt und zu einem Haus in Eaton Square gefahren – da hat er einen Bekannten besucht – und dann, so um die Teezeit, hab ich ihn auf den Flugplatz rausgefahren.

LENNY: Mußte von dort ein Flugzeug nehmen, was?

SAM: Ja. Sieh mal, was er mir gegeben hat. Er hat mir eine Kiste Zigarren gegeben.

Sam holt eine Schachtel Zigarren aus der Tasche.

MAX: Zeig mal her.

Sam zeigt Max die Zigarren. Max nimmt eine aus der Kiste, drückt sie und riecht daran.

Ganz anständige Zigarre.

SAM: Willst du eine probieren?

Max und Sam zünden sich Zigarren an.

Weißt du, was er zu mir gesagt hat? Er hat mir gesagt, ich bin der beste Chauffeur, den er je gehabt hat. Der beste.

MAX: In welcher Hinsicht?

SAM: Wie?

MAX: In welcher Hinsicht?

LENNY: In Hinsicht auf seine Fahrkunst, Papa, und sein höfliches Benehmen, würde ich meinen.

MAX: Hielt dich für einen guten Fahrer, was, Sam? Na, jedenfalls hat er dir eine erstklassige Zigarre gegeben.

SAM: Ja, er meinte, ich bin der beste, den er je gehabt hat. Das sagen alle, weißt du. Sie wollen niemand anderen, sie verlangen immer mich. Sie meinen, ich bin der beste Chauffeur der Firma.

LENNY: Da werden die anderen Fahrer doch sicher eifersüchtig, nicht wahr, Onkel?

SAM: Ja, das sind sie. Sie sind sehr eifersüchtig.

MAX: Warum denn?

Pause.

SAM: Ich hab's dir doch grade gesagt.

MAX: Nein, das kriege ich nicht ganz mit, Sam. Warum werden die anderen Fahrer eifersüchtig?

SAM: Weil ich a) der beste Fahrer bin und b) mir keine Freiheiten herausnehme.

Pause.

Ich dränge mich den Leuten nicht auf, verstehst du. Diese großen Geschäftsleute, Leute von Welt, die wollen doch nicht, daß der Fahrer dauernd quasselt, die wollen hinten sitzen und ihre Ruhe haben. Schließlich sitzen sie ja in einem Humber Super Snipe, da können sie sich Entspannung leisten. Andererseits aber, das ist das besondere an mir ... weiß ich, wie man ihnen die Zeit vertreibt, wenn es verlangt wird.

Pause.

Zum Beispiel, diesem Mann heute hab ich erzählt, daß ich im Zweiten Weltkrieg war. Nicht im Ersten. Ich hab ihm gesagt, für den ersten war ich zu jung. Aber ich hab ihm gesagt, daß ich im zweiten gekämpft habe.

Pause.

Er auch, wie sich herausstellte.

Lenny steht auf, geht zum Spiegel und richtet sich die Krawatte.

LENNY: Er war wahrscheinlich Oberst oder so was bei der amerikanischen Luftwaffe.

SAM: Ja.

LENNY: Wahrscheinlich war er Navigationsoffizier oder so was in einer Fliegenden Festung. Jetzt ist er wahrscheinlich ein führender Mann in einem weltweiten Konsortium von Flugzeugwerken.

SAM: Ja.

LENNY: Ja, ich kenne die Art Leute, von der du sprichst.

Lenny geht hinaus, wendet sich nach rechts.

SAM: Schließlich habe ich ja Erfahrung. Mit neunzehn hab ich einen Müllwagen gefahren. Dann war ich im Lastwagen-Fernverkehr. Dann war ich zehn Jahre lang Taxifahrer und fünf Jahre Privatchauffeur.

MAX: Komisch, daß du nie geheiratet hast. Ein Mann mit solchen Gaben.

Pause.

Findest du nicht? Ein Mann wie du?

SAM: Dazu ist immer noch Zeit.

MAX: So?

Pause.

SAM: Du würdest dich wundern.

MAX: Was hast du denn gemacht? Mit der Damenkundschaft eine Nummer geschoben?

SAM: Aber wo.

MAX: Hinten im Snipe? Schnell mal ein paar Knöpfe aufgemacht beim Parken am Straßenrand, was?
SAM: Aber wo denn.
MAX: Auf dem Rücksitz? War die Armstütze rauf oder runter?
SAM: So was hab ich noch nie in meinem Wagen gemacht.
MAX: Über so was bist du wohl erhaben, Sam?
SAM: Ganz recht.
MAX: Du bist darüber erhaben, auf dem Rücksitz mal eine Nummer zu schieben, was?
SAM: Das überlasse ich anderen.
MAX: Das überläßt du anderen? Welchen anderen? Du lahmes Arschloch!
SAM: Ich versau mir nicht meinen Wagen! Oder ... den Wagen meines Chefs! Wie andere Leute.
MAX: Andere Leute? Was für andere Leute?
Pause.
Was für andere Leute?
Pause.
SAM: Andere Leute.
Pause.
MAX: Wenn du die richtige findest, Sam, sag deiner Familie Bescheid, vergiß das nicht, wir veranstalten eine prima Feier, das versprech ich dir. Sie kann bei uns wohnen und uns alle glücklich machen. Wir wechseln uns ab und führen sie im Park spazieren.
SAM: Hier brächt ich sie nicht her.
MAX: Sam, die Entscheidung liegt ganz bei dir. Du bist mit deiner Braut hier herzlich willkommen, in dem Haus, in dem du wohnst, aber du kannst dir auch ein Apartment im Dorchester nehmen. Das liegt völlig bei dir.
SAM: Ich hab ja gar keine Braut.
Sam steht auf, geht zur Anrichte, nimmt einen Apfel aus der Schale und beißt hinein.
Ich bekomm langsam Hunger.
Er blickt aus dem Fenster.
Jedenfalls krieg ich nie eine Braut, wie du eine hattest. So was wie deine Braut ... gibt es heutzutage nicht mehr. Wie die Jessie.
Pause.
Schließlich hab ich sie ja ein- oder zweimal begleitet, nicht wahr? Hab sie ein- oder zweimal in meinem Taxi mitgenommen. Das war eine charmante Frau.
Pause.
Allerdings, sie war deine Frau. Aber trotzdem ... die Abende gehörten zu den schönsten meines Lebens. Hab sie nur so spazierengefahren. Es war mir ein Vergnügen.

MAX *leise, schließt die Augen*: Herrgott.

SAM: Ich hab dann an einem Imbißstand angehalten und ihr eine Tasse Kaffee spendiert. In ihrer Gesellschaft habe ich mich immer besonders wohl gefühlt.

Stille.

Joey kommt durch die Haustür herein. Er kommt ins Zimmer, zieht sein Jackett aus, wirft es auf einen Stuhl und bleibt stehen.

Stille.

JOEY: Bin ein bißchen hungrig.

SAM: Ich auch.

MAX: Für wen haltet ihr mich eigentlich, für eure Mutter? Was? Wirklich. Sie kommen hier alle rein, zu jeder Tages- und Nachtzeit, wie Tiere, verdammte. Sucht euch doch 'ne Mutter.

Lenny kommt ins Zimmer, bleibt stehen.

JOEY: Ich hab trainiert, drüben in der Turnhalle.

SAM: Ja, der Junge hat den ganzen Tag gearbeitet und den ganzen Abend trainiert.

MAX: Was willst du denn, du Sau? Du hockst den ganzen Tag auf deinem Arsch auf dem Flugplatz draußen, kauf dir doch ein Stück Kuchen. Bildest du dir ein, ich sitze hier und warte nur darauf, daß ich in die Küche stürzen kann, in dem Augenblick, wo du zur Tür reinkommst? Du bist jetzt dreiundsechzig Jahre auf der Welt, warum lernst du nicht endlich kochen?

SAM: Ich kann kochen.

MAX: Na dann los, koch was!

Pause.

LENNY: Was die Jungs wollen, Papa, ist deine eigene besondere Kochkunst, Papa. Darauf freuen sich die Jungs. Dieses besondere Verständnis für gutes Essen, das du hast.

MAX: Hör auf, mich Papa zu nennen. Hör jetzt endlich auf, mich Papa zu nennen, verstehst du?

LENNY: Ich bin aber doch dein Sohn. Du hast mich doch früher jeden Abend zu Bett gebracht. Dich hat er auch zu Bett gebracht, nicht wahr, Joey?

Pause.

Er hat immer gern seine Söhne gut zugedeckt.

Lenny wendet sich um und geht auf die Haustür zu.

MAX: Lenny.

LENNY *dreht sich um*: Was?

MAX: Ich werd dich eines Abends noch mal gut zudecken. Merk dir das!

Beide blicken einander an. Lenny öffnet die Haustür und geht. Stille.

JOEY: Ich hab mit Bobby Dodd trainiert.

Pause.
Und mit dem Sandsack hab ich auch geübt.
Pause.
Ich war nicht schlecht in Form.

MAX: Boxen ist ein Sport für Gentlemen.
Pause.
Ich will dir sagen, was du machen mußt. Was du machen mußt, ist, du mußt lernen, dich zu verteidigen, und du mußt lernen, wie man angreift. Das ist, was dir als Boxer fehlt. Du weißt nicht, wie du dich verteidigen sollst, und du weißt auch nicht, wie man angreift.
Pause.
Wenn du das einmal beherrschst, ist der Weg frei für dich, nach ganz oben.
Pause.

JOEY: Ich kann mir schon ganz gut vorstellen, wie man ... das macht.
Jeoy sieht sich nach seinem Jackett um, nimmt es, geht aus dem Zimmer und nach oben. Pause.

MAX: Sam ... warum gehst du nicht auch? Warum gehst du nicht nach oben? Laß mich in Ruhe. Laß mich allein.

SAM: Ich will nur was klarstellen, was Jessie betrifft, Max. Das möchte ich. Wirklich. Als ich mit ihr im Taxi herumgefahren bin, in der Stadt, hab ich mich an deiner Stelle um sie gekümmert. Ich hab mich anstatt deiner um sie gekümmert, wenn du keine Zeit dazu hattest, nicht wahr? Ich hab ihr das Zentrum von London gezeigt.
Pause.
Du hättest keinem deiner anderen Brüder getraut. Du hättest Mac nicht getraut, was? Aber du hast mir vertraut. Daran möcht ich dich bloß erinnern.
Pause.
Der alte Mac ist doch schon vor ein paar Jahren gestorben, nicht wahr? Er ist doch tot?
Pause.
Er war ein elendes, verrottetes Schandmaul. Ein mieser, ungehobelter Hurensohn von einem Zwerg. Allerdings, er war dein Freund.
Pause.

MAX: Du, Sam ...

SAM: Was denn?

MAX: Warum laß ich dich eigentlich hier wohnen? Du bist doch nichts weiter als ein altes Schwein.

SAM: So?

MAX: Du bist ein Wurm.

SAM: So?

MAX: Sobald es sich nicht mehr für mich lohnt, dich hier zu haben, ich meine, wenn du zu alt bist, um für deinen Unterhalt aufzukommen, weißt du, was ich dann mache? Dann schmeiße ich dich raus.

SAM: So?

MAX: Klar. Ich meine, so lange du Geld ins Haus bringst, finde ich mich ab mit dir. Aber wenn die Firma dich entläßt – dann kannst du abschwirren.

SAM: Das ist auch mein Haus, weißt du. Das war Mutters Haus.

MAX: Eine Bande nach der anderen. Ein Dreck nach dem anderen.

SAM: Vaters Haus.

MAX: Was ich da auf dem Hals habe. Ein Scheißehaufen nach dem anderen. Ein Strom von stinkendem Eiter nach dem anderen.

Pause.

Unser Vater? Ich kann mich gut an ihn erinnern. Mach dir keine Sorgen. Da täuscht du dich. Er kam immer zu mir rüber und blickte runter auf mich. Mein Alter. Beugte sich über mich, dann hob er mich hoch. Ich war s o groß damals. Dann hat er mich auf den Knien geschaukelt. Hat mir die Flasche gegeben. Mich sauber gewischt. Mich angelächelt. Auf den Popo geklopft. Hat mich herumgereicht, von Hand zu Hand gereicht. Hat mich in die Luft geworfen. Hat mich wieder aufgefangen, als ich runterkam. Ich erinnere mich noch an meinen Vater.

Dunkel.

Licht. Nacht. Teddy und Ruth stehen auf der Schwelle des Zimmers. Sie sind beide gut gekleidet in hellen Sommersachen und hellen Regenmänteln. Zwei Koffer stehen neben ihnen. Sie blicken sich im Zimmer um. Teddy wirft den Schlüssel hoch und fängt ihn wieder. Er lächelt.

TEDDY: Der Schlüssel paßt noch.

Pause.

Das Schloß ist noch dasselbe.

Pause.

RUTH: Niemand hier.

TEDDY *blickt nach oben*: Sie schlafen.

Pause.

RUTH: Darf ich mich setzen?

TEDDY: Selbstverständlich.

RUTH: Ich bin müde.

Pause.

TEDDY: Dann setz dich.

Sie rührt sich nicht.

Das ist der Sessel meines Vaters.

RUTH: Der da?

TEDDY *lächelnd*: Ja, der da. Soll ich mal raufgehen und nachsehen, ob mein Zimmer noch da ist?

RUTH: Es kann ja nicht verschwunden sein.

TEDDY: Nein, ich meine, ob mein Bett noch da ist.
RUTH: Jemand könnte drin liegen.
TEDDY: Nein. Sie haben alle ihre eigenen Betten.
Pause.
RUTH: Solltest du nicht jemanden wecken? Sagen, daß du hier bist?
TEDDY: Nein, nicht mitten in der Nacht. Es ist zu spät.
Pause.
Soll ich mal nach oben gehen?
Er geht auf den Flur, blickt nach oben, kommt zurück.
Warum setzt du dich nicht?
Pause.
Ich geh nur mal rauf ... mal nachschauen.
Er geht vorsichtig die Treppe hinauf. Ruth bleibt stehen, geht dann langsam durchs Zimmer. Teddy kommt zurück.
Es ist noch da. Mein Zimmer. Leer. Das Bett ist da. Was machst du denn?
Sie sieht ihn an.
Decken, aber keine Bettwäsche. Ich suche ein paar Laken. Ich hab jemanden schnarchen gehört. Wirklich. Sie sind alle noch da, glaube ich. Sie schnarchen alle da oben. Frierst du?
RUTH: Nein.
TEDDY: Ich mach was zu trinken, wenn du willst. Was Heißes.
RUTH: Nein, ich will nichts.
Teddy geht herum.
TEDDY: Wie findest du das Zimmer? Groß, nicht? Es ist ein großes Haus. Ich meine, es ist ein schönes Zimmer, findest du nicht? Hier war übrigens mal eine Wand ... mit einer Tür. Wir haben sie rausgehauen ... vor Jahren ... um einen größeren Wohnraum zu schaffen. Es war keine tragende Wand, weißt du. Meine Mutter war schon tot.
Ruth setzt sich.
Müde?
RUTH: Nur ein bißchen.
TEDDY: Wir können ins Bett gehen, wenn du willst. Hat keinen Sinn, jetzt jemanden zu wecken. Wir gehen einfach ins Bett. Wir sehen sie dann alle morgen früh ... sehen meinen Vater morgen früh ...
Pause.
RUTH: Willst du bleiben?
TEDDY: Bleiben?
Pause.
Wir sind doch hergekommen, um zu bleiben. Wir müssen bleiben ... für ein paar Tage.
RUTH: Ich glaube ... die Kinder ... werden uns vermissen.
TEDDY: Red doch nicht.

RUTH: Doch, vielleicht.

TEDDY: Hör doch, in ein paar Tagen sind wir wieder zurück, nicht wahr?

Er geht im Zimmer herum.

Nichts hat sich verändert. Alles beim alten.

Pause.

Jedenfalls wird er morgen früh eine Überraschung erleben, was? Der gute Alte. Ich glaube, er wird dir gefallen. Wirklich. Er ist ... na ja, er ist jetzt alt, natürlich. Wird jetzt schon alt.

Pause.

Ich bin hier geboren, weißt du das?

RUTH: Ich weiß.

Pause.

TEDDY: Warum gehst du nicht ins Bett? Ich suche Bettwäsche. Ich fühle mich ... völlig wach, ist das nicht komisch? Ich glaube, ich bleibe noch ein bißchen auf. Bist du müde?

RUTH: Nein.

TEDDY: Geh zu Bett. Ich zeige dir das Zimmer.

RUTH: Nein, ich möchte nicht.

TEDDY: Du bist auch ohne mich da oben gut aufgehoben. Wirklich. Ich meine, ich komm bald. Siehst du, da oben ist es. Die erste Tür auf dem Flur. Das Badezimmer ist gleich daneben. Du ... mußt dich ausruhen, weißt du.

Pause.

Ich möchte mich nur ... ein paar Minuten hier unten umschauen. Macht dir das was?

RUTH: Nein, gar nichts.

TEDDY: Dann ... soll ich dir das Zimmer zeigen?

RUTH: Nein, es ist mir im Augenblick schon recht so.

TEDDY: Du brauchst ja nicht ins Bett zu gehen. Ich meine, du mußt nicht. Ich meine, du kannst mit mir aufbleiben. Vielleicht mache ich Tee oder so. Nur dürfen wir nicht zu viel Lärm machen, wir wollen doch niemand aufwecken.

RUTH: Ich mache ja keinen Lärm.

TEDDY: Das weiß ich.

Er geht zu ihr. Sanft.

Sieh mal, es ist alles in Ordnung, wirklich. Ich bin hier. Ich meine ... ich bin bei dir. Du brauchst keine Angst zu haben. Hast du Angst?

RUTH: Nein.

TEDDY: Du brauchst auch keine zu haben.

Pause.

Es sind sehr herzliche Menschen, wirklich. Warmherzig. Sie sind meine Familie. Keine Menschenfresser.

Pause.

Vielleicht sollten wir doch ins Bett gehen. Schließlich müssen wir doch früh aufstehen, Papa begrüßen. Wäre nicht ganz das Richtige, wenn er uns im Bett findet, glaube ich.
Lacht leicht.
Wir müssen vor sechs auf sein, runterkommen und guten Tag sagen.
Pause.
RUTH: Ich glaube, ich geh noch mal an die Luft.
TEDDY: An die Luft?
Pause.
Was soll das heißen?
RUTH *steht auf*: Nur ein paar Schritte.
TEDDY: Mitten in der Nacht? Aber wir ... wir sind doch gerade erst angekommen. Wir müssen ins Bett gehen.
RUTH: Mir ist nach etwas Luft.
TEDDY: Aber ich geh ins Bett.
RUTH: Das kannst du ja.
TEDDY: Aber was soll ich denn machen?
Pause.
Ich hab nicht die geringste Lust, an die Luft zu gehen. Warum möchtest du denn an die Luft?
RUTH: Nur so.
TEDDY: Aber es ist spät.
RUTH: Ich geh nicht weit. Ich komme zurück.
Pause.
TEDDY: Ich warte auf dich.
RUTH: Warum?
TEDDY: Ich geh nicht ohne dich ins Bett.
RUTH: Kann ich den Schlüssel haben?
Er gibt ihn ihr.
Warum gehst du nicht ins Bett?
Er legt seine Arme auf ihre Schultern und küßt sie. Beide sehen einander kurz an. Sie lächelt.
Ich bleibe nicht lange.
Sie geht aus der Haustür. Teddy geht ans Fenster, schaut ihr nach, wendet sich halb vom Fenster ab, steht und beißt sich plötzlich in die Fingerknöchel. Lenny kommt von hinten links ins Zimmer. Er bleibt stehen. Er trägt Pyjama und Morgenrock. Er beobachtet Teddy. Teddy wendet sich und sieht ihn. Stille.
TEDDY: Hallo, Lenny.
LENNY: Hallo, Teddy.
Pause.
TEDDY: Ich habe dich gar nicht die Treppe herunterkommen hören.
LENNY: Bin ich auch nicht.
Pause.

Ich schlafe jetzt hier unten. Nebenan.
Ich habe nebenan jetzt so eine Art Arbeitszimmer mit Schlafgelegenheit, weißt du.

TEDDY: Ach so. Hab ich ... dich geweckt?

LENNY: Nein. Ich bin heute abend früh ins Bett gegangen. Du weißt, wie das ist. Kann nicht schlafen. Wach dauernd auf.
Pause.

TEDDY: Wie geht's?

LENNY: Na, ich schlafe ein bißchen unruhig, weiter nichts. Heute nacht, jedenfalls.

TEDDY: Schlecht geträumt?

LENNY: Nein, geträumt würde ich nicht sagen. Es ist kein richtiger Traum. Irgend etwas weckt mich immer auf. So eine Art Ticken.

TEDDY: Ein Ticken?

LENNY: Ja.

TEDDY: Was ist es denn?

LENNY: Ich weiß nicht.
Pause.

TEDDY: Hast du eine Uhr im Zimmer?

LENNY: Ja.

TEDDY: Vielleicht ist es die Uhr.

LENNY: Könnte sein.
Pause.
Na, wenn es die Uhr ist, kann ich ja was dagegen tun. Das Geräusch irgendwie dämpfen oder so was.
Pause.

TEDDY: Ich bin ... nur auf ein paar Tage hergekommen.

LENNY: Ach?
Pause.

TEDDY: Was macht der Alte?

LENNY: Dem geht's ausgezeichnet.
Pause.

TEDDY: Mir geht's auch gut.

LENNY Ach ja? *Pause.* Bleibst du über Nacht?

TEDDY: Ja.

LENNY: Dann kanst du ja in deinem alten Zimmer schlafen.

TEDDY: Ja, ich bin schon oben gewesen.

LENNY: Ja, da kannst du schlafen.
Lenny gähnt.
Also.

TEDDY: Ich geh ins Bett.

LENNY: Ja?

TEDDY: Ja, ich werd ein bißchen schlafen.

LENNY: Ja, ich geh auch ins Bett.

Teddy nimmt die Koffer.
Ich helf dir.
TEDDY: Nein, sie sind nicht schwer.
Teddy geht mit den Koffern in den Hausflur. Lenny dreht das Licht im Zimmer aus. Das Licht im Hausflur bleibt brennen. Lenny folgt.
LENNY: Möchtest du was?
TEDDY: Hmmm?
LENNY: Möchtest du noch was, für die Nacht? Glas Wasser oder so?
TEDDY: Ist irgendwo Bettwäsche?
LENNY: Im Schrank in deinem Zimmer.
TEDDY: Gut.
LENNY: Bekannte von mir übernachten da gelegentlich manchmal, weißt du, in deinem Zimmer, wenn sie hier in der Nähe sind auf der Durchreise.
Lenny macht das Licht im Hausflur aus und dreht das Licht im Treppenhaus an. Teddy geht die Treppe hinauf.
TEDDY: Also, wir sehen uns beim Frühstück.
LENNY: Ja, genau, tschüs.
Teddy geht nach oben. Lenny geht nach links ab. Stille. Das Treppenhauslicht geht aus. Nachtlicht im Hausflur und Zimmer. Lenny kommt ins Zimmer zurück, geht zum Fenster und sieht hinaus. Er geht vom Fenster weg und macht eine Lampe an. Er hat eine kleine Uhr in der Hand. Er setzt sich, stellt die Uhr vor sich hin, zündet sich eine Zigarette an und bleibt sitzen. Ruth kommt durch die Haustür herein. Sie bleibt stehen. Lenny wendet den Kopf, lächelnd. Sie kommt langsam ins Zimmer.
LENNY: Guten Abend.
RUTH: Morgen, glaube ich.
LENNY: Da haben Sie recht.
Pause.
Ich heiße Lenny. Und Sie?
RUTH: Ruth
Sie setzt sich, stellt den Mantelkragen hoch.
LENNY: Kalt?
RUTH: Nein.
LENNY: Einen schönen Sommer haben wir gehabt, nicht wahr? Besonders schön.
Pause.
Möchten Sie etwas? Irgendeine Erfrischung? Einen Aperitif oder so was?
RUTH: Nein, danke.
LENNY: Gut, daß Sie das gesagt haben. Wir haben nämlich nichts zu Trinken im Haus. Ich würde natürlich schnell was holen, wenn wir

eine Party hätten oder so was. Wenn es was zu feiern gäbe ... wissen Sie.

Pause.

Sie haben sicher etwas mit meinem Bruder zu tun. Mit dem, der im Ausland war.

RUTH: Ich bin seine Frau.

LENNY: Hören Sie, vielleicht können Sie mir einen Rat geben. Diese Uhr hier macht mir zu schaffen. Das Geticke hält mich wach. Die Sache ist nur, ich bin gar nicht so überzeugt, daß es die Uhr war. Ich meine, es gibt viele Dinge, die in der Nacht ticken, glauben Sie nicht? Alle möglichen Dinge, die Sie während des Tages gar nicht als außergewöhnlich bezeichnen würden. Da machen sie einem gar nichts. Aber in der Nacht kann jedes einzelne von ihnen plötzlich ein kleines Tickgeräusch von sich geben. Wenn man diese Gegenstände dagegen bei Tag betrachtet, ist nichts Außergewöhnliches an ihnen. So still wie die Mäuschen sind sie am Tag. Also ... alles in allem genommen ... wenn ich sage, daß mich die Uhr geweckt hat, dann könnte sich das ganz leicht als eine falsche Hypothese herausstellen.

Er geht zur Anrichte, gießt etwas aus einer Karaffe in ein Glas und bringt Ruth das Glas.

Da, nehmen Sie. Das können Sie sicher brauchen.

RUTH: Was ist das?

LENNY: Wasser.

Sie nimmt das Glas, trinkt einen Schluck und stellt es auf einen kleinen Tisch neben dem Sessel. Lenny beobachtet sie.

Ist das nicht komisch? Ich habe meinen Pyjama an und Sie sind richtig angezogen.

Er geht zur Anrichte und gießt noch ein Glas Wasser ein.

Erlauben Sie? Ja, es ist komisch, meinen alten Bruder wiederzusehen nach all den Jahren. Das ist gerade die richtige Aufmunterung für den Papa, wissen Sie. Der wird sich ja vor Staunen auf seine Hinterbacken setzen, am Morgen, wenn er seinen ältesten Sohn sieht. Ich war selbst überrascht, als ich Teddy sah, wissen Sie. Der gute alte Ted. Ich dachte, er ist in Amerika.

RUTH: Wir sind zu Besuch in Europa.

LENNY: Was, Sie beide?

RUTH: Ja.

LENNY: Ach, Sie leben wohl drüben mit ihm zusammen?

RUTH: Wir sind verheiratet.

LENNY: Zu Besuch in Europa, ja? Schon viel gesehen?

RUTH: Wir kommen grade aus Italien.

LENNY: Ach, ihr wart zuerst in Italien? Und dann hat er Sie hier rübergebracht, um die Familie kennenzulernen, was? Na, der Alte wird sehr erfreut sein, Sie kennenzulernen, das kann ich Ihnen sagen.

RUTH: Schön.
LENNY: Was sagen Sie?
RUTH: Schön.
Pause.
LENNY: Wo wart ihr denn in Italien?
RUTH: Venedig.
LENNY: Was, im guten alten Venedig? So was. Das ist aber komisch. Wissen Sie, ich hatte immer so ein Gefühl, wenn ich im Krieg Soldat gewesen wäre – zum Beispiel im Italienfeldzug – wäre ich sicher nach Venedig gekommen. Leider war ich zu jung, um zu dienen, wissen Sie. Ich war noch ein Kind, ich war zu klein, sonst könnte ich mir ganz gut vorstellen, daß ich wahrscheinlich durch Venedig gekommen wäre. Ja, höchstwahrscheinlich wäre ich da mit meinem Bataillon durchgekommen. Erlauben Sie, daß ich Ihre Hand halte?
RUTH: Warum?
LENNY: Nur berühren.
Er steht auf und geht zu ihr.
Nur ganz leicht.
RUTH: Warum?
Er blickt zu ihr hinunter.
LENNY: Ich werde Ihnen sagen warum.
Kleine Pause.
Eines Abends, vor nicht allzu langer Zeit, eines Abends drunten am Hafen, stand ich allein unter einem Torbogen und sah zu, wie die Männer die Ladebäume auslegten, draußen im Hafen, und mit den Kranarmen rumschwenkten, als eine gewisse Dame an mich herantrat und mir einen gewissen Antrag machte. Diese Dame hatte tagelang nach mir gesucht. Sie hatte mich aus dem Auge verloren. Aber dann hat sie mich schließlich doch aufgestöbert, und als sie micht aufgestöbert hatte, macht sie mir diesen gewissen Antrag. Nun, der Antrag war an sich nicht außergewöhnlich und normalerweise wäre ich darauf eingegangen. Ich meine, ich wäre darauf eingegangen, wenn die Dinge normal gewesen wären. Der Haken war nur, sie war halb verfault von Syphilis. So lehnte ich also ab. Diese Dame wurde aber zudringlich und fing an, sich mit mir Freiheiten herauszunehmen unter diesem Torbogen, Freiheiten, die ich unter keinen Umständen gestatten konnte, wie die Sache nun einmal lag, und da hab ich ihr einen Tritt gegeben. Zur gleichen Zeit kam es mir in den Sinn, sie auf die Seite zu schaffen, wissen Sie, sie zu killen, und die Tatsache ist, was das Töten anbelangt, wäre es ganz einfach gewesen, gar nichts dabei. Ihr Chauffeur, der mich für sie ausfindig gemacht hatte, war für ein paar Minuten um die Ecke in ein Lokal gegangen, so daß diese Dame und ich allein blieben, verstehen Sie, allein unter diesem Torbogen und zusahen, wie die Dampfer heraufgedampft

kamen, weit und breit kein Mensch, absolute Funkstille, und da war sie, gegen die Wand gelehnt – na ja, sie rutschte grade an der Wand entlang herunter, nachdem ich ihr den Tritt gegeben hatte. Also, um noch mal zusammenzufassen, die Umstände waren ideal fürs Killen. Keine Angst vor dem Chauffeur. Der Chauffeur hätte kein Wort gesagt. Er war ein alter Freund der Familie. Aber ... schließlich dachte ich ... ach, wozu all die Scherereien ... Sie wissen doch, die Leiche wegschaffen und all das, und sich selbst so aufregen. Da hab ich ihr noch eine auf die Schnauze gegeben und ein paar Fußtritte, und es dabei bewenden lassen.

RUTH: Woher wußtest du denn, daß sie krank war?

LENNY: Woher ich das wußte?

Pause.

Ich war zu der Überzeugung gekommen, sie war's.

Stille.

Sie sind mit meinem Bruder seit kurzem verheiratet, ja?

RUTH: Wir sind seit sechs Jahren verheiratet.

LENNY: Er war immer mein Lieblingsbruder, der alte Teddy. Wissen Sie das? Und, meine Güte, wir sind hier stolz auf ihn, das kann ich Ihnen sagen. Doktor der Philosophie und all das ... das macht Eindruck. Natürlich ist er sehr feinfühlig, nicht wahr? Ted. Sehr. Ich habe mir oft gewünscht, ich wäre so feinfühlig wie er.

RUTH: So?

LENNY: O ja. O ja, sehr sogar. Ich meine, ich will nicht sagen, daß ich nicht feinfühlig bin. Ich bin es. Aber ich könnte noch ein bißchen feinfühliger sein, das meine ich.

RUTH: So?

LENNY: Ja, nur ein klein wenig feinfühliger, weiter nichts.

Pause.

Ich meine, ich bin sehr feinfühlig, was die Stimmung betrifft, aber meine Feinfühligkeit verflüchtigt sich, Sie verstehen, was ich meine, wenn unzumutbare Forderungen an mich gestellt werden. Zum Beispiel, vorige Weihnachten entschloß ich mich, mich für Schneeräumarbeiten beim Stadtamt zu melden, weil wir in dem Jahr hier in Europa viel Schnee hatten. Ich war nicht darauf angewiesen, Schnee schippen zu gehen – ich meine, ich war nicht irgendwie finanziell in Verlegenheit – es sagte mir nur zu, in mir war irgend etwas, dem es zusagte. Worauf ich mich freute, war die erfrischende, kalte Luft früh am Morgen. Und ich hatte recht. Ich mußte meine Schneestiefel anziehen und um halb sechs Uhr früh an der Straßenecke stehen und auf den Lastwagen warten, der mich in die mir zugeteilte Gegend bringen wollte. Saukalt. Also, der Lastwagen kam, ich sprang hinten auf, die Scheinwerfer waren an, abgeblendet, und wir fuhren los. Kamen an, Schaufeln genommen, Zigarette angesteckt, und los ging's, tief hinein in den Dezember-Schnee, Stunden vor dem ersten Hahnenschrei. Also an dem Morgen, als ich meine Tasse Frühstückstee in einem Café in der Nähe trank, die Schaufel neben mir am Stuhl, kam eine alte Dame an mich ran und bat mich, ihr mit ihrer eisernen Wäschemangel zu helfen. Sie sagte, ihr Schwager hätte sie ihr gebracht, aber er hätte sie ins falsche Zimmer gestellt, er hätte sie ins Vorderzimmer gestellt. Natürlich wollte sie sie im Hinterzimmer haben. Er hatte sie ihr geschenkt, so eine Mangel, zum Wäschedurchdrehen. Aber er hatte sie ins falsche Zimmer gestellt, er hatte sie ins Vorderzimmer gestellt, und das war natürlich ganz blöd, denn da konnte sie ja nicht bleiben. Da hab ich mir also freigenommen, um ihr zu helfen. Sie wohnte nur ein Stückchen weiter die Straße rauf. Der Haken war bloß, als ich hinkam, konnte ich die Mangel nicht vom Fleck kriegen. Sie muß eine halbe Tonne gewogen haben. Wie der Schwager sie überhaupt je dahin geschafft hat, kann ich mir gar nicht vorstellen. Da stand ich also, stemmte mich mit den Schultern gegen die Mangel, hob mir fast einen Bruch, und die alte Dame stand einfach dabei, gab mir Anweisungen und machte selbst keinen Finger krumm. Nach ein paar Minuten sagte ich zu ihr, hören Sie mal, warum stecken Sie sich diese eiserne Mangel nicht in den Arsch? Und außerdem, sagte ich, sind diese Dinger veraltet, Sie sollten sich eine elektrische Wäscheschleuder anschaffen. Ich hatte eigentlich Lust dazu, mir die Alte an Ort und Stelle ordentlich vorzunehmen, aber da ich mich nach dem Schneeschippen noch in Hochstimmung fühlte, gab ich ihr nur einen Tritt in den Bauch und sprang draußen auf den Bus. Verzeihung, soll ich Ihnen den Aschenbecher aus dem Weg nehmen?

RUTH: Er ist mir nicht im Weg.

LENNY: Er steht zu dicht neben dem Glas. Das Glas wäre beinahe heruntergefallen. Oder der Aschenbecher. Ich habe Angst wegen dem Teppich. Mich stört es ja nicht, aber meinen Vater. Er hat einen Fimmel für Ordnung und Sauberkeit. Er kann kein Durcheinander leiden. Und da Sie im Augenblick, glaube ich, nicht rauchen, werden Sie sicher nichts dagegen haben, wenn ich den Aschenbecher wegräume.

Er tut es.

Und jetzt befreie ich Sie von Ihrem Glas.

RUTH: Ich habe noch nicht ausgetrunken.

LENNY: Sie haben aber genug konsumiert, meiner Meinung nach.

RUTH: Nein, das hab ich nicht.

LENNY: Völlig genug, meiner Meinung nach.

RUTH: Aber nicht nach meiner, Leonard.

Pause.

LENNY: Nennen Sie mich bitte nicht so.

RUTH: Warum nicht?
LENNY: So hat mich meine Mutter genannt.
Pause.
Nun gib mir das Glas.
RUTH: Nein.
Pause.
LENNY: Dann nehme ich es.
RUTH: Wenn du das Glas nimmst ... nehme ich dich.
Pause.
LENNY: Wie wäre es, wenn ich das Glas nehme, ohne daß du mich nimmst?
RUTH: Warum nehme ich nicht einfach dich?
Pause.
LENNY: Das soll wohl ein Witz sein.
Pause.
Du liebst sowieso einen anderen. Du hast eine heimliche Liaison mit einem anderen Mann gehabt. Seine Familie wußte nichts davon. Dann kommst du her ohne jede Warnung und fängst hier Geschichten an.
Sie nimmt das Glas und hält es ihm hin.
RUTH: Trink einen Schluck. Hier. Trink einen Schluck aus meinem Glas.
Er rührt sich nicht.
Setz dich auf meinen Schoß. Nimm einen langen, kühlen Schluck.
Sie klopft auf ihren Schoß. Pause. Sie steht auf, geht mit dem Glas auf ihn zu.
Leg den Kopf zurück und mach den Mund auf.
LENNY: Nimm das Glas weg.
RUTH: Leg dich auf den Boden. Los. Ich gieß es dir in die Kehle.
LENNY: Was soll das sein, machst du mir etwa einen Antrag?
Sie lacht kurz, leert das Glas.
RUTH: Ach, ich war durstig.
Sie lächelt ihn an, stellt das Glas hin, geht auf den Flur und die Treppe hinauf. Er folgt ihr hinaus auf den Flur und ruft die Treppe hoch.
LENNY: Was soll das sein? Eine Art Antrag?
Stille. Er kommt ins Zimmer zurück, nimmt sein Glas, leert es. Oben wird eine Tür zugeworfen. Das Licht im Treppenhaus geht an. Max kommt die Treppe herunter, im Pyjama, die Mütze auf dem Kopf. Er kommt ins Zimmer.
MAX: Was ist denn hier los? Bist du betrunken?
Er starrt Lenny an.
Was brüllst du denn? Bist du verrückt geworden?
Lenny gießt sich noch ein Glas Wasser ein.

Mitten in der Nacht herumzutoben und laut zu schreien. Was bist du denn, ein tobender Irrer?

LENNY: Ich habe laut gedacht.

MAX: Ist Joey hier unten? Hast du Joey angebrüllt?

LENNY: Hast du nicht gehört, was ich gesagt habe, Papa? Ich hab gesagt, ich hab laut gedacht.

MAX: Du hast so laut gedacht, daß du mich aus dem Bett geholt hast.

LENNY: Hör mal, warum ... haust du nicht einfach ab, ja?

MAX: Abhauen? Er weckt mich auf mitten in der Nacht, ich denke, wir haben Einbrecher, ich denke, er hat ein Messer zwischen den Rippen, ich komme runter, er sagt, ich soll abhauen.

Lenny setzt sich.

Er hat mit jemand gesprochen. Mit wem kann er gesprochen haben? Alle schlafen. Er hat sich mit jemand unterhalten. Er will mir nicht sagen, mit wem. Er tut so, als hätte er laut gedacht. Was machst du, hast du hier jemanden versteckt?

LENNY: Ich bin schlafgewandelt. Hör schon auf, laß mich in Ruh, ja?

MAX: Ich will eine Erklärung, verstanden? Ich hab dich gefragt, wen du hier versteckst.

Pause.

LENNY: Ich will dir was sagen, Papa, da du in der Stimmung zu sein scheinst für ein kleines ... Schwätzchen, möchte ich dich etwas fragen. Es ist eine Frage, die ich dir schon lange stellen wollte. Diese Nacht ... weißt du ... die Nacht, wo du mich gemacht hast ... die Nacht mit Mutter, wie war das? Was? Als ich nur ein Aufleuchten war in deinen Augen. Wie war das? Wie waren die Hintergründe des Vorgangs? Ich meine, ich möchte wissen, was da wirklich dahintergesteckt hat. Ich meine, zum Beispiel, ist es eine Tatsache, daß du mich im Sinn hattest die ganze Zeit, oder ist es eine Tatsache, daß dir nichts ferner lag als ich?

Pause.

Ich frage nur aus Wißbegierde, das verstehst du doch, nicht wahr? Ich bin neugierig. Und es gibt viele Leute in meinem Alter, die genauso neugierig sind, weißt du das, Papa? Sie grübeln manchmal allein, manchmal in Gruppen über die wahren Tatsachen in dieser besonderen Nacht – der Nacht, in der sie gemacht wurden nach dem Bilde der zwei Menschen, die d a m i t beschäftigt waren. Es ist eine Frage, die schon lange fällig ist, von meinem Standpunkt aus, aber da wir uns zufällig hier zusammen die Zeit vertreiben heute nacht, dachte ich, ich stelle sie dir mal.

Pause.

MAX: Du wirst in deinem eigenen Blut ersaufen.

LENNY: Wenn du es vorziehst, die Frage schriftlich zu beantworten, habe ich nichts dagegen.

Max steht auf.

Ich hätte meine liebe Mutter fragen sollen. Warum habe ich nicht meine liebe Mutter gefragt? Jetzt ist es zu spät. Sie ist schon hinüber.

Max spuckt nach ihm. Lenny blickt auf den Teppich.

Also sieh mal, was du jetzt gemacht hast. Und ich muß das morgen früh mit dem Staubsauger wegmachen.

Max wendet sich um und geht die Treppe hinauf. Lenny sitzt reglos.

Dunkel

Licht. Morgen. Joey steht vor dem Spiegel. Er macht langsame Lokkerungsübungen. Er hält inne, kämmt sich sorgfältig das Haar. Dann übt er Schattenboxen, mit schweren Schlägen, und beobachtet sich dabei im Spiegel. Max kommt von hinten links herein. Max und Joey sind beide bereits angezogen. Max beobachtet schweigend Joey. Joey hört mit dem Schattenboxen auf, nimmt eine Zeitung und setzt sich. Stille.

MAX: Ich kann dieses Zimmer nicht ausstehen.

Pause.

Die Küche hab ich viel lieber. Da ist's schön. Gemütlich.

Pause.

Aber dort kann ich nicht bleiben. Weißt du warum? Weil er immer abwäscht da drin, Teller abkratzt, mich damit aus der Küche treibt, darum kann ich nicht drin bleiben.

JOEY: Warum bringst du nicht deine Tasse Tee hier rein?

MAX: Ich will meinen Tee nicht hier reinholen. Ich bin nicht gern hier drin. Ich möchte meinen Tee dort drin trinken.

Er geht auf den Flur und blickt nach der Küche.

Was macht er nur dort drin?

Er kommt zurück.

Wieviel Uhr ist es?

JOEY: Halb sieben.

MAX: Halb sieben.

Pause.

Ich geh heute nachmittag zum Fußball. Willst du mitkommen?

Pause.

Ich rede mit dir.

JOEY: Ich trainiere heute nachmittag. Ich mach sechs Runden mit Blackie.

MAX: Das ist doch erst um fünf. Du hast doch Zeit, vor fünf noch zum Fußballspiel zu gehen. Es ist das erste Spiel der Saison.

JOEY: Nein, ich gehe nicht mit.

MAX: Warum nicht?

Pause.

Max geht in den Flur hinaus.

Sam! Komm her!

Max kommt ins Zimmer zurück. Sam kommt mit einem Abwaschlappen herein.

SAM: Was willst du?

MAX: Was machst du dort drin?

SAM: Abwaschen.

MAX: Was noch?

SAM: Deine Abfälle wegräumen.

MAX: In den Eimer schütten, ja?

SAM: Klar.

MAX: Was willst du damit beweisen?

SAM: Gar nichts.

MAX: Doch. Du hast was gegen mein Frühstück, stimmt's? Darum klapperst du so in der Küche rum, kratzt die Bratpfanne ab, kratzt die Abfälle in den Eimer, kratzt die Teller ab, kratzt den Tee aus der Teekanne ... deshalb machst du das, jeden einzelnen, sau-elenden Morgen. Ich weiß das. Hör zu, Sam. Ich will dir was sagen. Ganz ehrlich.

Er geht näher an ihn heran.

Du mußt dieses Gefühl, das du gegen mich hast, loswerden. Ich wünschte, ich könnte es begreifen. Wirklich, habe ich dir je Anlaß dazu gegeben? Niemals. Als Vater gestorben ist, hat er zu mir gesagt, Max, kümmere dich um deine Brüder. Das hat er wörtlich zu mir gesagt.

SAM: Wie konnte er das sagen, wenn er gestorben war?

MAX: Was?

SAM: Woher konnte er sprechen, wenn er gestorben war?

Pause.

MAX: Bevor er starb, Sam. Kurz davor. Es waren seine letzten Worte. Seine letzten heiligen Worte, Sammy. Eine Viertelsekunde, nachdem er diese Worte gesprochen hatte ... war er tot. Du glaubst, ich mache einen Witz? Du glaubst, was mein Vater gesagt hat – auf seinem Totenbett – das würde ich nicht bis zum letzten Buchstaben erfüllen? Hörst du das, Joey? Er schreckt vor nichts zurück. Er würde sogar das Andenken unseres Vaters bespucken. Was für ein Sohn warst du ihm, du nasser Lappen? Du hast die halbe Zeit mit Kreuzworträtseln vertrödelt! Wir haben dich im Fleischerladen angestellt, du konntest nicht mal den Laden auskehren. Wir haben MacGregor angestellt, der hat den ganzen Laden innerhalb einer Woche unter sich gehabt. Aber ich werde dir eins sagen. Ich habe meinen Vater nicht nur als Menschen geehrt, sondern auch als einen erstklassigen Fleischer! Und um ihm das zu beweisen, bin ich ihm ins Geschäft nachgefolgt. An seinen Knien habe ich gelernt, wie man Hälften zerlegt. Ich hab sein Andenken geehrt in Blut. Drei erwachsene Männer ha-

be ich zur Welt gebracht! Alles aus eigener Kraft. Was hast du getan?
Pause.
Was hast du getan? Du Mistvieh!
SAM: Möchtest du fertig abwaschen? Hier hast du den Lappen.
MAX: Also versuche, dieses Gefühl gegen mich loszuwerden, Sam. Wir sind ja schließlich Brüder.
SAM: Willst du den Lappen? Hier. Nimm ihn.
Teddy und Ruth kommen die Treppe herunter. Sie überqueren den Hausflur und treten ins Zimmer. Alle wenden sich um und blicken sie an. Joey steht auf. Teddy und Ruth tragen Morgenröcke. Stille. Teddy lächelt.
TEDDY: Tag ... Papa ... wir haben verschlafen.
Pause.
Was gibt's zum Frühstück?
Stille. Teddy lacht verlegen.
Wir haben verschlafen.
Max wendet sich an Sam.
MAX: Wußtest du, daß er hier ist?
SAM: Nein.
Max wendet sich an Joey.
MAX: Wußtest du, daß er hier ist?
Pause.
Ich hab dich gefragt, ob du wußtest, daß er hier ist.
JOEY: Nein.
MAX: Wer hat es denn gewußt?
Pause.
Wer hat es gewußt?
Pause.
Ich habe es nicht gewußt.
TEDDY: Ich wollte runterkommen, Papa, ich wollte ... schon unten sein, wenn du runterkommst.
Pause.
Wie geht es dir?
Pause.
Aehm ... darf ich dir ...
MAX: Seit wann bist du hier?
TEDDY: Die ganze Nacht.
MAX: Die ganze Nacht? Du machst mich lächerlich. Wie bist du ins Haus gekommen?
TEDDY: Ich hatte meinen Schlüssel.
Max pfeift und lacht.
MAX: Wer ist das?
TEDDY: Ich wollte euch gerade bekannt machen.

MAX: Wer hat gesagt, du sollst Nutten herbringen?

TEDDY: Nutten?

MAX: Wer hat dir gesagt, du sollst Dreck-Nutten hier ins Haus bringen?

TEDDY: Hör doch, sei nicht albern –

MAX: Die ganze Nacht bist du hier gewesen?

TEDDY: Ja, wir sind aus Venedig gekommen –

MAX: Wir haben ein stinkendes Dreckstier die ganze Nacht in meinem Haus gehabt. Wir haben eine stinkende, syphilitische Schlampe die ganze Nacht in meinem Haus gehabt.

TEDDY: Hör auf! Was redest du denn da?

MAX: Sechs Jahre lang hab ich den Scheißkerl nicht gesehen, da kommt er nach Haus ohne ein Wort, bringt eine Dreckschlampe mit von der Straße, richtet sich in meinem Hause ein!

TEDDY: Das ist meine Frau! Wir sind verheiratet!

Pause.

MAX: Ich hab noch nie eine Hure unter diesem Dach gehabt. Seit deine Mutter starb nicht. Ehrenwort.

Zu Joey:

Hast du je eine Hure hier gehabt? Hat Lenny je eine Hure hier gehabt? Sie kommen aus Amerika zurück und bringen einen Ausgußeimer mit. Einen Nachttopf bringen sie mit.

Zu Teddy:

Schaff mir diese Seuche aus den Augen. Mach, daß sie wegkommt.

TEDDY: Sie ist meine Frau.

MAX *zu Joey*: Schmeiß sie beide raus.

Pause.

Doktor der Philosophie. Sam, möchtest du einen Doktor der Philosophie kennenlernen?

Zu Joey:

Ich hab gesagt, schmeiß sie raus.

Pause.

Was ist los? Bist du taub?

JOEY: Du bist alt. *Zu Teddy:* Er ist alt.

Lenny kommt ins Zimmer, im Morgenrock. Er bleibt stehen. Alle blicken sich um. Max wendet sich wieder um, schlägt Joey mit voller Kraft in den Magen. Joey krümmt sich, stolpert über die Bühne. Max, der sich mit dem Schlag verausgabt hat, fängt an zusammenzubrechen. Seine Knie wanken. Er hält sich krampfhaft an seinem Stock fest. Sam geht auf ihn zu, um ihm behilflich zu sein. Max schlägt ihm mit dem Stock auf den Kopf. Sam setzt sich und hält sich den Kopf in den Händen. Joey, die Hände in den Magen gepreßt, sinkt zu Ruths Füßen nieder. Sie blickt auf ihn herab. Lenny und Teddy bewegen sich nicht. Joey steht langsam auf. Er steht ne-

ben Ruth. Er wendet sich von Ruth ab und blickt auf Max. Sam hält sich den Kopf. Max atmet schwer, erhebt sich langsam. Joey geht auf ihn zu. Sie blicken einander an. Stille. Max geht an Joey vorbei auf Ruth zu. Er winkt ihr mit dem Stock.

MAX: Fräulein. *Ruth geht auf ihn zu.*

RUTH: Ja? *Er schaut sie an.*

MAX: Sind Sie Mutter?

RUTH: Ja.

MAX: Wieviel haben Sie?

RUTH: Drei. *Er wendet sich zu Teddy*

MAX: Alle von dir, Ted?

Pause.

Teddy, wollen wir uns umarmen und 'nen Kuß geben, ja? Wie früher immer? Wie wär's, wenn wir uns umarmen und 'nen Kuß geben, ja?

TEDDY: Na, dann los.

Pause.

MAX: Du möchtest deinem alten Vater einen Kuß geben? Möchtest deinen alten Vater umarmen?

TEDDY: Na, dann komm doch.

Teddy tritt einen Schritt näher.

Los.

Pause.

MAX: Hast deinen alten Papa noch immer lieb, was? *Sie stehen sich gegenüber.*

TEDDY: Komm schon, Papa. Ich warte drauf. Auf den Kuß.

MAX *fängt an zu lachen und glucksen. Er wendet sich der Familie zu und sagt*: Er hat seinen Vater noch immer lieb!

Vorhang.

Zweiter Akt

Nachmittag. Max, Teddy, Lenny und Sam sind auf der Bühne, zünden sich Zigarren an. Joey kommt von hinten links mit einem Kaffeetablett, Ruth folgt ihm. Er stellt das Tablett ab. Ruth reicht den Männern Kaffee. Sie setzt sich mit ihrer Tasse. Max lächelt ihr zu.

RUTH: Das war ein ausgezeichnetes Essen.

MAX: Ich freue mich, daß es dir geschmeckt hat.

Zu den anderen:

Habt ihr das gehört?

Zu Ruth:

Ich hab mich auch wirklich angestrengt, das sage ich dir.

Er trinkt.

Und das ist eine ausgezeichnete Tasse Kaffee.

RUTH: Freut mich.

Pause.

MAX: Ich hab so ein Gefühl, du bist eine erstklassige Köchin.

RUTH: Nicht schlecht.

MAX: Nein, ich bin sicher, du bist eine erstklassige Köchin. Hab ich recht, Teddy?

TEDDY: Ja, sie ist eine sehr gute Köchin.

Pause.

MAX: Na, es ist lang her, daß die ganze Familie zusammen war, nicht wahr? Wenn nur eure Mutter noch am Leben wäre. Was meinst du, Sam? Was würde Jessie sagen, wenn sie noch am Leben wäre? Wenn sie hier mit ihren drei Söhnen sitzen würde. Drei feine erwachsene Burschen. Und eine hübsche Schwiegertochter. Nur schade, daß ihre Enkelkinder nicht hier sind. Sie hätte sie geliebkost und gehätschelt, nicht wahr, Sam? Sie hätte sich um sie bemüht, hätte mit ihnen gespielt, ihnen Geschichten erzählt, sie gekitzelt – ich sage dir, sie wäre ganz aus dem Häuschen gewesen.

Zu Ruth:

Das muß ich sagen: sie hat den Jungs alles beigebracht, was sie nur wissen. Sie hat ihnen die ganze Moral beigebracht, die sie haben. Das sage ich dir. Jedes bißchen moralischen Grundsatz, nach dem sie leben – hat ihnen ihre Mutter beigebracht. Und dazu hatte sie ein Herz. Was für ein Herz. Nicht wahr, Sam? Schau, es hat ja keinen Sinn, darum herumzureden. Die Frau war das Rückgrat der Familie. Ich meine, ich hatte vierundzwanzig Stunden am Tag im Geschäft zu tun, ich mußte im ganzen Land herumreisen, um Fleisch zu kaufen, ich mußte ja erst etwas aus mir machen, aber zu Hause ließ ich eine Frau zurück mit einem Willen von Eisen, einem Herzen von Gold und Verstand. Stimmt's, Sam?

Pause.

Was für ein Verstand.

Pause.

Immerhin, ich war ihr gegenüber großzügig. Ich hab sie nie zu kurz kommen lassen. Ich weiß noch das Jahr, als ich Verhandlungen begann mit einem führenden Konsortium von Fleischhändlern mit kontinentalen Verbindungen. Ich wollte mich geschäftlich mit ihnen zusammentun. Ich weiß noch, als ich an dem Abend nach Hause kam, hab ich die Sache für mich behalten. Erst steckte ich Lenny ins Bad, dann hab ich Teddy gebadet, dann hab ich Joey gebadet. Was hatten wir immer für Spaß beim Baden, nicht wahr, Jungs? Dann kam ich runter und überredete Jessie, sich bequem hinzusetzen, die Füße auf eine Fußstütze zu tun – was ist eigentlich aus der Fußstütze geworden, ich hab sie seit Jahren nicht gesehen –, sie legte die Füße hoch und ich sagte zu ihr, Jessie, ich glaube, jetzt kommt unser Schiff in den Hafen, ich spendiere dir ein paar Sachen, ich kaufe dir ein Kleid aus hellblauer gerippter Seide, dick mit Perlen besetzt, und für alle Tage ein paar weite Hosen aus lilafarbenem geblümten Taft. Dann gab ich ihr einen Schluck Cherry Brandy. Ich weiß noch, wie die Jungs herunter kamen, in Pyjamas, mit glänzendem Haar, ihre Gesichter rosa, es war noch, bevor sie anfingen, sich zu rasieren, und sie knieten zu unseren Füßen, Jessies und meinen. Ich sag euch, es war wie Weihnachten.

RUTH: Was wurde aus dem Konsortium von Fleischern?

MAX: Das Konsortium? Es stellte sich heraus, daß sie genau solche Verbrecher waren, wie alle anderen.

Pause.

Das ist eine saumäßige Zigarre.

Er drückt sie aus. Wendet sich an Sam.

Wann gehst du zur Arbeit?

SAM: Bald.

MAX: Du hast doch heute nachmittag noch eine Fahrt, nicht?

SAM: Ja, ich weiß.

MAX: Was soll das heißen, du weißt? Du wirst zu spät kommen. Du wirst deine Stellung verlieren. Was denkst du dir denn, du willst mich wohl blamieren?

SAM: Mach dir keine Sorgen.

MAX: Da kommt mir die Galle hoch. Die Galle, verstehst du?

Zu Ruth:

Mein Leben lang hab ich als Fleischer gearbeitet mit Hackbeil und Hackplatte, Hackplatte, du weißt doch, was ich meine, Hackbeil und Hackplatte! Damit meine Familie im Luxus lebt. Zwei Familien! Meine Mutter war ans Bett gefesselt, meine Brüder waren alle Invaliden. Ich mußte das Geld für die erstklassigen Psychiater aufbringen. Ich mußte Bücher lesen! Ich mußte die Krankheit studieren, um im Notfall den verschiedenen Stadien gegenüber gewappnet zu sein. Eine Familie von Krüppeln, drei Scheißkerle von Söhnen, eine Schlampe von einem Weib – erzähl mir nichts von den Qualen des Kindbetts – ich hab die Schmerzen erlitten, ich spür immer noch die Stiche – wenn ich nur leicht huste, sackt mir der Rükken zusammen – und mein Bruder hier, das faule, träge Schwein, geht nicht mal pünktlich zur Arbeit. Der beste Chauffeur der Welt. Sein ganzes Leben lang hat er auf dem Führersitz gesessen und schöne Handsignale gegeben. Nennt man das Arbeit? Dieser Mensch kann die Gangschaltung nicht von seinem Arsch unterscheiden!

SAM: Frag doch meine Kunden! Ich bin der einzige, der immer verlangt wird.

MAX: Was machen die anderen Fahrer, schlafen sie den ganzen Tag?

SAM: Ich kann schließlich nur einen Wagen fahren. Es können mich nicht alle gleichzeitig haben.

MAX: Alle könnten dich gleichzeitig haben. Du hältst doch deinen Arsch hin für einen halben Dollar mitten auf der Blackfriars Brücke.

SAM: Ich!

MAX: Für zwei Shillinge und einen Zuckerapfel.

SAM: Er beleidigt mich. Er beleidigt seinen Bruder. Ich muß um vier Uhr fünfundvierzig einen Mann nach Hampton Court fahren.

MAX: Willst du wissen, wer fahren konnte? MacGregor! MacGregor war ein Fahrer.

SAM: Nie im Leben!

Max deutet seinen Stock auf Sam.

MAX: Er hat nicht mal im Krieg gekämpft. Dieser Mensch hat nicht mal gekämpft in dem Scheißkrieg!

SAM: Doch!

MAX: Wen hast du denn getötet?

Stille. Sam steht auf, geht zu Ruth, drückt ihr die Hand und geht aus der Haustür. Max wendet sich zu Teddy.

Und wie ist es dir ergangen, mein Sohn?

TEDDY: Mir ist es sehr gut gegangen, Papa.

MAX: Schön, daß du wieder da bist, mein Sohn.

TEDDY: Es ist schön, wieder hier zu sein, Papa.

Pause.

MAX: Du hättest mir sagen sollen, daß du geheiratet hast, Teddy. Ich hätte dir ein Geschenk gesandt. Wo war die Hochzeit, in Amerika?

TEDDY: Nein. Hier. Am Tag vor unserer Abreise.

MAX: Hattet ihr einen großen Empfang?

TEDDY: Nein, es war kein Mensch da.

MAX: Du bist ja verrückt. Ich hätte euch eine weiße Hochzeit spendiert. Wir hätten die allerhöchste Elite eingeladen. Ich wäre nur zu gerne für die Unkosten aufgekommen, mein Ehrenwort.

Pause.

TEDDY: Du hattest damals so viel zu tun. Ich wollte dir keine Umstände machen.

MAX: Aber du bist mein eigen Fleisch und Blut. Du bist mein Erstgeborener. Ich hätte alles stehen und liegen lassen. Sam hätte dich im Snipe zum Empfang gefahren, Lenny wäre Brautführer gewesen und dann hätten wir alle euch zum Schiff gebracht. Ich meine, du glaubst doch nicht etwa, daß ich was gegen die Heirat habe? Sei doch nicht blöd.

Zu Ruth:

Ich bitte meine beiden Jüngsten schon seit Jahren, sich ein nettes, frauliches Mädchen mit anständigen Empfehlungen auszusuchen – das macht das Leben erst lebenswert ...

Zu Teddy:
Jedenfalls ist ja nichts mehr dran zu ändern, du hast es so gemacht, du hast eine wunderbare Wahl getroffen, du hast eine wunderbare Familie, eine großartige Karriere ... also, warum lassen wir nicht die Vergangenheit vergangen sein?
Pause.
Verstehst du, was ich sagen will? Ihr sollt beide wissen, daß ihr meinen Segen habt.
TEDDY: Danke schön.
MAX: Nichts zu danken. In wievielen anderen Häusern hier in der Gegend sitzt schon ein Doktor der Philosophie und trinkt eine Tasse Kaffee?
Pause.
RUTH: Teddy freut sich sicher sehr ... zu hören, daß ich dir gefalle.
Pause.
Ich glaube, er hat sich Sorgen gemacht, ob ich dir gefallen würde.
MAX: Aber du bist doch eine charmante Frau.
Pause.
RUTH: Ich war ...
MAX: Was?
Pause.
Was sagt sie?
Alle schauen sie an.
RUTH: Ich war ... anders ... als ich Teddy kennenlernte ...
TEDDY: Nein, das stimmt nicht. Du warst genau die gleiche.
RUTH: Aber nein.
MAX: Wen kümmert das? Hör zu, lebe in der Gegenwart, was zerbrichst du dir den Kopf? Ich meine, vergiß nicht, die Erde ist etwa fünf Millionen Jahre alt, mindestens. Wer kann es sich da leisten, in der Vergangenheit zu leben?
Pause.
TEDDY: Sie ist mir drüben eine große Hilfe. Sie ist eine wundervolle Frau und Mutter. Sie ist sehr beliebt. Sie hat viele Bekannte. Das Leben an der Universität ist prima ... weißt du ... es ist ein sehr schönes Leben. Wir haben ein hübsches Haus ... wir haben alles ... wir haben alles, was wir wollen. Die ganze Atmosphäre ist sehr anregend.
Pause.
Meine Abteilung ... ist äußerst erfolgreich.
Pause.
Wir haben drei Söhne, weißt du.
MAX: Alle drei Buben? Ist das nicht komisch? Du hast drei, ich hab drei. Du hast drei Neffen, Joey. Joey! Du bist Onkel, hörst du? Du könntest ihnen das Boxen beibringen.

Pause.

JOEY *zu Ruth*: Ich bin Boxer. Abends, nach der Arbeit. Tagsüber bin ich bei einer Abbruchfirma.

RUTH: Ach?

JOEY: Ja, aber ich hoffe, ich kann es bald ganztägig machen, wenn ich mehr Kämpfe bekomme.

MAX *zu Lenny*: Merkst du, wie unbefangen er mit seiner Schwägerin spricht? Weil sie eine so kluge und sympathische Frau ist.

Er beugt sich zu ihr:

Sag mal, glaubst du nicht, die Kinder vermissen ihre Mutter?

Sie blickt ihn an.

TEDDY: Aber natürlich. Sie haben sie lieb. Wir werden sie bald wiedersehen.

Pause.

LENNY *zu Teddy*: Deine Zigarre ist aus.

TEDDY: Ach ja.

LENNY: Willst du Feuer?

TEDDY: Nein. Nein.

Pause.

Deine ist auch aus.

LENNY: Ach ja.

Pause.

Du, Teddy, du hast uns noch gar nicht viel über dein Doktorat der Philosophie erzählt. Was lehrst du?

TEDDY: Philosophie.

LENNY: Nun, ich wollte dich was fragen. Findest du, daß es gewisse logische Widersprüche gibt in den hauptsächlichen Behauptungen des christlichen Theismus?

TEDDY: Diese Frage fällt nicht in mein Gebiet.

LENNY: Na, betrachte es mal so ... du hast doch nichts dagegen, wenn ich ein paar Fragen stelle?

TEDDY: Wenn sie in mein Gebiet fallen.

LENNY: Na, dann betrachte es mal so. Wie kann das Unbekannte der Verehrung wert sein? Mit anderen Worten, wie kann man verehren, was einem unbekannt ist? Gleichzeitig wäre es doch lachhaft zu behaupten, daß das, was wir kennen, der Verehrung wert ist. Dem, was uns bekannt ist, können wir alle möglichen Gefühle entgegenbringen, doch ist es sonnenklar, daß Verehrung nicht dazu gehört. Mit anderen Worten, außer dem uns Bekannten und dem uns Unbekannten – was gibt es noch?

Pause.

TEDDY: Ich fürchte, ich bin für diese Frage nicht zuständig.

LENNY: Aber du bist doch Philosoph. Komm, sag mir die Wahrheit. Was hältst du von dem ganzen Kram von Sein und Nichtsein?

TEDDY: Was hältst d u davon?

LENNY: Na, zum Beispiel, nimm einen Tisch. Philosophisch gesprochen. Was ist das?

TEDDY: Ein Tisch.

LENNY: Ah. Du meinst, es ist nichts weiter als ein Tisch. Na, manche Menschen würden dich um deine Sicherheit beneiden, nicht wahr, Joey? Zum Beispiel, ich hab ein paar Freunde, und wir sitzen oft in der Bar vom Ritz und trinken ein paar Schnäpse, und die sagen dann immer solche Sachen, weißt du, so wie: Nimm einen Tisch, nimm ihn. Schön und gut, sage ich, n i m m ihn, n i m m einen Tisch, aber wenn du ihn genommen hast, was machst du dann damit? Wenn man ihn mal hat, wohin damit?

MAX: Man könnt ihn verkaufen.

LENNY: Du würdest nicht viel dafür kriegen.

JOEY: Hack ihn zu Brennholz.

Lenny sieht ihn an und lacht.

RUTH: Vielleicht solltet ihr nicht so sicher sein. Ihr habt was vergessen. Schaut mich an. Ich ... bewege mein Bein. Weiter nichts. Aber ich trage ... Unterwäsche ... die sich mit mir bewegt ... das ... erweckt eure Aufmerksamkeit. Vielleicht zieht ihr falsche Schlüsse. Der Vorgang ist einfach. Ein Bein ... bewegt sich. Meine Lippen bewegen sich. Warum beschränkt ihr ... eure Beobachtungen nicht darauf? Vielleicht ist die Tatsache, daß sie sich bewegen, bedeutungsvoller ... als die Worte, die herauskommen. Ihr müßt diese ... Möglichkeit ... im Sinn behalten.

Stille.

Teddy steht auf.

Ich wurde hier ganz in der Nähe geboren.

Pause.

Dann ... vor sechs Jahren, ging ich nach Amerika.

Pause.

Alles Felsen. Und Sand. Es dehnt sich ... so weit ... wohin man auch schaut. Und es gibt dort viele Insekten.

Pause.

Und es gibt dort viele Insekten.

Stille. Sie verharrt. Max steht auf.

MAX: Es ist Zeit für die Turnhalle. Zeit für dein Training, Joey.

LENNY *steht auf*: Ich komme mit.

Joey bleibt sitzen und sieht Ruth an.

MAX: Joe.

Joey steht auf. Die drei gehen. Teddy setzt sich zu Ruth, hält ihre Hand. Sie lächelt ihm zu.

Pause.

TEDDY: Ich denke, wir fahren zurück. Hmmn?

Pause.

Wollen wir nach Hause fahren?

RUTH: Warum?

TEDDY: Na, wir sind doch nur auf ein paar Tage gekommen, nicht wahr? Wir können die Zeit genausogut ... abkürzen, glaube ich.

RUTH: Warum? Gefällt es dir hier nicht?

TEDDY: Doch. Aber ich möchte gern nach Hause und die Jungs wiedersehen.

Pause.

RUTH: Gefällt dir deine Familie nicht?

TEDDY: Welche Familie?

RUTH: Deine Familie hier.

TEDDY: Doch, natürlich gefallen sie mir. Was redest du denn?

Pause.

RUTH: Sie gefallen dir nicht so gut, wie du dachtest?

TEDDY: Doch. Doch, sie ... gefallen mir. Ich weiß gar nicht, was du meinst.

Pause.

Du, weißt du, wieviel Uhr es jetzt drüben ist?

RUTH: Wieso?

TEDDY: Es ist Vormittag. Ungefähr elf Uhr.

RUTH: So?

TEDDY: Ja, sie sind ungefähr sechs Stunden hinter uns zurück ... ich meine ... hinter der Zeit hier. Die Jungs sind sicher ... im Schwimmbassin ... jetzt. Denk nur. Vormittag dort drüben. Sonne. Wir fahren auf alle Fälle, hmmn? Es ist so sauber dort.

RUTH: Sauber.

TEDDY: Ja.

RUTH: Ist es hier schmutzig?

TEDDY: Nein, natürlich nicht. Aber es ist dort sauberer.

Pause.

Sieh mal, ich hab dich nur hierher gebracht, damit du die Familie kennenlernst, nicht wahr? Jetzt hast du sie kennengelernt und wir können weg. Das Herbstsemester fängt bald an.

RUTH: Findest du es hier schmutzig?

TEDDY: Ich habe nicht gesagt, daß ich es hier schmutzig finde.

Pause.

Das hab ich nicht gesagt.

Pause.

Paß auf. Ich geh jetzt packen. Du kannst dich eine Weile ausruhen. Ja? Sie kommen sicher nicht vor einer Stunde zurück. Du kannst schlafen. Ruh dich aus. Bitte.

Sie schaut ihn an.

Du kannst mir bei meinen Vorlesungen helfen, wenn wir zurück sind. Das wär mir sehr lieb. Ich wäre dir wirklich dankbar dafür. Wir können bis Oktober baden. Das weißt du doch. Hier kann man nirgends baden gehen, nur im Schwimmbad die Straße runter. Weißt du, wie das ist? Wie ein Pissoir. Ein dreckiges Pissoir.

Pause.

Venedig hat dir doch gefallen, nicht wahr? Es war doch schön dort, nicht wahr? Das war doch eine schöne Woche. Ich meine ... ich hab dich mit hingenommen. Ich kann italienisch.

RUTH: Aber wenn ich Krankenschwester im Italienfeldzug gewesen wäre, wäre ich schon früher da gewesen.

Pause.

TEDDY: Ruh dich nur aus. Ich gehe packen.

Teddy geht hinaus und die Treppe hinauf. Sie schließt die Augen. Lenny kommt von hinten links. Er kommt ins Zimmer und setzt sich in ihre Nähe. Sie öffnet die Augen. Stille.

LENNY: Es wird allmählich früher Abend.

RUTH: Ja, es wird dunkel.

Pause.

LENNY: Bald haben wir Winter. Jetzt ist es die Zeit, wo man seine Garderobe erneuern muß.

Pause.

RUTH: Das ist vernünftig.

LENNY: Was?

Pause.

RUTH: Ich habe immer ...

Pause.

Hast du was übrig für Kleider?

LENNY: Ach ja. Ich hab viel für Kleider übrig.

Pause.

RUTH: Ich hab gern ...

Pause.

Wie findest du meine Schuhe?

LENNY: Sehr hübsch.

RUTH: Nein, ich kann drüben nicht die richtigen kriegen.

LENNY: Kannst du sie nicht kriegen dort?

RUTH: Nein ... die bekommt man dort nicht.

Pause.

Ich war Modell, ehe ich rüberging.

LENNY: Hüte?

Pause.

Ich hab mal einem Mädchen einen Hut gekauft. Wir sahen ihn in einem Schaufenster, in einem Laden. Ich werde dir sagen, wie er gemacht war. Oben drauf war ein Strauß Osterglocken, mit einer schwarzen Satinschleife gebunden, und drüber eine Glocke aus schwarzem Schleier. Eine Glocke. Ich kann dir sagen. Sie war dafür wie geschaffen.

RUTH: Nein ... ich war Modell für den Körper. Ein Fotomodell für den Körper.

LENNY: Atelieraufnahmen?

RUTH: Das war noch, ehe ich ... alle meine Kinder bekam.

Pause.

Nein, nicht immer im Atelier.

Pause.

Ein paarmal fuhren wir aufs Land, mit dem Zug. Sechs- oder siebenmal. Wir kamen an einem ... einem großen weißen Wasserturm vorbei. Der Besitz ... das Haus ... war sehr groß ... mit Bäumen ... da war ein Teich, weißt du ... wir zogen uns um und gingen zum Teich hinunter ... wir gingen einen Weg hinunter ... auf Steinen ... die waren da ... auf diesem Weg. Ach, und ... warte mal ... ja ... wenn wir uns im Haus umzogen, bekamen wir etwas zu trinken. Es gab ein kaltes Buffet.

Pause.

Manchmal blieben wir im Haus, aber ... meistens sind wir zum Teich hinuntergegangen ... und standen dort Modell.

Pause.

Kurz bevor wir nach Amerika gingen, war ich noch einmal da. Ich ging vom Bahnhof zum Eingangstor und dann die Auffahrt hoch. Die Lichter waren an ... ich stand auf der Auffahrt ... das Haus war ganz hell erleuchtet.

Teddy kommt mit den Koffern die Treppe herunter. Er stellt sie ab, schaut Lenny an.

TEDDY: Was hast du ihr erzählt?

Er geht zu Ruth.

Hier ist dein Mantel.

Lenny geht zum Plattenspieler und legt eine Platte langsamen Jazz auf.

Ruth. Komm. Zieh ihn an.

LENNY *zu Ruth*: Wie wär's mit einem Tanz, ehe du gehst?

TEDDY: Wir gehen.

LENNY: Nur einen.

TEDDY: Nein. Wir gehen.

LENNY: Nur einen Tanz, mit ihrem Schwager, ehe sie geht.

Lenny verbeugt sich vor ihr. Madame?

Ruth steht auf. Sie tanzen, langsam. Teddy steht mit Ruths Mantel. Max und Joey kommen durch die Haustür und ins Zimmer. Sie bleiben stehen. Lenny küßt Ruth. Sie verharren, sich küssend.

JOEY: Himmel, die steht ja weit offen – für jeden zu haben. Papa, schau dir das an.

Pause.
Sie ist 'ne Nutte.
Pause.
Der gute Lenny hat 'ne Nutte hier.
Joey geht zu den beiden. Er nimmt Ruth beim Arm. Er lächelt Lenny zu. Er setzt sich mit Ruth aufs Sofa, umarmt und küßt sie. Er blickt zu Lenny auf.
Ganz mein Geschmack.
Er beugt sie zurück, bis sie unter ihm liegt. Er küßt sie. Er blickt zu Teddy und Max auf.
Das ist ja besser als sich abfrottieren.
Lenny setzt sich auf die Sofalehne. Er streichelt Ruths Haar, während Joey sie umarmt. Max kommt nach vorn und schaut auf die Koffer.

MAX: Wollt ihr schon weg, Teddy? So bald?
Pause.
Na, wann kommst du denn mal wieder rüber? Hör mal, wenn du das nächste Mal rüberkommst, vergiß nicht, uns vorher Bescheid zu geben, ob du verheiratet bist oder nicht. Ich freu mich immer, deine Frau zu sehen. Wirklich. Das sage ich dir.
Joey liegt schwer auf Ruth. Sie sind fast reglos. Lenny streichelt ihr Haar.
Hör mal, glaubst du, ich weiß nicht, warum du mir nicht gesagt hast, daß du verheiratet bist? Ich weiß warum. Du hast dich geschämt. Du dachtest, ich wäre böse, weil du eine Frau geheiratet hast, die sozial unter dir steht. Du müßtest mich besser kennen. Ich bin großzügig. Ich bin ein großzügiger Mensch.
Er beugt sich vor, um auf Ruths Gesicht unter Joey zu blicken, und wendet sich wieder an Teddy.
Jedenfalls ist sie ein hübsches Mädchen. Eine schöne Frau. Und dazu noch Mutter. Eine Mutter von drei Kindern. Du hast sie glücklich gemacht. Darauf kannst du stolz sein. Ich meine, wir sprechen von einer Frau von Qualität. Wir sprechen von einer Frau mit Gefühl.
Joey und Ruth rollen vom Sofa herunter auf den Boden. Joey packt sie. Lenny tritt näher und steht über ihnen. Er berührt Ruth leicht mit dem Fuß. Ruth stößt plötzlich Joey weg. Sie steht auf. Joey steht auf, starrt sie an.

RUTH: Ich möchte was zu essen. *Zu Lenny:* Ich möchte einen Drink. Hast du was zu trinken geholt?

LENNY: Wir haben zu trinken.

RUTH: Ich möchte was, bitte.

LENNY: Was denn?

RUTH: Whisky.

LENNY: Hab ich.

Pause.

RUTH: Na, her damit!

Lenny geht zur Anrichte, nimmt eine Flasche und Gläser. Joey geht auf sie zu.

Stell die Platte ab.

Er schaut sie an, wendet sich um, stellt den Plattenspieler ab.

Ich möchte was zu essen.

Pause.

JOEY: Ich kann nicht kochen. *Deutet auf Max:* Er ist der Koch.

Lenny bringt ihr ein Glas Whisky.

LENNY: Soda extra?

RUTH: Was ist das für ein Glas? Aus dem kann ich nicht trinken. Hast du kein tiefes Glas?

LENNY: Doch.

RUTH: Na, dann gieß es in ein tiefes Glas.

Er nimmt das Glas zurück, gießt den Whisky in ein tiefes Wasserglas, und bringt es ihr.

LENNY: Mit Eis? Oder pur?

RUTH: Eis? Was weißt du denn von Eis?

LENNY: Wir haben Eis. Aber es ist im Eisschrank festgefroren.

Ruth trinkt. Lenny schaut die anderen an.

Was zu trinken für alle?

Er geht zur Anrichte und gießt ein. Joey kommt näher zu Ruth.

JOEY: Was möchtest du zu essen?

Ruth geht im Zimmer umher.

RUTH *zu Teddy*: Hat deine Familie deine erkenntnis-kritischen Werke gelesen?

MAX: Das ist etwas, was ich immer versäumt habe. Ich habe nie eines seiner erkenntnis-kritischen Werke gelesen.

TEDDY: Du würdest sie nicht verstehen.

Lenny reicht die Getränke herum.

JOEY: Was möchtest du zu essen? Ich bin aber nicht der Koch.

LENNY: Soda, Ted? Oder pur?

TEDDY: Du würdest meine Werke nicht verstehen. Du würdest nicht die leiseste Ahnung haben, worum es geht. Du würdest nicht verstehen, worauf ich Bezug nehme. Du bist nicht auf dem laufenden. Ihr alle seid es nicht. Es hat keinen Sinn, euch meine Werke zu schikken. Ihr könntet nichts damit anfangen. Das hat nichts mit Intelligenz zu tun. Es ist eine Frage der Art, wie man es versteht, die Welt zu betrachten. Es handelt sich darum, m i t allen Dingen zu arbeiten, anstatt i n den Dingen. Ich meine, es geht hier um die Fähigkeit, das eine und das andere zu verbinden, es aufeinander zu beziehen, es gegeneinander abzuwiegen. Zu sehen, sehen zu k ö n n e n. Ich bin der, der sehen kann. Darum kann ich meine erkenntnis-kritischen Werke schreiben. Vielleicht würde es euch guttun ... mal hineinzusehen ... zu sehen, wie gewisse Menschen ... die Dinge ... betrachten können ... wie gewisse Menschen imstande sind ... ein intellektuelles Gleichgewicht zu halten. Intellektuelles Gleichgewicht. Ihr seid nur Objekte. Ihr ... bewegt euch nur ... Ich kann beobachten. Ich kann sehen, was ihr tut. Es ist das gleiche, was ich auch tue. Aber ihr verliert euch darin. Ihr werdet mich nicht dazu kriegen ... ich werde mich nicht verlieren, darin.

Dunkel.

Licht. Abend. Teddy sitzt da, in seinem Mantel, die Koffer neben sich. Sam.

Pause.

SAM: Erinnerst du dich an MacGregor, Teddy?

TEDDY: Mac?

SAM: Ja.

TEDDY: Natürlich.

SAM: Was hast du von ihm gehalten? Gefiel er dir?

TEDDY: Ja. Ich mochte ihn ganz gern. Warum?

Pause.

SAM: Weißt du, du bist mir immer der Liebste gewesen von den Jungs. Immer.

Pause.

Als du mir aus Amerika geschrieben hast, war ich ganz gerührt. Ich meine, du hattest ein paarmal deinem Vater geschrieben, aber an mich hattest du noch nie geschrieben. Aber, als ich den Brief von dir bekam ... da war ich sehr gerührt. Ich hab's ihm gar nicht erzählt. Ich hab's ihm gar nicht erzählt, daß ich von dir gehört hatte.

Pause.

Flüstern.

Teddy, soll ich dir was sagen? Du warst immer der Liebling deiner Mutter. Sie hat's mir gesagt. Es stimmt. Du warst immer ihr ... du warst immer ihr Liebstes.

Pause.

Warum bleibst du nicht noch ein paar Wochen hier, was? Wir könnten es doch ganz lustig haben.

Lenny kommt durch die Haustür und tritt ins Zimmer.

LENNY: Immer noch hier, Ted? Du wirst zu spät kommen zu deinem ersten Seminar.

Er geht zur Anrichte, öffnet sie, schaut hinein, nach rechts und nach links, bleibt stehen.

Wo ist mein Käsebrötchen?

Pause.

Jemand hat mein Käsebrötchen genommen. Ich hab es da hineingelegt. *Zu Sam:* Warst du der Dieb?

TEDDY: Ich hab dein Käsebrötchen genommen, Lenny.

Stille. Sam schaut beide an, nimmt seinen Hut und geht aus der Haustür. Stille.

LENNY: Du hast mein Käsebrötchen genommen?

TEDDY: Ja.

LENNY: Ich hab mir dieses Brötchen selbst gemacht. Ich hab es aufgeschnitten und Butter drauf geschmiert. Ich habe ein Stück Käse abgeschnitten und es dazwischen gelegt. Ich habe es auf einen Teller gelegt und in die Anrichte gestellt. Das habe ich alles gemacht, ehe ich wegging. Jetzt komme ich zurück und du hast es gegessen.

TEDDY: Und was wirst du jetzt machen?

LENNY: Drauf warten, daß du dich entschuldigst.

TEDDY: Aber ich hab es ja absichtlich genommen, Lenny.

LENNY: Du meinst, du hast es nicht nur zufällig gefunden?

TEDDY: Nein, ich hab gesehen, wie du es hineingestellt hast. Ich war hungrig, und da hab ich es gegessen.

Pause.

LENNY: Einfach eine Unverschämtheit.

Pause.

Wie konntest du so ... rachsüchtig gegen deinen eigenen Bruder sein? Ich bin ganz erschüttert.

Pause.

Also Ted, ich muß sagen, das kommt der nackten Wahrheit sehr nahe, nicht? Die Karten liegen nun wirklich auf dem Tisch. Ich meine, wir sind in dem Gebiet, wo alle Schranken gefallen sind. Wie kann man es sonst erklären? Das Käsebrötchen deines jüngeren Bruders zu klauen, das er sich selbst gemacht hat, während er fort ist und seiner Arbeit nachgeht, das ist nicht mißverständlich, das ist unmißverständlich.

Pause.

Und wie steht's mit Joey? Wahrscheinlich würdest du dich nicht scheuen, was, du würdest dich nicht scheuen, Joeys Tasse Tee zu nehmen und sie mit Zucker zu füllen, wie? So eine Art von Humor ist das. Du weißt, er nimmt keinen Zucker in den Tee. Schließlich ist er doch dein kleiner Bruder, nicht wahr? Sei fair. Schließlich, genaugenommen, ist er das Baby in der Familie. Kommt nach Hause, erschöpft nach einem harten Training von zehn Runden – will einen Schluck wohlverdienten Tee trinken, und was findet er? Voll von verdammtem Zucker! Ich meine, wo bleibt da die Gerechtigkeit? Ist das ein faires Vorgehen?

Pause.

Immerhin, ich muß sagen, du bist in den letzten sechs Jahren recht sauertöpfisch geworden. Recht sauertöpfisch. Ein bißchen trotzig. Weniger entgegenkommend. Das ist komisch, denn ich hätte gedacht,

in den Vereinigten Staaten von Amerika, ich meine bei der Sonne von allem, dem weiten offenen Raum, deiner lieben Universität, in deiner Stellung, bei den Vorlesungen, im Mittelpunkt des geistigen Lebens drüben, an deiner lieben Universität, mit all dem gesellschaftlichen Treiben, all den Anregungen, deinen Kindern und allem, mit dem du Spaß hast, da am Schwimmbassin, die Greyhound-Überlandbusse und all das, Tonnen von Eiswasser, die Bequemlichkeit der Bermuda-Shorts und allem, deine liebe alte Universität, keine Stunde bei Tag oder Nacht, wo man nicht eine Tasse Kaffee kriegen kann oder einen holländischen Genever, da hätte ich gedacht, du wärst entgegenkommender geworden und nicht weniger entgegenkommend. Denn du mußt wissen, du hast uns einen neuen Maßstab gesetzt, Teddy. Deine Familie blickt auf zu dir, Junge, und weißt du, was sie tut? Sie tut ihr Bestes, deinem Beispiel zu folgen. Denn wir sind wirklich stolz auf dich. Darum haben wir uns auch so gefreut, dich wiederzusehen, dich an deinem Geburtstag willkommen zu heißen. Darum.
Pause.
Und nun bist du selbst Familienvater, mit drei strammen Buben – na, das setzt der Sache die Krone auf, das gibt ihm das Siegel. Du weißt doch, wie stolz du den Alten gemacht hast, nicht wahr? Du weißt, welch ein Stolz jetzt in deinem Vater steckt, wo er nun weiß, er ist Großvater? Du könntest ihn maßlos nennen, seinen Stolz. Papa wird jetzt schon älter, er ist nicht mehr so jung wie einst, aber der Gedanke an drei kecke Buben, die zu ihm aufblicken und ihn Großpapa nennen, ist ihm wahrscheinlich die größte Freude, die er noch vor seinem Tode erlebt. Man kann sogar sagen, sie wird ihn möglicherweise sein Leben kosten.
Pause.
Nein, weißt du, Ted, es ist gar keine Frage, daß wir hier ein weniger reiches Leben führen, als ihr dort drüben. Wir leben ein engeres Leben. Wir haben zu tun, das ist klar. Joey ist mit Boxen beschäftigt, ich bin mit einem Beruf beschäftigt. Papa spielt immer noch eine gute Partie Poker und kocht außerdem, immer noch in der gewohnten Qualität, und Onkel Sam ist der beste Chauffeur der Firma. Und trotzdem gehören wir doch alle zusammen. Teddy, und du bist ein unentbehrlicher Teil davon. Wenn wir alle hinten im Hof beisammen sitzen und still zum Abendhimmel aufblicken, steht immer ein leerer Stuhl im Kreis, und das ist deiner. Und wenn du also endlich zu uns zurückkehrst, dann erwarten wir ein bißchen Anstand, ein bißchen je ne sais quoi, ein bißchen Großzügigkeit der Gesinnung, ein bißchen Freisinnigkeit des Geistes, um uns Sicherheit zu geben. Das erwarten wir. Aber kriegen wir es? Haben wir es gekriegt? Hast du es uns gegeben?
Pause.

TEDDY: Ja.

Joey kommt die Treppe herunter und geht ins Zimmer, mit einer Zeitung in der Hand.

LENNY *zu Joey*: Na, wie war's?

JOEY: Aehm ... nicht schlecht.

LENNY: Was soll das heißen?

Pause.

Was soll das heißen?

JOEY: Nicht schlecht.

LENNY: Ich will wissen, was du damit m e i n s t – mit nicht schlecht.

JOEY: Was geht dich das an?

LENNY: Joey, du mußt deinem Bruder alles sagen.

Pause.

JOEY: Ich bin nicht ganz ans Ziel gekommen.

LENNY: Du bist nicht ganz ans Ziel gekommen?

Pause.

Mit Nachdruck.

Du bist nicht ans Ziel gekommen? Aber du bist doch zwei Stunden mit ihr da oben gewesen.

JOEY: Na und?

LENNY: Du bist nicht ans Ziel gekommen, wo du sie zwei Stunden da oben gehabt hast!

JOEY: Na wennschon!

Lenny tritt näher an ihn heran.

LENNY: Was willst du mir damit sagen?

JOEY: Wie meinst du?

LENNY: Willst du mir damit sagen, sie ist eine von denen, die einen reizen und dann hängen lassen?

Pause.

Eine von denen, was?

Pause.

Wie findest du das, Ted? Deine Frau stellt sich heraus, ist eine, die den Mann hängenläßt. Er war zwei Stunden bei ihr oben, und sie hat ihn nicht ans Ziel kommen lassen.

JOEY: Ich hab ja nicht gesagt, sie ist eine von denen.

LENNY: Machst du Witze? Das klingt mir ganz nach einer von denen, was meinst du, Ted?

TEDDY: Vielleicht hat er nicht die richtige Technik.

LENNY: Joey? Nicht die richtige Technik? Red keinen Unsinn. Der hat mehr Weiber konsumiert als du Sahnebaisers. Er ist unwiderstehlich. Er ist einer von den ganz wenigen. Erzähl ihm von deiner letzten, Joey.

Pause.

JOEY: Welcher denn?

LENNY: Die letzte! Als wir den Wagen angehalten haben ...

JOEY: Ach so ... ja ... also, wir waren in Lennys Wagen, eines Abends vorige Woche ...

LENNY: Im Alfa.

JOEY: Und äh ... sausten die Straße entlang ...

LENNY: In der Nähe von Wormwood Scrubs.

JOEY: Ja, da drüben bei der Strafanstalt ...

LENNY: Wir machten eine kleine Rundtour durch Nord Paddington.

JOEY: Und äh ... es war ganz schön spät, nicht?

LENNY: Ja, es war schon spät. Und weiter?

Pause.

JOEY: Und dann haben wir ... also, an der Seite der Straße sahen wir diesen geparkten Wagen ... mit zwei Mädchen drin.

LENNY: Und ihren Begleitern.

JOEY: Ja, da waren zwei Kerle mit drin. Jedenfalls ...

Pause.

Was haben wir dann gemacht?

LENNY: Wir haben angehalten und sind ausgestiegen!

JOEY: Ja ... wir sind ausgestiegen ... und haben den beiden Begleitern gesagt ... sie sollen weggehen ... das haben sie auch getan ... und dann haben wir ... die Mädchen aus dem Wagen geholt ...

LENNY: Wir haben sie nicht auf die Wiese bei der Strafanstalt mitgenommen.

JOEY: Nein. Nicht auf die Wiese. Da hätte uns ja die Polizei gesehen ... verstehst du. Wir haben sie auf einen Trümmerplatz mitgenommen.

LENNY: Trümmer. In die Trümmer.

JOEY: Ja, haufenweise Trümmer.

Pause.

Ja ... weißt du ... dann haben wir –

LENNY: Das Beste hast du ausgelassen. Er hat das Beste ausgelassen.

JOEY: Was denn?

LENNY *zu Teddy*: Die kleine sagt zu ihm, ich hab nichts dagegen, sagt sie, aber einen Schutz muß ich schon haben. Ein empfängnisverhütendes Präservativ. Ich hab kein empfängnisverhütendes Präservativ, sagt der gute Joey zu ihr. In dem Fall mache ich's nicht, sagt sie. O ja, du wirst es schon machen, sagt Joey, und ohne das empfängisverhütende Präservativ.

Lenny lacht.

Selbst meine Puppe mußte lachen, wie sie das gehört hat. Ja, selbst die hat eine kleine Lache von sich gegeben. Du kannst also nicht sagen, Joey ist kein Draufgänger, wenn er erst mal in Fahrt kommt, nicht wahr? Und da ist er oben mit deiner Frau zwei Stunden lang und ist mit ihr nicht mal die ganze Strecke gefahren. Also, deine Frau klingt mir doch ganz nach einer von denen, die einen hängenlassen. Was meinst du, Joey, bist du befriedigt? Sag mir nicht, du bist befriedigt, ohne daß du mit ihr die ganze Strecke gefahren bist.

Pause.

JOEY: Ich bin oft genug die ganze Strecke gefahren. Manchmal ... ist man befriedigt ... ohne die ganze Strecke gefahren zu sein. Ab und zu ist man befriedigt ... ohne irgendeine Strecke zu fahren.

Lenny starrt ihn an. Max und Sam kommen durch die Haustür herein ins Zimmer.

MAX: Wo ist die Hure? Noch im Bett? Sie macht uns noch alle zu Tieren.

LENNY: Sie ist eine von denen, die einen hängenlassen.

MAX: Was?

LENNY: Sie hat Joey an der Nase rumgeführt.

MAX: Was meinst du damit?

TEDDY: Er hat sie zwei Stunden lang da oben gehabt, ohne die ganze Strecke zu fahren.

Pause.

MAX: Mein Joey? Das hat sie meinem Jungen angetan?

Pause.

Meinem Jüngsten? Tsch, tsch, tsch, tsch. Wie fühlst du dich, mein Junge? Bist du in Ordnung?

JOEY: Klar bin ich in Ordnung.

MAX *zu Teddy*: Macht sie das mit dir auch?

TEDDY: Nein.

LENNY: Der schöpft die Sahne ab.

MAX: Glaubst du?

JOEY: Nein, das tut er nicht.

Pause.

SAM: Er ist ihr rechtmäßiger Gatte. Sie ist seine rechtmäßige Frau.

JOEY: Nein, das tut er nicht! Er schöpft nicht die Sahne ab! Das sag ich dir. Das sag ich euch allen. Ich bring den nächsten um, der sagt, er schöpft die Sahne ab.

MAX: Joey ... worüber regst du dich denn so auf?

Zu Lenny:

Weil er unbefriedigt ist. Siehst du, das kommt davon.

JOEY: Wer ist unbefriedigt?

MAX: Joey. Es sagt ja keiner, du hast Unrecht. Im Gegenteil, wir sagen alle, du hast recht.

Pause.

Max wendet sich an die anderen.

Wißt ihr was. Vielleicht wäre es keine schlechte Idee, eine Frau im

Haus zu haben. Vielleicht wäre das ganz gut. Wer weiß. Vielleicht sollten wir sie hier behalten.

Pause.

Vielleicht sollten wir sie fragen, ob sie hierbleiben will.

Pause.

TEDDY: Das geht leider nicht, Papa. Sie fühlt sich nicht wohl und wir müssen nach Haus zu den Kindern.

MAX: Nicht wohl? Ich hab dir doch gesagt, ich bin dran gewöhnt, Leute zu versorgen, denen es nicht gut geht mit der Gesundheit. Mach dir darüber keine Gedanken. Vielleicht behalten wir sie hier.

Pause.

SAM: Sei nicht blöd.

MAX: Was ist da blöd dran?

SAM: Du redest Quatsch.

MAX: Ich?

SAM: Sie hat drei Kinder.

MAX: Sie kann mehr kriegen. Hier. Wenn sie so scharf drauf ist.

TEDDY: Sie will keine mehr.

MAX: Woher weißt du denn, was sie will, Ted?

TEDDY *lächelnd*: Das beste ist, sie kommt mit mir nach Hause, Papa. Wirklich. Wir sind schließlich verheiratet, weißt du.

Max geht im Zimmer herum, schnickt mit den Fingern.

MAX: Wir müssen ihr natürlich Geld geben. Ist euch das klar? Wir können sie nicht ohne Taschengeld herumlaufen lassen. Etwas Geld muß sie haben.

JOEY: Natürlich zahlen wir ihr was. Sie muß etwas Geld in der Tasche haben.

MAX: Das sage ich doch. Man kann von einer Frau nicht verlangen, daß sie ohne ein paar Shillinge in der Tasche herumläuft, mit denen sie sich ein Paar Strümpfe kaufen kann.

Pause.

LENNY: Wo soll das Geld herkommen?

MAX: Na, wieviel ist sie wert? Wovon reden wir? Von einer vierstelligen Ziffer?

LENNY: Ich hab dich gefragt, woher das Geld kommen soll. Das bedeutet, einen mehr durchzufüttern. Einen mehr zu kleiden. Ist dir das klar?

JOEY: Ich kaufe ihr Kleider.

LENNY: Womit denn?

JOEY: Ich nehme einen Teil von meinem Lohn.

MAX: Genau das. Wir reichen den Hut herum. Jeder gibt einen Beitrag. Wir sind alle erwachsen, wir haben Verantwortungsgefühl. Jeder gibt etwas dazu. Es ist demokratisch.

LENNY: Es wird ein paar Pfunde kosten, Papa.

Pause.

Ich meine, sie ist nicht eine Frau, die gern in abgelegten Sachen herumläuft. Sie geht nach der neuesten Mode. Du willst doch nicht, daß sie in Kleidern herumläuft, die sie nicht von ihrer besten Seite zeigen, nicht wahr?

MAX: Lenny, darf ich dazu eine kleine Bemerkung machen? Sie ist nicht kritisch gemeint. Aber ich glaube, du denkst zu viel an die finanziellen Erwägungen. Es gibt noch andere Erwägungen. Es gibt menschliche Erwägungen. Du verstehst, was ich meine? Es gibt menschliche Erwägungen. Vergiß die nicht.

LENNY: Das tue ich auch nicht.

MAX: Vergiß die nicht.

Pause.

Hör zu, wir müssen sie wenigstens annnähernd so behandeln, wie sie es gewohnt ist. Schließlich ist sie ja nicht jemand von der Straße her, sie ist meine Schwiegertochter!

JOEY: Stimmt.

MAX: Na, da siehst du ja, wir haben es. Joey gibt was zu, Sam gibt was zu.

Sam schaut ihn an.

Ich geb ein paar Shillinge von meiner Rente dazu, Lenny wird auch rausrücken. Das geht prima. Und du, Ted? Wieviel willst du beitragen?

TEDDY: Ich werde gar nichts dazu beitragen.

MAX: Was? Du willst nicht mal dazu beitragen, deine eigene Frau zu unterstützen? Ich dachte, er ist mein Sohn. Du verdammte Sau. Deine Mutter würde auf der Stelle tot umfallen, wenn sie wüßte, wie du dich benimmst.

LENNY: Du, Papa.

Lenny kommt nach vorn.

Ich weiß was Besseres.

MAX: Was?

LENNY: Wir brauchen uns gar nicht einzulassen auf die ganzen Unkosten. Ich kenne diese Frauen. Wenn sie erst einmal anfangen, ist das Geld im Nu weg. Ich weiß was Besseres. Wie wär's, wenn ich sie nach Soho mitnehme, nach Greek Street?

Pause.

MAX: Du meinst, sie auf den Strich schicken?

Pause.

Wir schicken sie auf den Strich. Das ist ein genialer Einfall, das ist eine wunderbare Idee. Du meinst, sie kann sich ihr Geld selber verdienen – auf dem Rücken?

LENNY: Ja.

MAX: Ausgezeichnet. Das einzige ist, daß sie nicht zu lange Zeit in Anspruch genommen wird. Wir wollen doch nicht, daß sie die ganze Nacht außer Haus ist.

LENNY: Ich kann die Stunden einschränken.

MAX: Auf wieviel?

LENNY: Vier Stunden pro Nacht.

MAX *zweifelnd*: Ist das genug?

LENNY: Sie wird eine ganz anständige Summe heimbringen bei vier Stunden pro Nacht.

MAX: Na, du mußt es ja wissen. Schließlich wollen wir ja das Mädchen nicht überanstrengen. Sie wird ja hier auch ihre Verpflichtungen haben. Wo willst du sie denn in Greek Street unterbringen?

LENNY: Es braucht ja nicht direkt in Greek Street zu sein. Ich hab mehrere Wohnungen in der Gegend.

MAX: So? Na und ich? Warum gibst du mir keine davon?

LENNY: Du bist geschlechtslos.

JOEY: Moment mal, was soll das heißen?

MAX: Ich weiß, was Lenny meint. Lenny meint, sie kann für ihren Unterhalt selbst aufkommen. Was meinst du, Teddy. Das löst alle unsere Probleme.

JOEY: Moment mal. Ich will sie mit niemand teilen.

MAX: Was hast du gesagt?

JOEY: Ich will sie nicht mit irgendwelchen miesen Kerlen teilen!

MAX: Miesen Kerle! Du eingebildeter Bengel, du. Was der sich einbildet.
Zu Lenny:
Sind deine Kunden etwa miese Kerle?

LENNY: Ich habe eine sehr distinguierte Kundschaft, Joey. Sie sind alle viel distinguierter, als du je sein wirst.

MAX: Du kannst von Glück reden, wenn du mit dabei sein darfst.

JOEY: Ich dachte nicht, daß ich sie mit jemand teilen müßte!

MAX: Du w i r s t sie aber teilen müssen! Sonst fährt sie gleich nach Amerika zurück. Verstanden?
Pause.
Es ist sowieso kompliziert genug, ohne daß du dich noch reinhängst. Aber ich mach mir noch über was anderes Gedanken. Vielleicht ist sie den Anforderungen nicht richtig gewachsen. Wie? Teddy, du kannst das am besten beurteilen. Glaubst du, sie ist den Anforderungen gewachsen?
Pause.
Ich meine, wenn sie keinen richtig ranläßt? Wenn das bei ihr zur Gewohnheit wird? Dann werden wir nicht weit kommen.
Pause.

TEDDY: Das war nur Liebesspiel ... nehme ich an ... weiter war das wohl nichts.

MAX: Liebesspiel? Zwei volle Stunden? Das ist aber verflucht lange für Liebesspiel.

LENNY: Ich glaube, wir brauchen uns in der Beziehung keine Sorgen zu machen, Papa.

MAX: Woher willst du das wissen?

LENNY: Ich spreche als Fachmann.

MAX: Vielleicht hast du recht. Die Zeiten haben sich geändert. Vielleicht bin ich nicht mehr ganz auf dem laufenden.

Lenny geht zu Teddy.

LENNY: Hör zu, Teddy, du könntest uns eigentlich helfen. Wenn ich dir ein paar Karten schicke, nach Amerika rüber ... weißt du, so ein paar hübsche mit einem Namen und einer Telefonnummer, sehr diskret, also, du könntest sie dort verteilen ... an verschiedene Leute, die vielleicht grade eine Reise hier herüber machen wollen. Natürlich würdest du ein paar Prozente abbekommen.

MAX: Ich meine, du brauchst ja nicht zu sagen, daß sie deine Frau ist.

LENNY: Nein, wir nennen sie anders. Dolores oder so.

MAX: Oder die Spanische Jackie.

LENNY: Nein, man muß zurückhaltender sein, Papa. Wir könnten ihr einen hübschen Namen geben ... wie Cynthia ... oder Gillan.

Pause.

JOEY: Gillian.

Pause.

LENNY: Nein, ich meine, Teddy, du mußt doch eine Menge Professoren kennen, Leiter von Instituten, solche Leute. Die kommen mal schnell auf einen Sprung herüber, wohnen im Savoy Hotel, und müssen doch irgendwo hingehen können, eine nette, ruhige Nummer schieben. Und natürlich wärst du in der Lage, ihnen vertrauliche Tips zu geben.

MAX: Klar. Du kannst ihnen die genauen Einzelheiten sagen. Du weißt doch, wie weit sie bereit ist zu geben. Inwieweit sie sich auf ihre kleinen Schrullen und Launen einläßt. Nicht wahr, Lenny? Wie viele Variationen sie im Repertoire hat. Ich meine, wenn du das nicht weißt, wer sollte es sonst wissen?

Pause.

Ich wette, keine zwei Monate und wir haben eine Warteliste.

LENNY: Du könntest unser Vertreter werden für die Vereinigten Staaten.

MAX: Selbstverständlich. Wir müssen das von internationaler Ebene aus sehen! Wenn das mal eine Weile läuft, gibt uns Pan American einen Sonderrabatt.

Pause.

TEDDY: Sie würde altern ... sehr rasch.

MAX: Nein ... nicht heutzutage! Bei dem staatlichen Gesundheitsdienst? Alt! Wie kann sie da alt werden? Sie wird sich herrlich amüsieren.

Ruth kommt die Treppe herunter. Sie ist angekleidet. Sie kommt ins Zimmer. Sie lächelt die Anwesenden an und setzt sich. Stille.

TEDDY: Ruth ... die Familie hat dich eingeladen, noch ein Weilchen zu bleiben. Als ... eine Art Gast. Wenn dir das zusagt, hab ich nichts dagegen. Wir können zu Haus ganz gut zurecht kommen ... bis du zurückkommst.

RUTH: Ach, wie nett von ihnen.

Pause.

MAX: Es ist ein Angebot, das uns vom Herzen kommt.

RUTH: Das ist aber ganz reizend von euch.

MAX: Hör mal ... es wird u n s ein Vergnügen sein.

Pause.

RUTH: Ich glaube, ich würde euch zuviel Umstände machen.

MAX: Umstände? Wovon redest du denn? Was für Umstände? Hör zu, ich werd dir was sagen. Seit die arme Jessie tot ist, nicht wahr, Sam? haben wir keine Frau im Hause gehabt. Keine einzige. In diesem Haus. Und ich sage dir auch warum. Weil ihnen das Andenken an die Mutter so kostbar war, daß jede andere Frau es ... besudelt hätte. Aber du ... Ruth ... du bist nicht nur hübsch und schön, du gehörst auch zur Familie. Du bist Blut von unserem Blut. Du gehörst hierher.

Pause.

RUTH: Ich bin ganz gerührt.

MAX: Das ist doch klar. Ich bin auch gerührt.

Pause.

TEDDY: Aber Ruth, das muß ich dir noch sagen ... du wirst dich ein bißchen ins Zeug legen müssen, wenn du bleibst. In finanzieller Hinsicht. Meinem Vater geht es nicht so gut.

RUTH *zu Max*: Das tut mir aber leid.

MAX: Nein, du brauchst nur eine Kleinigkeit beizusteuern, weiter nichts. Ein paar Pfennig. Nicht viel. Nur während wir drauf warten, daß Joey ein berühmter Boxer wird. Wenn Joey berühmt ist ... na ... na dann ...

Pause.

TEDDY: Du kannst auch mit mir nach Hause kommen.

LENNY: Wir besorgen dir eine Wohnung.

Pause.

RUTH: Eine Wohnung?

LENNY: Ja.

RUTH: Wo?

LENNY: In der Stadt.

Pause.

Aber wohnen würdest du hier bei uns.

MAX: Klar würdest du hier wohnen. Hier würde dein Heim sein. Am Busen der Familie.

LENNY: Du brauchst nur abends auf ein paar Stunden in die Wohnung rüber, mehr nicht.

MAX: Nur auf ein paar Stunden, mehr nicht. Mehr nicht.

LENNY: Und damit verdienst du genug Geld, um hier auszukommen.

Pause.

RUTH: Wieviel Zimmer soll diese Wohnung haben?

LENNY: Nicht viele.

RUTH: Ich brauche mindestens drei Zimmer mit Bad.

LENNY: Drei Zimmer mit Bad würdest du nicht brauchen.

MAX: Sie braucht ein Badezimmer.

LENNY: Aber nicht drei Zimmer.

Pause.

RUTH: Doch, die brauche ich. Wirklich.

LENNY: Zwei genügen.

RUTH: Nein, zwei genügen nicht.

Pause.

Ich brauch ein Zimmer zum Ankleiden, ein Zimmer zum Ausruhen und ein Schlafzimmer.

Pause.

LENNY: Also gut, wir besorgen dir eine Wohnung mit drei Zimmern und Bad.

RUTH: Und welchem Komfort?

LENNY: Mit allem Komfort.

RUTH: Mit Zimmermädchen?

LENNY: Natürlich.

Pause.

Für den Anfang würden wir dich finanzieren, und wenn du dann etabliert bist, könntest du uns das Geld zurückzahlen, in Raten.

RUTH: Ach nein, damit wäre ich nicht einverstanden.

LENNY: So, warum nicht?

RUTH: Ihr müßtet die ursprünglichen Auslagen einfach als Kapitalanlage betrachten.

Pause.

LENNY: Aha. Also gut.

RUTH: Und die Garderobe stellt ihr natürlich?

LENNY: Wir sorgen für alles. Für alles, was du brauchst.

RUTH: Ich brauche furchtbar viel. Sonst fühle ich mich nicht wohl.

LENNY: Du würdest alles haben.

RUTH: Selbstverständlich würde ich eine Liste aufstellen wollen, von allem, was ich brauche, und die müßtet ihr in Gegenwart von Zeugen unterschreiben.

LENNY: Selbstverständlich.

RUTH: Alle Einzelheiten der Abmachung und die Anstellungsbedingungen müssen zu unserer beiderseitigen Zufriedenheit geklärt sein, bevor der Kontrakt unterschrieben wird.

LENNY: Selbstverständlich.

Pause.

RUTH: Es könnte ein ganz praktisches Übereinkommen sein.

LENNY: Das glaube ich auch.

MAX: Und du würdest den ganzen Tag über natürlich frei haben. Du könntest hier ein bißchen kochen, wenn du Lust hast.

LENNY: Die Betten machen.

MAX: Das Haus ein bißchen saubermachen.

TEDDY: Allen Gesellschaft leisten.

Sam kommt nach vorn.

SAM *in einem Atemzug*: MacGregor hat Jessie genommen hinten in meinem Taxi, während ich gefahren bin.

Er stöhnt und bricht zusammen. Er liegt reglos. Sie schauen ihn an.

MAX: Was macht er denn? Tot hingefallen?

LENNY: Ja.

MAX: Eine Leiche? Eine Leiche auf meinem Fußboden? Raus mit ihm! Schafft ihn hier raus!

Joey beugt sich über Sam.

JOEY: Er ist nicht tot.

LENNY: Er war wahrscheinlich tot, etwa dreißig Sekunden lang.

MAX: Nicht mal tot ist er!

Lenny schaut auf Sam herunter.

LENNY: Ja, er atmet noch etwas.

MAX *auf Sam deutend*: Weißt du, was dieser Mensch hatte?

LENNY: Hat.

MAX: Hat! Eine schmutzige Phantasie.

Pause.

RUTH: Ja, euer Vorschlag hört sich ganz verlockend an.

MAX: Wollen wir uns jetzt schon die Hand darauf geben, oder erst später?

RUTH: Ach, wir warten bis später.

Teddy steht auf. Er blickt auf Sam hinunter.

TEDDY: Ich wollte ihn bitten, mich zum Flugplatz zu fahren.

Er geht zu den Koffern und nimmt einen.

Ich lasse deinen Koffer hier, Ruth. Ich werde die Straße rauf zur Untergrundbahn gehen.

MAX: Hör mal, wenn du in der anderen Richtung gehst, die erste links, dann die erste rechts, erinnerst du dich noch, da findest du vielleicht ein Taxi.

TEDDY: Ja, das kann ich machen.

MAX: Oder du nimmst die Untergrund bis nach Piccadilly Circus, dauert nur zehn Minuten, und von dort ein Taxi zum Flugplatz.

TEDDY: Ja, das werde ich wahrscheinlich machen.

MAX: Aber dafür verlangen sie doppelten Fahrpreis. Sie rechnen dir die Rückfahrt an. Es sind mehr als sechs Meilen.

TEDDY: Ja. Also, tschüs, Papa. Gib gut acht auf dich.

Sie geben einander die Hand.

MAX: Danke schön, mein Sohn. Hör mal, ich will dir was sagen. Es war wundervoll, dich wiederzusehen.

Pause.

TEDDY: Es war wundervoll, dich wiederzusehen.

MAX: Haben deine Buben schon von mir gehört? Wie? Würden sie gern ein Foto von ihrem Großvater haben, was meinst du?

TEDDY: Ja, sicher.

Max holt seine Brieftasche hervor.

MAX: Hier hab ich eins. Hier. Augenblick mal. Da hast du. Wird ihnen das gefallen?

TEDDY *nimmt es*: Sie werden begeistert sein.

Er wendet sich an Lenny.

Auf Wiedersehen, Lenny.

Sie schütteln einander die Hände.

LENNY: Tschüs, Ted. Schön, daß du da warst. Gute Reise.

TEDDY: Tschüs, Joey.

Joey rührt sich nicht.

JOEY: Tschüs.

Teddy geht zur Haustür.

RUTH: Eddie.

Teddy wendet sich um.

Laß mal von dir hören.

Teddy geht hinaus, schließt die Tür hinter sich. Stille. Die drei Männer verharren. Ruth sitzt entspannt im Sessel. Sam liegt reglos. Joey geht langsam durch das Zimmer. Er kniet neben dem Sessel nieder. Sie berührt leicht seinen Kopf. Er legt seinen Kopf in ihren Schoß. Max beginnt, hinter den beiden auf und ab zu gehen. Lenny steht reglos. Max wendet sich an Lenny.

MAX: Ich bin wohl zu alt. Sie glaubt, ich bin ein alter Mann.

Pause.

Ich bin gar nicht so alt.

Pause.

Zu Ruth:

Denkst du, ich bin zu alt für dich?

Pause.

Hör zu. Glaubst du, du verbringst die ganze Zeit nur mit dem großen Klotz da? Glaubst du, du hast nur ihn ... du hast nur ihn die

ganze Zeit? Du wirst arbeiten müssen! Du mußt nehmen, wer gerade kommt, ist dir das klar?
Pause.
Begreift sie das?
Pause.
Lenny, glaubst du, sie begreift ...
Er beginnt zu stammeln.
Was ... was ... was ... wir im Sinn haben? Was ... wir beabsichtigen? Ist ihr das klar?
Pause.
Ich glaube, ihr ist das nicht ganz klar.
Pause.
Weißt du, was ich meine? Hör mal, ich hab das komische Gefühl, sie wird uns reinlegen, willst du wetten: Sie wird uns ausnutzen, ausnutzen wird sie uns, das sag ich dir! Ich hab einen Riecher! Willst du wetten?
Pause.
Sie wird sich nicht ... anpassen!
Er fällt auf die Knie, wimmert, beginnt zu stöhnen und zu schluchzen. Er hört auf zu schluchzen, kriecht an Sams Körper vorbei um ihren Sessel herum, auf die andere Seite.
Ich bin nicht alt.
Er blickt zu ihr auf.
Hörst du?
Er hebt sein Gesicht zu ihr empor.
Küß mich.
Sie streichelt weiter Joeys Kopf. Lenny schaut reglos zu.
Vorhang.

Betrogen

Personen

EMMA
JERRY
ROBERT

EIN KELLNER

1977 ist Emma 38
Jerry und Robert sind 40

1977

Szene 1

Kneipe. 1977. Frühling.
Zwölf Uhr mittags.
Emma sitzt an einem Ecktisch. Jerry kommt mit Getränken, ein Glas Bier für sich, ein Glas Wein für sie. Er setzt sich. Sie lächeln, trinken einander schweigend zu.
Er lehnt sich zurück und mustert sie dabei.

JERRY: Also...
EMMA: Wie geht's dir?
JERRY: Okay.
EMMA: Du siehst gut aus.
JERRY: Na, so gut geht's mir auch wieder nicht.
EMMA: Wieso – wo fehlt's denn?
JERRY: Kater.
Er hebt sein Glas:
Zum Wohl.
Er trinkt.
Wie geht's dir selber?
EMMA: Ausgezeichnet.
Sie schaut sich in der Bar um. Dann kehrt ihr Blick zu ihm zurück.
Ganz wie in alten Zeiten.
JERRY: Mmm. Lange her.
EMMA: Ja.
Pause.
Neulich habe ich an dich gedacht.
JERRY: Großer Gott. Warum?
Sie lacht.
Warum?
EMMA: Na ja. Es ist eben manchmal ganz schön, zurückzudenken, nicht wahr?
JERRY: Unbedingt.
Pause.
Wie geht es denn so?
EMMA: Ach, nicht schlecht.
Pause.
Weißt du eigentlich, wie lange wir uns nicht gesehen haben?
JERRY: Also, ich war damals bei dieser Vernissage. Wann war das gleich?
EMMA: Nein, das meine ich nicht.

JERRY: Ach, du meinst, wir allein?
EMMA: Ja.
JERRY: Hmm...
EMMA: Vor zwei Jahren.
JERRY: Ja, würde ich auch denken, hm.
Pause.
EMMA: Lange her.
JERRY: Ja, lange.
Pause.
Wie läuft es denn? Die Galerie?
EMMA: Was glaubst denn du, wie es läuft?
JERRY: Gut. Sehr gut. Würde ich sagen.
EMMA: Freut mich, daß du das glaubst. Und außerdem stimmt es. Es macht mir Spaß.
JERRY: Komisches Volk, diese Maler, was?
EMMA: So komisch sind sie auch wieder nicht.
JERRY: Sind sie nicht? Schade.
Pause.
Wie geht's Robert?
EMMA: Wann hast du ihn zuletzt gesehen?
JERRY: Seit Monaten nicht mehr. Weiß auch nicht wieso. Warum?
EMMA: Wieso warum?
JERRY: Warum fragst du, wann ich ihn zuletzt gesehen habe?
EMMA: Halt nur so. Was macht Sam?
JERRY: Du meinst Judith?
EMMA: Meinst du?
JERRY: Immer schön formell. Ich erkundige mich nach deinem Mann, du dich nach meiner Frau.
EMMA: Ja, natürlich. Wie geht's deiner Frau?
JERRY: Okay.
Pause.
EMMA: Sam muß jetzt – schon groß sein.
JERRY: Ja, groß ist er. Ziemlich groß. Läuft eine Menge. Guter Langstrekkenläufer. Er will Zoologie studieren.
EMMA: Ach was? Find ich gut. Und Sarah?
JERRY: Sie ist zehn.
EMMA: Nein! Aber das muß sie wohl sein.
JERRY: Muß sie wohl sein.
Pause.
Ned ist fünf. Nicht wahr?
EMMA: Du hast nicht vergessen.
JERRY: Wie sollte ich das vergessen.
Pause.
EMMA: Ja.

Pause.

Dir geht's also gut?

JERRY: Oh... ja, klar.

Pause.

EMMA: Denkst du je an mich?

JERRY: Ich brauche nicht an dich zu denken.

EMMA: Ah?

JERRY: Ich brauche nicht an dich zu d e n k e n.

Pause.

Jedenfalls bin ich okay. Wie steht's mit dir?

EMMA: Fein, eigentlich. Okay.

JERRY: Du siehst blendend aus.

EMMA: Wirklich? Danke. Ich freue mich, dich zu sehen.

JERRY: Ich auch. Ich meine, dich zu sehen.

EMMA: Denkst du manchmal an mich?

JERRY: Manchmal schon.

Pause.

Neulich habe ich Charlotte gesehen.

EMMA: Nein? Wo denn? Sie hat nichts davon erwähnt.

JERRY: Sie hat mich nicht gesehen. Auf der Straße.

EMMA: Aber du hast sie seit Jahren nicht mehr gesehen.

JERRY: Ich hab sie gleich erkannt.

EMMA: Das überrascht mich. Wieso eigentlich?

JERRY: Eben so.

EMMA: Wie sah sie denn aus?

JERRY: Ganz du.

EMMA: Wie fandst du sie wirklich?

JERRY: Ich fand sie einfach hinreißend.

EMMA: Ja. Sie ist sehr... Sie ist schon toll. Sie ist dreizehn.

Pause.

Erinnerst du dich an damals... o Gott, es war... als du sie hochgehoben, in die Luft geworfen und wieder aufgefangen hast.

JERRY: Sie war leicht wie eine Feder.

EMMA: Sie erinnert sich noch daran, weißt du.

JERRY: Wirklich?

EMMA: Hm. Wie du sie in die Luft gewirbelt hast.

JERRY: Was für ein Gedächtnis.

Pause.

Sie weiß nichts... von uns, was?

EMMA: Natürlich nicht. Sie erinnert sich einfach an dich als einen alten Freund.

JERRY: Richtig. *Pause.*

Ja, an dem Tag waren alle dabei: dein Mann, meine Frau, sämtliche Kinder. Ich weiß das noch.

EMMA: An welchem Tag?
JERRY: Als ich sie in die Luft geschleudert habe. Das war in deiner Küche.
EMMA: Es war in deiner Küche.
Schweigen.
JERRY: Liebling.
EMMA: Sag das nicht.
Pause.
Das alles ...
JERRY: Scheint so lange her.
EMMA: Wirklich?
JERRY: Dasselbe?
Er nimmt die Gläser und geht zum Ausschank. Sie sitzt still da. Er kommt mit Getränken zurück und setzt sich wieder.
EMMA: Ich habe kürzlich an dich gedacht.
Pause.
Ich fuhr durch Kilburn. Plötzlich merkte ich, wo ich war. Ich hielt einfach an, und dann fuhr ich die Kinsale Drive entlang und bog in die Wessex Grove ein. Ich fuhr am Haus vorbei und hielt dann vierzig Meter weiter an, so wie wir es früher gemacht haben. Weißt du noch?
JERRY: Ja.
EMMA: Kamen gerade Leute aus dem Haus heraus. Sie gingen die Straße entlang.
JERRY: Was für Leute?
EMMA: Ach ... junge Leute. Dann bin ich ausgestiegen und die Stufen hinaufgegangen. Ich habe die Klingeln angeschaut, weißt du, die Namen an den Klingeln. Ich habe unseren Namen gesucht.
Pause.
JERRY: Green.
Pause.
War nicht mehr da, was?
EMMA: Nein.
JERRY: Na, schließlich sind wir auch nicht mehr da. Seit Jahren nicht mehr.
EMMA: Nein, sind wir auch nicht mehr.
Pause.
JERRY: Ich höre, du siehst Casey ab und zu.
EMMA: Was?
JERRY: Casey. Ich habe nur gehört, daß du ... ihn ab und zu siehst.
EMMA: Wer hat dir das gesagt?
JERRY: Ach ... Leute ... halt Gerede.
EMMA: Großer Gott.
JERRY: Das Komische daran war, daß es mich nur irritiert hat. Ich meine irritiert, daß niemand über uns so gequatscht hat, damals. Ich hätte beinahe gesagt, nun hör mal, vielleicht nimmt sie gelegentlich einen Drink mit Casey. Wennschon, aber sie und ich hatten sieben Jahre lang ein

Verhältnis miteinander und keiner von euch Scheißkerlen hatte auch nur die geringste Ahnung davon.

Pause.

EMMA: Bist du da so sicher? Ich würde mich nicht wundern, wenn alle es die ganze Zeit gewußt hätten.

JERRY: Ach was. Wir haben es glänzend hingekriegt. Niemand hat was gewußt. Wer ging schon damals nach Kilburn? Nur du und ich.

Pause.

Wie dem auch sei, was ist nun eigentlich zwischen dir und Casey?

EMMA: Was soll denn schon sein?

JERRY: Na, was habt ihr denn miteinander?

EMMA: Wir treffen uns gelegentlich zu einem Drink.

JERRY: Ich dachte, du schätzt seine Bücher gar nicht besonders.

EMMA: Inzwischen habe ich meine Meinung darüber geändert oder seine Bücher haben sich geändert. Bist du etwa eifersüchtig?

JERRY: Worauf denn?

Pause.

Ich kann gar nicht eifersüchtig auf Casey sein. Ich bin ja sein Agent. Ich habe ihm bei seiner Scheidung geholfen. Ich lese alle seine Manuskripte. Ich habe deinen Mann dazu überredet, seinen ersten Roman zu veröffentlichen. Ich bringe ihn nach Oxford, damit er dort vor den Studenten spricht. Er ist... eben meine Entdeckung. Ich habe ihn entdeckt, als er noch Lyrik schrieb, und das ist verdammt lange her.

Pause.

Er hat mich sogar nach Southampton runtergeschleppt, um mich seinen Eltern vorzustellen. Wie könnte ich da eifersüchtig auf Casey sein. Und außerdem haben wir ja auch gegenwärtig nichts miteinander, nicht wahr? Schließlich haben wir uns seit Jahren nicht gesehen. Wirklich, ich bin sehr glücklich, wenn du glücklich bist.

Pause.

Wie steht's mit Robert?

Pause.

EMMA: Also... Ich glaube, wir werden uns trennen.

JERRY: Oh?

EMMA: Wir hatten ein langes Gespräch... gestern nacht.

JERRY: Gestern nacht?

EMMA: Weißt du, was ich herausgefunden habe? ... gestern nacht? Er hat mich seit Jahren betrogen. Er hat... seit Jahren Weibergeschichten gehabt.

JERRY: Nein? Großer Gott.

Pause.

Aber wir haben ihn jahrelang betrogen.

EMMA: Und er hat mich jahrelang betrogen.

JERRY: Also das habe ich nicht geahnt.

EMMA: Ich auch nicht.

Pause.

JERRY: Weiß Casey davon?

EMMA: Nenn ihn doch nicht immer Casey. Er heißt Roger.

JERRY: Ja, Roger.

EMMA: Ich habe dich angerufen. Ich weiß auch nicht warum.

JERRY: Komisch. Wir waren so eng befreundet – das waren wir doch? Robert und ich, selbst wenn ich ihn seit ein paar Monaten nicht gesehen habe, aber die ganzen Jahre lang all die Drinks, all die Lunchs… die wir zusammen hatten; nie wäre ich auf den Gedanken gekommen… nie hätte ich vermutet… daß es da noch jemanden gab… in seinem Leben außer dir. Nie. Wenn du zum Beispiel mit jemandem in einer Kneipe bist oder in einem Restaurant, zum Beispiel, da geht er doch von Zeit zu Zeit mal pinkeln, nicht wahr? Tun wir doch alle. Aber ich meine, wenn er heimlich statt dessen telefonieren geht, dann spürt man es irgendwie, weißt du, man kann das Pieppieppiep direkt spüren. Also mit Robert war das nie so. Bei Robert hab ich nie das Gefühl gehabt. Er hat nie irgendein Pieppieppiep-Telefonat geführt, wenn ich mit ihm zusammen war. Das Komische daran ist, daß ich es war, der die Piep-piep-Telefonate geführt hat, mit dir, wenn ich ihn sich an der Bar vollaufen ließ. Das ist das Allerkomischste.

Pause.

Wann hat er dir das alles erzählt?

EMMA: Gestern nacht. Ich glaube, wir waren die ganze Nacht auf.

Pause.

JERRY: Ihr habt die ganze Nacht miteinander gesprochen?

EMMA: Ja. Ja doch.

Pause.

JERRY: Von mir war nicht die Rede, oder?

EMMA: Was?

JERRY: Ich hab nur –

EMMA: Ich habe nur mit dir telefoniert heute morgen, weißt du, das ist alles, weil ich… weil wir alte Freunde sind… Ich bin die ganze Nacht aufgewesen… Es ist alles aus… Ich hatte plötzlich den Wunsch, dich zu sehen.

JERRY: Also hör mal. Ich bin froh, dich zu sehen. Wirklich. Es tut mir leid… wegen…

EMMA: Erinnerst du dich? Ich meine, du erinnerst dich doch?

JERRY: Gewiß erinnere ich mich.

Pause.

EMMA: Du konntest dir eigentlich Wessex Grove nicht leisten, als wir uns dort einmieteten, war es nicht so?

JERRY: Oh, Liebe findet immer einen Weg.

EMMA: Ich habe die Vorhänge gekauft.

JERRY: Du hast eben einen Weg gefunden.

EMMA: Hör mal, ich hab dich nicht aus Nostalgie sehen wollen. Was soll's denn auch. Ich wollte nur sehen, wie es dir geht. Wirklich. Wie geht es dir?

JERRY: Das ist doch ohne Belang.

Pause.

Du hast also Robert letzte Nacht nichts von mir erzählt?

EMMA: Ich mußte.

Pause.

Er hat mir alles erzählt. Ich habe ihm alles erzählt. Wir waren die ganze Nacht... auf. Dann kam Ned irgendwann herunter. Ich mußte ihn wieder hinaufbringen, mußte ihn wieder zu Bett bringen. Dann bin ich wieder heruntergegangen. Ich glaube, unsere Stimmen haben ihn aufgeweckt. Du weißt...

JERRY: Du hast ihm alles erzählt?

EMMA: Ich mußte.

JERRY: Du hast ihm alles erzählt... über uns?

EMMA: Ich mußte.

Pause.

JERRY: Aber er ist mein ältester Freund. Schließlich habe ich seine eigene Tochter in meinen eigenen Armen hochgewirbelt und wieder aufgefangen, in meiner Küche. Er hat mir dabei zugesehen.

EMMA: Was macht das schon. Es ist alles vorbei.

JERRY: Ist es das? Was denn?

EMMA: Alles. Alles ist vorbei.

Sie trinkt.

1977

später

Szene 2

Jerrys Arbeitszimmer. 1977. Frühling.
Jerry sitzt. Robert steht, ein Glas in der Hand.

JERRY: Nett, daß du gleich gekommen bist.
ROBERT: Aber ich bitte dich.
JERRY: Doch, doch. Ich weiß, es war nicht so einfach für dich... ich weiß... die Kinder...
ROBERT: Schon gut. Ich nahm an, es sei dringend.
JERRY: Na ja... du hast jemanden gefunden, nicht wahr?
ROBERT: Was?
JERRY: Für die Kinder.
ROBERT: Ja, ja. Laß schon. Alles in bester Ordnung. Außerdem ist Charlotte kein Baby mehr.
JERRY: Nein.
Pause.
Willst du dich nicht setzen?
ROBERT: Ja – tue ich. Ja, gleich.
Pause.
JERRY: Judith ist im Krankenhaus... hat Nachtdienst. Die Kinder sind... hier.
ROBERT: Hm. Hm.
JERRY: Ich muß dich sprechen. Es ist wichtig.
ROBERT: Schieß los.
JERRY: Ja.
Pause.
ROBERT: Du siehst angegriffen aus.
Pause.
Wo fehlt's denn?
Pause.
Doch nicht wegen dir und Emma, oder?
Pause.
Ich weiß das alles.
JERRY: Ja. Das hat man... mir gesagt.
ROBERT: Ah. *Pause.*
Na also, so wichtig ist das ja nicht, oder? Liegt schon Jahre zurück, nicht wahr?

JERRY: Es ist aber wichtig. –
ROBERT: Tatsächlich? Warum?
Jerry steht auf und geht herum.
JERRY: Ich dachte, ich würde verrückt.
ROBERT: Wann?
JERRY: Heute abend. Eben jetzt. Ob ich dich anrufen sollte. Ich mußte dich anrufen. Ich habe... zwei Stunden gebraucht, bis ich es über mich brachte. Und dann warst du mit den Kindern... Ich dachte, ich könnte dich nicht sehen... Ich dachte, ich würde verrückt. Ich bin dir sehr dankbar... daß du gekommen bist.
ROBERT: Ach, nun hör schon auf! Laß endlich hören, was du zu sagen hast.
Pause.
JERRY: Ich weiß nicht, warum sie es dir erzählt hat. Ich weiß nicht, was sie dazu gebracht hat, dir davon zu erzählen. Ich verstehe es einfach nicht. Hör mal, ich weiß, du hast... also, ich habe sie heute gesehen... Wir hatten einen Drink zusammen. Ich habe sie seit Jahren nicht... weißt du, sie hat mir erzählt, daß es zwischen euch Ärger gegeben hat... und so weiter. Ich weiß das. Ich meine, es tut mir leid.
ROBERT: Braucht dir nicht leid zu tun.
JERRY: Wieso nicht?
Pause.
Wie gesagt, ich verstehe nicht... warum sie es für nötig gehalten hat... nach all den Jahren... dir davon zu erzählen... plötzlich so... gestern nacht...
ROBERT: Gestern nacht?
JERRY: Ohne mich vorher zu fragen. Ohne mir auch nur einen Wink zu geben. Schließlich sind wir beide...
ROBERT: Sie hat mir nicht gestern nacht davon erzählt.
JERRY: Wie soll ich das verstehen?
Pause.
Ich weiß, was sich gestern nacht abgespielt hat. Sie hat mir davon erzählt. Ihr seid die ganze Nacht aufgewesen, nicht wahr?
ROBERT: Stimmt.
JERRY: Und sie hat dir erzählt... gestern nacht... daß sie und ich... oder etwa nicht?
ROBERT: Nein, hat sie nicht. Sie hat mir gestern nacht nichts von euch beiden erzählt. Sie hat mir vor vier Jahren von euch beiden erzählt.
Pause.
Deshalb brauchte sie mir auch gestern nacht nichts von euch zu erzählen. Weil ich es ja schon wußte. Und sie wußte, daß ich es wußte, weil sie es mir vor vier Jahren selbst erzählt hat.
Schweigen.
JERRY: Was?
ROBERT: Ich glaube, ich setze mich lieber.

Er nimmt Platz.
Ich dachte, du wußtest es.

JERRY: Wußte was?

ROBERT: Daß ich wußte. Daß ich es seit Jahren wußte. Ich dachte, du wußtest das.

JERRY: Du dachtest, ich wußte?

ROBERT: Sie sagte, du wußtest es nicht. Aber ich habe ihr das nicht abgenommen.
Pause.
Wie dem auch sei. Ich dachte, du wußtest es. Aber du sagst, du wußtest es nicht?

JERRY: Sie hat es dir erzählt... wann?

ROBERT: Also, ich bin dahintergekommen. So war es. Ich habe ihr erzählt, daß ich dahintergekommen sei und dann hat sie... es bestätigt... die Fakten.

JERRY: Wann?

ROBERT: Oh, das ist schon lange her, Jerry.
Pause.

JERRY: Aber wir waren doch oft zusammen, wir beide, so oft... in den letzten vier Jahren. Wir haben zusammen geluncht.

ROBERT: Aber nie Squash zusammen gespielt.

JERRY: Ich war dein bester Freund.

ROBERT: Ja, natürlich, gewiß.
Jerry starrt ihn an und stützt dann den Kopf in seine Hände.
Ach, reg dich nicht auf. Es lohnt sich nicht.
Schweigen.
Jerry richtet sich auf.

JERRY: Warum hat sie es mir bloß nicht erzählt?

ROBERT: Ja, das mußt du mich nicht fragen, alter Junge.

JERRY: Warum hast du es mir nicht erzählt?
Pause.

ROBERT: Ich dachte, du wüßtest es vielleicht.

JERRY: Aber du warst nicht s i c h e r, nicht wahr? Du wußtest es n i c h t!

ROBERT: Nein.

JERRY: Warum hast du es mir dann nicht erzählt?
Pause.

ROBERT: Was erzählt?

JERRY: Daß du wußtest, du Scheißkerl.

ROBERT: Oh, nenne mich nicht Scheißkerl, Jerry.
Pause.

JERRY: Was machen wir jetzt bloß?

ROBERT: Du und ich, wir machen gar nichts. Meine Ehe ist hin. Ich muß die nötigen Anstalten treffen, das ist alles. Wegen der Kinder.
Pause.

JERRY: Du bist nicht etwa auf den Gedanken gekommen, es Judith zu erzählen?

ROBERT: Judith was erzählen? Oh, über dich und Emma. Meinst du, sie wußte nichts davon? Bist du da ganz sicher?
Pause.
Nein, ich bin tatsächlich nicht auf den Gedanken gekommen, es Judith zu erzählen. Du verstehst anscheinend nicht. Du scheinst nicht zu verstehen, daß mich die ganze Sache einen Dreck schert. Es stimmt zwar, ich habe Emma ein paarmal geschlagen. Aber nicht, weil ich ein Prinzip verteidigen wollte. Irgendein moralischer Gesichtspunkt hat mich dabei nicht inspiriert. Ich hatte einfach Lust, ihr eine ordentliche Tracht Prügel zu versetzen. Der alte Trieb ... Du verstehst schon.
Pause.

JERRY: Aber du hast sie jahrelang betrogen, oder etwa nicht?

ROBERT: O ja.

JERRY: Und sie hat nichts davon gewußt, oder?

ROBERT: Nicht davon gewußt?
Pause.

JERRY: Ich jedenfalls nicht.

ROBERT: Nein, du hast überhaupt nicht viel gewußt, was, oder?
Pause.

JERRY: Nein.

ROBERT: Doch, du hast.

JERRY: Doch, ich habe. Ich habe schließlich mit ihr gelebt.

ROBERT: Ja. An den Nachmittagen.

JERRY: Die waren manchmal ziemlich lang. Sieben Jahre.

ROBERT: Ja, bestimmt. Darüber wußtest du alles, was zu wissen war, über die sieben Jahre von Nachmittagen. Ich weiß darüber gar nichts.
Pause.
Ich hoffe, sie hat dich gut versorgt.
Schweigen.

JERRY: Früher haben wir uns gemocht.

ROBERT: Das tun wir immer noch.
Pause.
Kürzlich habe ich den alten Casey zufällig getroffen. Ich glaube, er hat was mit meiner Frau. Wir haben seit Jahren nicht mehr zusammen Squash gespielt, Casey und ich. Wir waren verdammt gute Spieler.

JERRY: Er ist dicker geworden.

ROBERT: Ja, fand ich auch.

JERRY: Er hat's geschafft.

ROBERT: Hat er das?

JERRY: Bist du nicht der Meinung?

ROBERT: In welcher Hinsicht?

JERRY: Sein Werk. Seine Bücher.

ROBERT: Oh, seine Bücher. Seine Kunst. Tja. Scheint aber doch nachzulassen, oder nicht?
JERRY: Verkauft sich immer noch gut.
ROBERT: Oh, verkauft sich sehr gut. Verkauft sich in der Tat äußerst gut. Gut für uns. Für dich und mich.
JERRY: Ja.
ROBERT: Irgend jemand hat mir erzählt – wer war's doch gleich –, muß wohl jemand aus der Werbeabteilung gewesen sein – vor ein paar Tagen –, daß, als Casey nach York geflogen ist, um sein letztes Buch zu signieren, in einer Buchhandlung, weißt du, mit Barbara Spring zusammen, weißt du, die Leute stundenlang Schlange gestanden haben, damit er ihnen sein Buch signiert. Aber nur eine alte Dame mit Hund hat sich bei Barbara Spring eingefunden, um sich ihr Buch signieren zu lassen. Wenn man mich fragt, so finde ich Barbara Spring... gut, du nicht?
JERRY: Doch.
Pause.
ROBERT: Wie dem auch sei, mit Casey sind wir beide gut dran, oder nicht?
JERRY: Sehr gut.
Pause.
ROBERT: Hast du letzthin irgendwelche guten Bücher gelesen?
JERRY: Ich habe Yeats gelesen.
ROBERT: Ah. Yeats. Ja.
Pause.
JERRY: Damals auf Torcello hast du Yeats gelesen.
ROBERT: Auf Torcello?
JERRY: Erinnerst du dich nicht? Ist Jahre her. Du bist frühmorgens allein nach Torcello gefahren. Und hast Yeats gelesen.
ROBERT: Hab ich auch. Ich hab dir das erzählt, ja.
Pause.
Ja.
Pause.
Wo fährst du diesen Sommer hin, du und die Familie?
JERRY: Zum Lake Distrikt.

1975

Szene 3

Wohnung. 1975. Winter.
Jerry und Emma.
Schweigen.

JERRY: Was willst du nun tun?
Pause.
EMMA: Ich weiß einfach nicht mehr, was wir überhaupt tun, das ist es.
JERRY: Hm.
Pause.
EMMA: Ich meine, diese Wohnung...
JERRY: Ja.
EMMA: Kannst du dich überhaupt noch erinnern, wann wir das letzte Mal hier waren?
JERRY: War es nicht im Sommer?
EMMA: So? Sommer?
JERRY: Ich weiß, es scheint –
EMMA: Es war Anfang September.
JERRY: Na ja, das ist doch Sommer, nicht wahr?
EMMA: Es war übrigens ziemlich kalt. Es war Frühherbst.
JERRY: Jetzt ist es auch ganz schön kalt.
EMMA: Wir wollten uns doch einen zweiten elektrischen Ofen kaufen.
JERRY: Ja, und den habe ich dann nie besorgt.
EMMA: Ziemlich sinnlos, ihn zu besorgen, wenn wir doch nie hier sind.
JERRY: Aber jetzt sind wir hier.
EMMA: Nicht wirklich.
Schweigen.
JERRY: Tja, es hat sich vieles geändert. Du bist so beschäftigt gewesen. Dein Job und so weiter.
EMMA: Tja, ich weiß. Aber es macht mir Spaß. Es befriedigt mich.
JERRY: Nein, das ist schon toll. Das ist großartig für dich. Aber du bist nicht –
EMMA: Wenn man eine Galerie leitet, muß man einfach da sein.
JERRY: Aber dann bist du eben nicht frei an den Nachmittagen. Oder?
EMMA: Nein.
JERRY: Wie können wir dann zusammen sein?
EMMA: Aber denk bloß daran, wie oft du im Ausland bist. Du bist nie hier.
JERRY: Aber wenn ich hier bin, bist du nicht frei an den Nachmittagen. Wie können wir da zusammen sein.

EMMA: Wir können zusammen lunchen.

JERRY: Wir können zusammen lunchen, aber wir können nicht wegen einem schnellen Lunch den ganzen Weg hierher fahren. Für so etwas bin ich einfach zu alt.

EMMA: Das habe ich auch nicht sagen wollen.

Pause.

Siehst du, früher… waren wir einfallsreich, wir waren entschlossen, es war… es schien unmöglich, sich zu treffen… unmöglich… und doch haben wir es geschafft. Wir haben uns hier getroffen, wir haben diese Wohnung gemietet, und wir haben uns in dieser Wohnung getroffen, weil wir es wollten.

JERRY: Und wenn wir es noch so sehr wollten, was heißt das schon, wenn du an den Nachmittagen nicht mehr frei bist, und ich in Amerika bin.

Schweigen.

Nachts kam das so sowieso nie in Frage, und das weißt du. Ich habe eine Familie.

EMMA: Ich habe auch eine Familie.

Pause.

JERRY: Das weiß ich nur zu gut. Vielleicht darf ich daran erinnern, daß dein Mann mein ältester Freund ist.

EMMA: Was meinst du damit?

JERRY: Ich meine gar nichts damit.

EMMA: Aber du versuchst etwas damit auszudrücken.

JERRY: Guter Gott! Ich versuche gar nichts auszudrücken. Ich habe genau das gesagt, was ich sagen wollte.

EMMA: Ah, so!

Pause.

Fest steht, daß wir früher mehr Phantasie hatten. Wir haben uns einfach eine Nacht genommen und Entsprechendes arrangiert und sind einfach in ein Hotel gegangen.

JERRY: Ja. Haben wir gemacht.

Pause.

Aber das war… hauptsächlich… bevor wir diese Wohnung hatten.

EMMA: Wir waren nicht viele Nächte zusammen… in dieser Wohnung.

JERRY: Nein.

Pause.

Eigentlich nirgendwo viele Nächte.

Schweigen.

EMMA: Kannst du dir das leisten… Monat für Monat die Wohnung zu halten?

JERRY: Oh…

EMMA: Es ist Verschwendung. Niemand kommt her. Ich kann einfach nicht ertragen, daran zu denken… leer. Tag und Nacht. Tag für Tag und Nacht für Nacht. Ich meine, das Geschirr und die Vorhänge und die

Bettlaken und all das. Und das Tischtuch, das ich aus Venedig mitgebracht habe. *Lacht:* Es ist grotesk.

Pause.

Es ist einfach... ein leeres Zuhause.

JERRY: Es ist eben kein Zuhause.

Pause.

Ich weiß... ich weiß, was du wolltest... aber es konnte doch nie... wirklich ein Zuhause sein. Du hast ein Zuhause. Ich habe ein Zuhause. Mit Vorhängen und so weiter. Und Kinder. Zwei Kinder bei dir zu Hause und bei mir zu Hause. Hier gibt es keine Kinder, und deshalb ist es auch nicht diese Art von Zuhause.

EMMA: Es war nie beabsichtigt, daß es diese Art von Zuhause sein sollte, oder?

Pause.

Du hast es nie als Zuhause angesehen, in welchem Sinne auch immer, nicht wahr?

JERRY: Nein, ich habe es als eine Wohnung angesehen... du weißt.

EMMA: Fürs Bumsen.

JERRY: Nein, für die Liebe.

EMMA: Tja, davon ist nicht viel übriggeblieben, oder?

Schweigen.

JERRY: Ich bin nicht der Meinung, daß wir uns nicht mehr lieben.

Pause.

EMMA: Ah, so.

Pause.

Was willst du anfangen mit all dem... Mobiliar?

JERRY: Was?

EMMA: Dem Zeug hier.

Schweigen.

JERRY: Du weißt, daß das ganz einfach ist, wenn wir es wirklich wollen.

EMMA: Du meinst, es für ein Butterbrot Mrs. Banks verkaufen und... und sie kann es dann als möblierte Wohnung vermieten?

JERRY: Ganz richtig. War das Bett nicht schon vorher da?

EMMA: Was?

JERRY: War es das nicht?

EMMA: Wir haben das Bett gekauft. Wir haben alles gekauft. Wir haben das Bett zusammen gekauft.

JERRY: Ah. Ja.

Sie steht auf.

EMMA: Also, du wirst dann alles arrangieren? Mit Mrs. Banks? *Pause.* Ich will davon nichts. Keinen Platz dafür, verstehst du? Ich habe ein Zuhause, mit Tischtüchern und allem, was dazugehört.

JERRY: Ich werde mit Mrs. Banks darüber sprechen. Dabei kommen schon ein paar Pfund heraus, weißt du, und...

EMMA: Nein, ich will kein Geld, besten Dank.
Schweigen.
Sie zieht den Mantel über.
Ich gehe jetzt.
Er dreht sich um und sieht zu ihr hin.
Oh, hier ist mein Schlüssel.
Nimmt den Schlüsselbund aus der Tasche, versucht den Schlüssel vom Ring zu lösen.
Himmel noch mal.
Versucht verzweifelt, den Schlüssel vom Ring zu lösen, wirft ihm den Schlüsselbund zu.
Mach du ihn ab.
Er fängt den Schlüsselbund auf und sieht sie an.
Kannst du es bitte tun? Ich muß Charlotte von der Schule abholen. Ich gehe mit ihr einkaufen.
Er nimmt den Schlüssel vom Ring.
Ist dir klar, daß es Nachmittag ist? Es ist mein freier Nachmittag in der Galerie. Deshalb bin ich hier. Wir haben Donnerstag nachmittag geschlossen. Kann ich meinen Schlüsselbund haben?
Er gibt ihn ihr.
Danke. Hör mal. Ich glaube, wir haben genau die richtige Entscheidung getroffen.
Sie geht.
Er steht einfach da.

1974

Szene 4

Das Haus von Robert und Emma. Wohnzimmer. 1974. Herbst. Robert gießt Jerry einen Drink ein. Er geht zur Tür.

ROBERT: Emma! Jerry ist hier!
EMMA *von oben*: Wer?
ROBERT: Jerry.
EMMA: Ich komme.
Robert reicht Jerry den Drink.
JERRY: Cheers.
ROBERT: Cheers. Sie bringt gerade Ned ins Bett. Ich bin überzeugt, daß er in einer Minute weg ist.
JERRY: Weg?
ROBERT: Traumland.
JERRY: Ah. Apropos, wie steht es denn mit deinem Schlaf?
ROBERT: Was?
JERRY: Schläfst du immer noch schlecht nachts? Wegen Ned, meine ich?
ROBERT: Oh, ich verstehe. Eigentlich nicht. Nein, er hat sich gebessert. Aber weißt du, was man sagt?
JERRY: Was denn?
ROBERT: Man sagt, Jungens seien schlimmer als Mädchen.
JERRY: Schlimmer?
ROBERT: Babies. Man sagt, kleine Jungens schreien mehr als kleine Mädchen.
JERRY: Stimmt das?
ROBERT: Ist das nicht auch deine Erfahrung?
JERRY: Hm... Ja, ich glaube schon. Und du?
ROBERT: Ja. Wie erklärst du dir das? Warum, glaubst du, ist das so?
JERRY: Ja also, ich vermute... Jungens sind ängstlicher.
ROBERT: Babies?
JERRY: Ja.
ROBERT: Wovor zum Teufel sollen sie denn Angst haben? In ihrem Alter? Was meinst du?
JERRY: Tja, also... vor der Welt, nehme ich an. Verlassen nicht gern den Mutterschoß, und so.
ROBERT: Aber wie ist es denn mit den kleinen Mädchen? Die müssen doch auch den Mutterschoß verlassen.
JERRY: Das stimmt. Aber es stimmt auch, daß keiner viel davon redet, daß kleine Mädchen den Mutterschoß verlassen. Oder?

ROBERT: Ich bin jedenfalls bereit, darüber zu reden.
JERRY: Ach so. Ja, was hast du denn dazu zu sagen?
ROBERT: Ich habe dir eine Frage gestellt.
JERRY: Was denn für eine?
ROBERT: Warum behauptest du, daß für Knaben das Verlassen des Mutterschoßes ein größeres Problem ist als für Mädchen?
JERRY: Habe ich so etwas behauptet?
ROBERT: Du bist sogar weitergegangen und hast behauptet, daß kleine Knaben mehr Angst vor der Welt haben als kleine Mädchen.
JERRY: Bist du denn der Meinung, daß das so ist?
ROBERT: Bin ich, ja.
Pause.
JERRY: Warum meinst du, ist das so?
ROBERT: Ich weiß keine Antwort darauf.
Pause.
JERRY: Meinst du, es hat irgend etwas mit dem Unterschied der Geschlechter zu tun?
Pause.
ROBERT: Großer Gott, wie recht du hast. Das muß es wohl sein.
Emma kommt herein.
EMMA: Hallo. Welche Überraschung.
JERRY: Ich bin mit Casey auf einen Tee zusammen gewesen.
EMMA: Wo?
JERRY: Hier gleich um die Ecke.
EMMA: Ich dachte, er wohnt... in Hampstead oder so.
ROBERT: Du bist nicht auf dem laufenden.
EMMA: Bin ich das nicht?
JERRY: Er hat Susanne verlassen. Er wohnt hier um die Ecke, allein.
EMMA: Oh.
ROBERT: Schreibt einen Roman über einen Mann, der seine Frau und drei Kinder verläßt und am anderen Ende von London allein Wohnung nimmt, um einen Roman zu schreiben über einen Mann, der seine Frau und drei Kinder verläßt –
EMMA: Ich hoffe, der ist besser als der letzte.
ROBERT: Der letzte? Ah, der letzte. War das nicht der über einen Mann, der in einem großen Haus in Hampstead lebt mit seiner Frau und drei Kindern und einen Roman schreibt –?
JERRY, *sich Emma zuwendend*: Warum mochtest du ihn nicht?
EMMA: Das hab ich dir schon gesagt.
JERRY: Ich halte ihn für das Beste, was er bisher geschrieben hat.
EMMA: Vielleicht ist er das Beste, was er geschrieben hat, aber darum ist er doch verdammt unehrlich.
JERRY: Unehrlich? Wieso unehrlich?
EMMA: Das hab ich dir eigentlich schon gesagt.

JERRY: Hast du das?

ROBERT: Ja, das hat sie. Einmal, als wir alle beim Dinner zusammensaßen, ich erinnere mich noch, du, ich, Emma und Judith – wo war's noch –, Emma hielt uns beim Pudding einen Vortrag über das Unehrliche an Casey und bezog sich dabei auf seinen letzten Roman «Ausgetrocknet». Es war höchst anregend. Judith mußte leider mittendrin aufbrechen. Sie hatte Nachtschicht im Krankenhaus. Apropos, wie geht's Judith?

JERRY: Sehr gut.

Pause.

ROBERT: Wann spielen wir denn einmal Squash?

JERRY: Du bist mir zu gut.

ROBERT: Überhaupt nicht. Ich bin gar nicht gut. Ich bin bloß fitter als du.

JERRY: Aber warum denn? Warum bist du fitter als ich?

ROBERT: Weil ich Squash spiele.

JERRY: Oh, du spielst also? Regelmäßig?

ROBERT: Hm.

JERRY: Mit wem denn?

ROBERT: Ob du es glaubst oder nicht, mit Casey.

JERRY: Mit Casey? Guter Gott. Wie spielt er denn?

ROBERT: Als Squash-Spieler ist er von brutaler Ehrlichkeit. Nein, wirklich, wir haben seit Jahren nicht mehr miteinander gespielt. Wir müssen miteinander spielen. Du warst ziemlich gut.

JERRY: Ja, ich war nicht schlecht. Also schön. Ich werde dich anrufen.

ROBERT: Ja, tu das mal.

JERRY: Wir verabreden uns dann.

ROBERT: Ausgezeichnet.

JERRY: Ja, wir müssen das unbedingt tun.

ROBERT: Und dann lade ich dich zum Lunch ein.

JERRY: Nein, nein. Ich lade dich zum Lunch ein.

ROBERT: Der Gewinner zahlt den Lunch.

EMMA: Darf ich zuschauen?

Pause.

ROBERT: Wobei?

EMMA: Warum kann ich nicht zuschauen? Und dann lade ich euch beide zum Lunch ein?

ROBERT: Hm, um ganz offen zu sein, wir hätten nicht gern eine Frau dabei, nicht wahr, Jerry? Ich meine, eine Partie Squash ist nicht bloß eine Partie Squash, sondern auch alles mögliche andere. Siehst du, erst wird gespielt und dann geht's unter die Dusche und dann wird einer gehoben. Und dann kommt der Lunch dran. Schließlich hat man sich in Schweiß gebracht. Man hat hart gekämpft. Man will einfach sein Glas Bier und seinen Lunch. Und das allerletzte, was man will, ist, daß eine Frau einen zum Lunch einlädt. Um es ganz schonungslos zu sagen, man wünscht sich eine Frau dabei Kilometer weit weg. Man will sie nicht im Squash

Court haben. Man will sie nicht im Duschraum haben, nicht in der Kneipe, nicht im Restaurant. Siehst du, beim Lunch will man dann mit seinem Freund über die Squash-Partie reden oder über Cricket oder Bücher, oder Frauen sogar. Man will einfach in aller Gemütlichkeit und ohne unliebsame Unterbrechung sich dem jeweiligen Thema widmen. So ist das genau gesehen. Was meinst du, Jerry?

JERRY: Ich habe seit Jahren nicht mehr Squash gespielt.

Pause.

ROBERT: Also laß uns nächste Woche spielen.

JERRY: Nächste Woche kann ich nicht. Ich bin in New York.

EMMA: In New York?

JERRY: Ich fliege mit einem von meinen prominenteren Autoren hin, um genau zu sein.

EMMA: Mit wem?

JERRY: Casey. Jemand will den Roman von ihm verfilmen, den du nicht magst. Wir fliegen hinüber, um das zu besprechen. Wir hatten die Wahl, hinüberzufliegen oder die kommen zu lassen. Casey meinte, daß er einen kleinen Abstecher verdient habe.

EMMA: Und du?

JERRY: Was?

EMMA: Hast du auch einen kleinen Abstecher verdient?

ROBERT: Nimmst du Judith mit?

JERRY: Nein. Er kann nicht allein rüberfliegen. Wir müssen die Partie Squash verschieben, bis ich zurück bin. In einer Woche oder spätestens zehn Tagen.

ROBERT: Ausgezeichnet.

JERRY *zu Emma gewandt*: Auf bald dann. Danke für den Drink.

EMMA: Auf bald.

Robert und Jerry gehen. Sie steht still da. Robert kommt zurück. Er küßt sie. Sie erwidert den Kuß. Sie macht sich frei von ihm, lehnt den Kopf an seine Schulter, weint still vor sich hin. Er nimmt sie in seine Arme.

1973

Szene 5

Hotelzimmer. Venedig. 1973. Sommer.
Emma liegt auf dem Bett und liest.
Robert sieht aus dem Fenster. Sie blickt zu ihm auf, wendet sich dann wieder dem Buch zu.

EMMA: Morgen fahren wir nach Torcello, nicht wahr?
ROBERT: Was?
EMMA: Wir fahren morgen nach Torcello, nicht wahr?
ROBERT: Ja. Richtig.
EMMA: Ich freue mich darauf.
ROBERT: Hm.
EMMA: Ich kann's kaum erwarten.
Pause.
ROBERT: Gutes Buch?
EMMA: Hm. Ja.
ROBERT: Was ist es denn?
EMMA: Dieser neue Roman. Dieser Spinks.
ROBERT: Oh, der. Jerry hat kurz davon gesprochen.
EMMA: Jerry? Hat er das?
ROBERT: Er hat mir letzte Woche beim Lunch kurz davon erzählt.
EMMA: Tatsächlich? Mag er ihn?
ROBERT: Spinks ist einer von seinen Autoren. Er hat ihn entdeckt.
EMMA: Oh, das wußte ich nicht.
ROBERT: Ein Manuskript, das einfach mit der Post kam.
Pause.
Du findest ihn gut, oder nicht?
EMMA: Ja, ich finde ihn gut. Er macht mir ausgesprochen Spaß.
ROBERT: Jerry findet ihn auch gut. Warum lunchst du nicht mal mit uns, dann könnten wir uns darüber unterhalten.
EMMA: Ist das unbedingt nötig?
Pause.
So gut ist er auch wieder nicht.
ROBERT: Willst du damit sagen, daß er für dich nicht gut genug ist, um mit Jerry und mir beim Lunch darüber zu sprechen?
EMMA: Also, was soll das nun wieder heißen?
ROBERT: Ich muß ihn selbst erst wieder lesen. Jetzt ist er als gebundenes Buch erschienen.
EMMA: Wieder?

ROBERT: Jerry wollte, daß wir ihn veröffentlichen.
EMMA: Oh. Tatsächlich?
ROBERT: Ja, natürlich. Na, ich hab ihn jedenfalls abgelehnt.
EMMA: Warum?
ROBERT: Oh... dazu ist nicht viel zu sagen, wirklich, oder?
EMMA: Was, meinst du, ist eigentlich das Thema des Romans?
ROBERT: Ehebruch.
EMMA: Aber nein.
ROBERT: Nein? Was dann?
EMMA: Ich habe ihn noch nicht zu Ende gelesen. Später kann ich es dir dann sagen.
ROBERT: Schön, das tu mal.

Pause.

Aber natürlich, vielleicht spreche ich überhaupt von einem ganz anderen Roman.

Schweigen.

Übrigens bin ich gestern im American Express gewesen.

Sie blickt zu ihm auf.

EMMA: Oh?
ROBERT: Ja. Ich wollte ein paar Traveller-Schecks einlösen. Dort kriegt man einen besseren Kurs, weißt du, als hier im Hotel.
EMMA: Oh, tatsächlich?
ROBERT: O ja. Übrigens lag dort ein Brief für dich. Sie fragten mich, ob ich mit dir verwandt sei, und ich sagte ja. Daraufhin haben sie mich gefragt, ob ich den Brief mitnehmen möchte. Ich meine, sie haben ihn mir ausgehändigt. Aber ich sagte nein, ich will ihn dalassen. Hast du ihn bekommen?
EMMA: Ja.
ROBERT: Vermutlich bist du gestern abend da vorbeigegangen, als du einkaufen warst?
EMMA: Ganz richtig.
ROBERT: Na schön, ich bin froh, daß du ihn hast.

Pause.

Um ganz offen zu sein, ich war ziemlich erstaunt, daß sie ihn mir aushändigen wollten. So etwas wäre in England unmöglich. Aber diese Italiener... Sorglos und unbekümmert. Ich meine, bloß weil ich Downs heiße und du Downs heißt, steht doch nicht fest, daß wir Mr. und Mrs. Downs sind. Was sie in ihrer fröhlich mediterranen Art voraussetzten. Wir könnten doch durchaus und mit sehr viel mehr Wahrscheinlichkeit einander fremd sein. Nehmen wir mal an, ich, den sie lächelnd für deinen Mann halten, hätte den Brief an mich genommen mit der Erklärung, ich sei dein Mann, wäre aber in Wahrheit ein völlig Fremder und öffnete den Brief und läse ihn einfach so aus purer Neugierde, um ihn dann in einen Kanal zu werfen, auf die Weise hättest du den Brief nie erhalten und wärst um dein legales Recht gekommen, deine eigene Post zu öffnen, und das alles wegen diesem venezianischen «Je m'en foutismé». Ich hätte Lust, an den Dogen von Venedig zu schreiben.

Pause.

Übrigens war es genau der Gedanke, daß ich ebensogut ein ganz Fremder sein könnte, der mich davon abgehalten hat, dir den Brief mitzubringen.

Pause.

Was sie freilich nicht wußten und auch nicht gut wissen konnten, war, daß ich eben doch dein Mann bin.

EMMA: Eine liederliche Bande.

ROBERT: Aber mit mediterranem Lächeln.

Pause.

EMMA: Er war von Jerry.

ROBERT: Ja, ich habe seine Handschrift erkannt.

Pause.

Wie geht's ihm?

EMMA: Okay.

ROBERT: Gut. Und Judith?

EMMA: Fein.

Pause.

ROBERT: Was machen die Kinder?

EMMA: Ich glaube, er hat sie gar nicht erwähnt.

ROBERT: Dann sind sie sicher wohlauf. Wenn sie krank wären oder so, hätte er das sicher erwähnt.

Pause.

Sonst was Neues?

EMMA: Nein.

Schweigen.

ROBERT: Freust du dich auf Torcello?

Pause.

Wie oft sind wir eigentlich schon auf Torcello gewesen? Zweimal. Ich weiß noch, wie begeistert du warst, als ich dich das erste Mal mit hingenommen habe. Du warst ganz bezaubert davon. Das war vor zehn Jahren, nicht wahr? So etwa... sechs Monate nach unserer Hochzeit. Ja. Erinnerst du dich noch? Ob es dir wohl morgen auch wieder so gefällt dort?

Pause.

Schreibt Jerry eigentlich gute Briefe?

Sie lacht kurz auf.

Du zitterst ja. Ist dir kalt?

EMMA: Nein.

ROBERT: Früher hat er mir auch geschrieben. Lange Briefe über Ford Madox Ford. Übrigens habe ich ihm auch Briefe geschrieben. Lange Briefe, über... oh, W. B. Yeats, glaube ich. Das war damals, als wir Zeitschriften für Dichtung herausgaben. Er eine in Cambridge, ich eine in Oxford. Wußtest du das? Wir waren brillante junge Männer. Und enge Freunde. Na ja, enge Freunde sind wir immer noch. All das ist lange her, vor deiner Zeit, lange bevor ich dich kennenlernte. Lange bevor er dich kennenlernte. Ich habe versucht, mich daran zu erinnern, wann ich ihn dir vorgestellt habe. Ich kann mich einfach nicht mehr daran erinnern. Ich habe ihn dir doch vorgestellt? Ja, aber wann? Kannst du dich noch erinnern?

EMMA: Nein

ROBERT: Du erinnerst dich nicht?

EMMA: Nein.

ROBERT: Komisch.

Pause.

Trauzeuge bei unserer Hochzeit war er doch nicht, oder?

EMMA: Du weißt genau, daß er das war.

ROBERT: Ah ja. Doch. Also dann habe ich ihn dir bei der Gelegenheit vorgestellt.

Pause.

Enthielt der Brief auch eine Nachricht für mich?

Pause.

Ich meine, irgend etwas Geschäftliches? Irgendwas, das den Verlag betrifft? Hat er wieder ein neues Talent entdeckt? Er ist außerordentlich begabt, wenn es darum geht, Talente zu entdecken, der alte Jerry.

EMMA: Nichts Dergleichen.

ROBERT: Nichts Dergleichen. Nicht einmal ein Gruß?

Schweigen.

EMMA: Wir lieben uns.

ROBERT: Ah. Ja. Ich habe mir so etwas gedacht, so etwas Ähnliches.

EMMA: Wann?

ROBERT: Was?

EMMA: Wann hast du das gedacht?

ROBERT: Gestern. Gestern erst. Als ich seine Handschrift auf dem Brief sah. Davor war ich ahnungslos.

EMMA: Ah.

Pause.

Tut mir leid.

ROBERT: Leid?

Schweigen.

Wo findet das... statt? Muß ein bißchen heikel sein. Ich meine, wir haben zwei Kinder. Er hat auch zwei Kinder, von seiner Frau ganz abgesehen...

EMMA: Wir haben eine Wohnung zusammen.

ROBERT: Ah. Ich verstehe.

Pause.
Ist sie wenigstens nett?
Pause.
Eine Wohnung. Dann ist sie ganz gut organisiert, eure... eh... Affäre?

EMMA: Ja.

ROBERT: Wie lange?

EMMA: Schon länger.

ROBERT: Ja, wie lange genau?

EMMA: Fünf Jahre.

ROBERT: Fünf Jahre?
Pause.
Und Ned ist ein Jahr alt.
Pause.
Hast du gehört, was ich gesagt habe?

EMMA: Ja. Er ist dein Sohn. Jerry war in Amerika. Zwei Monate.
Schweigen.

ROBERT: Hat er dir aus Amerika geschrieben?

EMMA: Selbstverständlich. Und ich habe ihm geschrieben.

ROBERT: Hast du ihm erzählt, daß du mit Ned schwanger warst?

EMMA: Nicht brieflich.

ROBERT: Aber als du es ihm erzählt hast, hat er sich da gefreut, daß ich Vater geworden bin?
Pause.
Ich habe Jerry immer gemocht. Um ganz ehrlich zu sein, habe ich ihn immer mehr gemocht als dich. Vielleicht hätte ich selbst eine Affäre mit ihm haben sollen.
Schweigen.
Sag mal, freust du dich auf unsere Fahrt nach Torcello?

1973

später

Szene 6

Wohnung. 1973. Sommer.
Emma und Jerry stehen da und küssen sich. Sie hält dabei einen Korb und ein Paket in der Hand.

EMMA: Liebster.
JERRY: Liebste.
Er hält sie umarmt. Sie lacht.
EMMA: Ich muß die Sachen loswerden.
Sie stellt den Korb auf den Tisch.
JERRY: Was ist da drin?
EMMA: Lunch.
JERRY: Was?
EMMA: Was du magst.
Er gießt Wein in die Gläser.
Wie sehe ich aus?
JERRY: Wunderschön.
EMMA: Sehe ich gut aus?
JERRY: Das tust du.
Er reicht ihr ein Glas Wein.
EMMA *schlürfend*: Hm.
JERRY: Wie war es denn?
EMMA: Es war himmlisch.
JERRY: Seid ihr auf Torcello gewesen?
EMMA: Nein.
JERRY: Wieso nicht?
EMMA: Oh, ich weiß nicht. Die Schnellboote streikten, oder so was.
JERRY: Ein Streik?
EMMA: Ja, an dem Tag, als wir hin wollten.
JERRY: Ah. Und gab's keine Gondeln?
EMMA: Gondeln fahren nicht nach Torcello.
JERRY: Also, früher fuhren sie hin, nicht wahr, bevor es Schnellboote gab. Wie wäre man sonst hingekommen, meinst du?
EMMA: Das dauert ja Stunden.
JERRY: Ja. Mag sein.
Pause.
Ich habe deinen Brief erhalten.

EMMA: Gut.
JERRY: Du meinen auch?
EMMA: Selbstverständlich. Hab ich dir gefehlt?
JERRY: Ja. Übrigens war ich nicht ganz auf dem Damm.
EMMA: Was?
JERRY: Oh, nichts, nichts weiter. Ein Virus.
Sie küßt ihn.
EMMA: Du hast mir gefehlt.
Sie wendet sich ab, sieht sich um.
Du bist nicht hiergewesen... überhaupt nicht?
JERRY: Nein.
EMMA: Muß staubgesaugt werden.
JERRY: Später.
Pause.
Ich habe heute morgen mit Robert gesprochen.
EMMA: Oh?
JERRY: Ich habe ihn für Donnerstag zum Lunch eingeladen.
EMMA: Donnerstag? Warum?
JERRY: Ich bin dran.
EMMA: Nein, ich meine, warum du ihn zum Lunch eingeladen hast?
JERRY: Weil ich dran bin. Das letzte Mal hat er mich zum Lunch eingeladen.
EMMA: Du weißt schon, was ich meine.
JERRY: Nein. Was?
EMMA: Was ist der Anlaß oder der Grund für den Lunch?
JERRY: Kein Anlaß, kein Grund. Wir halten das seit Jahren so. Mal lädt er ein, dann lade ich ihn ein.
EMMA: Du mißverstehst mich.
JERRY: Tu ich das? Wieso?
EMMA: Also, es ist ganz einfach. Ihr trefft euch öfter zum Lunch, um über einen bestimmten Schriftsteller oder über ein bestimmtes Buch zu sprechen, nicht wahr? Und so gibt es denn für eure Treffen oder Lunchs im allgemeinen auch einen Grund oder einen Gesprächsgegenstand.
JERRY: Also, diesmal ist das nicht der Fall.
Pause.
EMMA: Hast du irgendwelche neuen Schriftsteller entdeckt, während ich weg war?
JERRY: Nein. Sam ist vom Rad gestürzt.
EMMA: Nein.
JERRY: Er war ohnmächtig. Er war eine Minute ohnmächtig.
EMMA: Warst du dabei?
JERRY: Nein. Judith. Er ist wieder auf den Beinen. Und dann habe ich diesen Virus bekommen.
EMMA: Ach, du liebe Güte.

JERRY: Ich hatte also für nichts Zeit.
EMMA: Na, jetzt wird alles besser, wo ich wieder da bin.
JERRY: Ja.
EMMA: Oh, ich habe diesen Spinks gelesen, das Buch, das du mir gegeben hast.
JERRY: Was hältst du davon?
EMMA: Ausgezeichnet.
JERRY: Robert haßt es. Er wollte es nicht veröffentlichen.
EMMA: Wie ist er?
JERRY: Wer?
EMMA: Spinks.
JERRY: Spinks? Ein dürrer Kerl, ungefähr fünfzig. Trägt Tag und Nacht eine dunkle Brille. Er lebt allein, möbliert. So ähnlich wie hier. Er macht... nicht viel Umstände.
EMMA: Möblierte Zimmer genügen ihm?
JERRY: Ja.
EMMA: Mir genügen sie auch. Und dir? Magst du es noch? Unser Zuhause?
JERRY: Es ist herrlich, kein Telefon zu haben.
EMMA: Und herrlich, mich zu haben?
JERRY: Du bist schon in Ordnung.
EMMA: Ich koche und rackere mich ab für dich.
JERRY: Das tust du.
EMMA: Ich habe was aus Venedig mitgebracht – für das Haus.
Öffnet das Paket, nimmt ein Tischtuch heraus. Breitet es auf dem Tisch aus.
Gefällt es dir?
JERRY: Es ist wunderschön.
Pause.
EMMA: Glaubst du, daß wir jemals zusammen nach Venedig fahren?
Pause.
Nein. Wahrscheinlich nicht.
Pause.
JERRY: Du bist also der Meinung, ich sollte Robert am Donnerstag oder am Freitag nicht zum Lunch treffen?
EMMA: Warum sagst du das?
JERRY: Meinst du, ich sollte ihn überhaupt nicht sehen?
EMMA: Das habe ich nicht gesagt. Du kannst ihn nicht gut schneiden. Sei nicht albern.
Pause.
JERRY: Ich war in schrecklicher Unruhe, als du fort warst. Ich hatte in meinem Büro mit ein paar Rechtsanwälten einen Vertrag zu besprechen. Plötzlich konnte ich mich doch nicht mehr erinnern, was ich mit deinem Brief getan hatte. Ich war mir nicht mehr sicher, ob ich ihn in den Safe getan hatte. Ich sagte, ich müßte etwas im Safe suchen. Ich öffnete den

Safe. Der Brief war nicht da. Und ich mußte weiter den verdammten Vertrag besprechen... Ich sah ihn immer vor mir, irgendwo im Haus herumliegen. Wo ihn dann jemand aufnahm.

EMMA: Hast du ihn gefunden?

JERRY: Er steckte in einer Jackentasche – in meinem Schrank – in meinem Kleiderschrank – zu Hause.

EMMA: Gott.

JERRY: Und noch etwas ist mir vor ein paar Monaten passiert. Ich habe dir nichts davon erzählt. Wir beide waren abends auf einen Drink zusammen gewesen. Nun also, wir hatten unseren Drink und ich komme gegen acht nach Hause, komme durch die Tür herein, Judith sagt: «Hallo, du bist ein bißchen spät dran.» – «Tut mir leid», sagte ich, «ich war mit Spinks auf einen Drink verabredet.» – «Spinks?» sagte sie. «Wie komisch. Er hat eben angerufen, vor fünf Minuten, wollte dich sprechen, hat überhaupt nicht erwähnt, daß er mit dir zusammen war.» – «Na, das weißt du doch», sagte ich, «geschwätzig ist er nicht gerade, der alte Spinks, oder? Vielleicht ist ihm etwas eingefallen, was er vergessen hatte mir zu sagen. Ich rufe ihn später an.» Ich ging dann hinauf, um nach den Kindern zu sehen, und dann aßen wir gemeinsam zu Abend.

Pause.

Hör mal, kannst du dich erinnern, wann das war, vor ein paar Jahren. Wir alle in deiner Küche, muß wohl in der Weihnachtszeit gewesen sein oder so, erinnerst du dich? Die Kinder tollten herum, und plötzlich griff ich mir Charlotte und hob sie ganz hoch, ganz hoch, und dann auf und ab, auf und ab. Erinnerst du dich, wie sie lachte?

EMMA: Alle lachten.

JERRY: Sie war so leicht. Und dein Mann war da und meine Frau und all die Kinder und alle standen wir da in deiner Küche und lachten. Ich kann das nie vergessen.

EMMA: Tatsächlich war es in deiner Küche.

Er ergreift ihre Hand. Sie stehen einen Augenblick beieinander. Sie gehen zum Bett und legen sich hin.

Warum solltest du sie auch nicht hochheben?

Sie streichelt ihn. Sie umarmen sich.

1973

später

Szene 7

Restaurant. 1973. Sommer.
Robert sitzt am Tisch. Trinkt Weißwein. Der Kellner führt Jerry an den Tisch. Jerry nimmt Platz.

JERRY: Hallo, Robert.
ROBERT: Hallo.
JERRY *zum Kellner*: Einen Scotch on the Rocks, bitte.
KELLNER: Mit Wasser?
JERRY: Was?
KELLNER: Wünschen Sie ihn mit Wasser?
JERRY: Nein. Kein Wasser, on the Rocks.
KELLNER: Sehr wohl, Signore.
ROBERT: Scotch? Im allgemeinen trinkst du beim Lunch doch keinen Scotch.
JERRY: Na ja, ich habe einen Virus gehabt.
ROBERT: Ah.
JERRY: Und das einzige, ihn loszuwerden, war Scotch – mittags und abends. Deshalb trinke ich Scotch zum Lunch. Falls es einen Rückfall gibt.
ROBERT: So was wie täglich einen Apfel?
JERRY: Genau.
Kellner bringt Scotch on the Rocks.
Cheers.
ROBERT: Cheers.
KELLNER: Die Karte, Signori.
Er überreicht beiden die Menukarte und geht wieder.
ROBERT: Wie geht's? Vom Virus abgesehen?
JERRY: Fein.
ROBERT: Was ist mit unserer Partie Squash?
JERRY: Ja, wenn ich den Virus los bin.
ROBERT: Ich dachte, du wärst ihn los.
JERRY: Warum, meinst du, daß ich Scotch beim Lunch trinke?
ROBERT: O ja. Aber wir sollten wirklich spielen. Wir haben seit Jahren nicht miteinander gespielt.
JERRY: Wie alt bist du denn jetzt eigentlich?
ROBERT: Sechsunddreißig.

JERRY: Dann bin ich auch sechsunddreißig.
ROBERT: Mindestens.
JERRY: Bißchen anstrengend, Squash.
ROBERT: Ruf mich an, damit wir endlich spielen.
JERRY: Wie war es in Venedig?
KELLNER: Haben Sie schon gewählt, Signori?
ROBERT: Was nimmst du?
JERRY *sieht ihn kurz an und blickt dann wieder in die Speisekarte*: Ich nehme Melone. Und Piccata al Limone und einen grünen Salat.
KELLNER: Insalada verde. Prosciutto e Melone?
JERRY: Nein, nur Melone. Auf Eis.
ROBERT: Ich nehme Prosciutto und Melone. Gegrillte Scampi und Spinat.
KELLNER: E Spinaci. Grazie, Signore.
ROBERT: Und so schnell wie möglich eine Flasche Corvo Bianco.
KELLNER: Si, Signore. Molte Grazies.
Er geht.
JERRY: Ist das der, der schon immer hier war? Oder ist es sein Sohn?
ROBERT: Du meinst, ob sein Sohn schon immer hier war?
JERRY: Nein, ob er sein Sohn ist? Ich meine, ist er der Sohn von dem, der schon immer hier war?
ROBERT: Nein, er ist sein Vater.
JERRY: Ah, ist er das?
ROBERT: Er ist der, der so wunderbares Italienisch spricht.
JERRY: Ja, aber dein Italienisch ist auch ganz gut, nicht wahr?
ROBERT: Nein, keineswegs.
JERRY: Doch. Doch.
ROBERT: Emma ist es, die gut Italienisch spricht. Emmas Italienisch ist sehr gut.
JERRY: Tatsächlich? Das wußte ich gar nicht.
Kellner kommt mit der Flasche.
KELLNER: Corvo Bianco, Signori.
ROBERT: Danke.
JERRY: Also wie war es denn nun? Venedig.
KELLNER: Venezia, Signore? Wunderschön. Eine der schönsten Städte Italiens. Sehen Sie das Gemälde da an der Wand. Das ist Venedig.
ROBERT: In der Tat.
KELLNER: Wissen Sie, was es nicht gibt in Venedig?
JERRY: Was?
KELLNER: Traffico.
Er lächelt und geht.
ROBERT: Cheers.
JERRY: Cheers.
ROBERT: Wann warst du das letzte Mal da?
JERRY: Oh, Jahre her.

ROBERT: Was macht Judith?
JERRY: Was? Oh, weißt du, okay. Viel zu tun.
ROBERT: Und die Kinder?
JERRY: Okay. Sam ist gestürzt –
ROBERT: Was?
JERRY: Nein, nein, nichts weiter. Wie war es denn also?
ROBERT: Früher bist du mit Judith hingefahren, nicht wahr?
JERRY: Ja, aber seit Jahren nicht mehr.
Pause.
Und Charlotte? Hat's ihr gefallen?
ROBERT: Ich glaube schon.
Pause.
Mir jedenfalls.
JERRY: Freut mich.
ROBERT: Ich bin nach Torcello gefahren.
JERRY: Oh, wirklich? Herrliche Insel.
ROBERT: Ein unwahrscheinlicher Tag. Ich bin ganz früh aufgestanden – und – brumm – hin über die Lagune – nach Torcello. Kein Mensch unterwegs.
JERRY: Wieso brumm?
ROBERT: Schnellboot.
JERRY: Ah. Ich dachte –
ROBERT: Was?
JERRY: Bei mir ist es so lange her und wahrscheinlich irre ich mich. Ich dachte, man fährt mit der Gondel nach Torcello.
ROBERT: Das würde Stunden dauern. Nein, nein – brumm – hin über die Lagune im Morgengrauen.
JERRY: Hört sich gut an.
ROBERT: Ich war mutterseelenallein.
JERRY: Und Emma?
ROBERT: Die schlief noch, glaube ich.
JERRY: Ah.
ROBERT: Ich war stundenlang auf der Insel allein. Ob du es glaubst oder nicht. Im Grunde war das der Höhepunkt der ganzen Reise.
JERRY: So, war es das? Na, hört sich fabelhaft an.
ROBERT: Ja. Ich habe mich ins Gras gelegt und Yeats gelesen.
JERRY: Yeats auf Torcello?
ROBERT: Paßt sehr gut zusammen.
Kellner bringt die Speisen.
KELLNER: Einmal Melone. Einmal Prosciutto e Melone.
ROBERT: Prosciutto für mich.
KELLNER: Buon appetito.
ROBERT: Emma hat diesen Roman gelesen. Der von deinem Knaben da. Wie heißt er doch?

JERRY: Von wem redest du? Was?
ROBERT: Spinks.
JERRY: Oh, Spinks. Ja. Den du nicht mochtest.
ROBERT: Den, den ich nicht verlegen wollte.
JERRY: Ich weiß. Und Emma, mochte sie ihn?
ROBERT: Sie schien ganz besessen davon.
JERRY: Gut.
ROBERT: Du selber magst ihn ja, nicht wahr?
JERRY: Das tue ich.
ROBERT: Und hat er großen Erfolg?
JERRY: Hat er.
ROBERT: Also, nun sag doch mal, meinst du, daß ich nun ein Verleger mit überragendem kritischem Urteil bin oder einfach ein dummer Verleger?
JERRY: Ein dummer Verleger.
ROBERT: Du hast recht. Ich bin ein sehr dummer Verleger.
JERRY: Nein, das bist du nicht. Was redest du da? Du bist ein guter Verleger. Wie kannst du nur so daherreden?
ROBERT: Ich bin ein schlechter Verleger, weil ich Bücher hasse. Oder, um genau zu sein, Prosa. Und um noch genauer zu sein, moderne Prosa, moderne Romane meine ich, Romane. Erstlinge und zweite Romane, all diese literarischen Hoffnungen und Sensibilitäten, über die ich zu entscheiden habe, das Geld des Verlags riskieren muß und dann auf den dritten Roman hoffe, sorgen muß, daß er geschrieben wird, mich um den Schutzumschlag kümmern, zusehen, daß ein Dinner für die wichtigsten Kritiker arrangiert wird, daß es eine Signierstunde bei Hatchards gibt, daß der glückliche Autor sich dabei zu Tode schwitzt und das alles im Namen der Literatur. Weißt du, worin ihr euch gleicht, Emma und du? Ihr liebt beide die Literatur. Ich meine, ihr liebt die moderne literarische Prosa. Ich meine, ihr liebt den modernen Roman, von dem neuen Casey oder Spinks. Das bringt euch beide in Ekstase.
JERRY: Mensch, du hast wohl zuviel getrunken.
ROBERT: Meinst du? Bist du nicht der Meinung, daß die Literatur für Emma was ganz Großes ist?
JERRY: Wie soll ich das wissen? Sie ist deine Frau.
Pause.
ROBERT: Ja. Ja. Ganz richtig. Ich sollte dich da gar nicht befragen. Ich sollte dabei niemand zu befragen haben.
JERRY: Ich hätte gern noch etwas Wein.
ROBERT: Ja, ja doch. Kellner! Noch eine Flasche Corvo Bianco. Und wo bleibt unser Lunch? Mit dem Laden hier geht es auch bergab. Allerdings in Venedig ist es noch schlimmer. Dort scheren sie sich einen Dreck um dich. Ich bin nicht etwa betrunken. Von Corvo Bianco kann man gar nicht betrunken werden. Also weißt du... neulich abend... ich war

noch spät auf... ich hasse Cognac... er stinkt nach moderner Literatur. Nein, hör mal, entschuldige...

Kellner kommt mit der Flasche.

KELLNER: Corvo Bianco.

ROBERT: Wir behalten unsere Gläser. Wo bleibt unser Lunch?

KELLNER: Kommt.

ROBERT: Ich gieße selbst ein.

Kellner geht mit den Melonentellern fort.

Nein, also hör mal zu, entschuldige, trink doch noch ein Glas. Ich will dir sagen, was los ist. Ich kann einfach nicht ertragen, wieder in London zu sein. Ich war glücklich, wie selten noch, nicht in Venedig, das meine ich nicht, ich meine auf Torcello, wie ich da so am frühen Morgen allein herumspaziert bin. Ich war so glücklich, am liebsten wäre ich immer dageblieben.

JERRY: Wir alle...

ROBERT: Ja, wir alle... denken manchmal so. Und du selbst, wie steht's bei dir?

Pause.

Das soll nicht heißen, daß irgend etwas bei mir schieflӓge, weißt du. Ich habe meine Familie. Emma und ich verstehen uns gut. Ich bete sie an. Und wenn ich schon davon spreche, ich halte Casey für einen erstklassigen Schriftsteller.

JERRY: Meinst du das wirklich?

ROBERT: Erstklassig. Ich bin stolz, ihn zu verlegen, und du hast ihn entdeckt, und das war sehr clever von dir.

JERRY: Danke.

ROBERT: Du hast eben eine gute Nase und engagierst dich. Und ich respektiere das an dir. Emma übrigens auch. Wir sprechen oft davon.

JERRY: Wie geht's Emma?

ROBERT: Ausgezeichnet. Komm doch mal auf einen Drink zu uns. Sie freut sich immer, wenn du kommst.

1971

Szene 8

Wohnung. 1971. Sommer.
Leere Wohnung – Küchentür geöffnet. Tisch gedeckt; Geschirr, Gläser, eine Flasche Wein.
Jerry schließt die Wohnungstür auf und kommt herein.

JERRY: Hallo!
Emma aus der Küche, rufend.
EMMA: Hallo!
Emma kommt aus der Küche. Sie trägt eine Schürze.
Ich bin eben erst gekommen. Ich wollte eigentlich viel früher hier sein. Ich mache uns gerade einen Eintopf. Dauert noch Stunden.
Er küßt sie. Sie spricht weiter.
Hast du großen Hunger?
JERRY: Ja.
Er küßt sie.
EMMA: Also wirklich. So werde ich ja nie fertig. Setz dich doch. Ich muß wieder in die Küche.
JERRY: Was für eine entzückende Schürze.
EMMA: Danke.
Sie küßt ihn, geht zurück in die Küche. Sie ruft aus der Küche. Er gießt ein Glas Wein ein.
Was hast du denn alles getan?
JERRY: Ich bin im Park spazierengegangen.
EMMA: Wie war es denn?
JERRY: Wunderschön. Alles leer. Leichter Nebel.
Pause.
Ich habe unter einem Baum gesessen. Alles war ganz still. Ich habe lange auf das Flüßchen geschaut.
Pause.
EMMA: Und dann?
JERRY: Dann bin ich mit der Taxe zur Wessex Grove gefahren. Nummer 31. Und bin die Stufen hinaufgestiegen und habe die Haustür geöffnet, und dann bin ich die Treppe hinaufgestiegen und habe die Wohnungstür geöffnet und dich hier vorgefunden mit einer neuen Schürze, wie du einen Eintopf machst.
Emma kommt aus der Küche.
EMMA: Er ist aufgesetzt.
JERRY: Also, der ist jetzt aufgesetzt.

Emma gießt sich einen Wodka ein.
Wodka? Vor dem Lunch?
EMMA: Hatte gerade Lust darauf.
Sie trinkt.
Gestern habe ich Judith getroffen. Hat sie es dir erzählt?
JERRY: Nein, hat sie nicht.
Pause.
Wo denn?
EMMA: Beim Lunch.
JERRY: Beim Lunch?
EMMA: Hat sie es dir nicht erzählt?
JERRY: Nein.
EMMA: Komisch.
JERRY: Wieso Lunch? Wo denn?
EMMA: Bei Fortnum & Masons.
JERRY: Fortnum & Masons? Was zum Teufel hat sie bei Fortnum & Masons zu suchen?
EMMA: Sie lunchte mit einer Dame.
JERRY: Einer Dame?
EMMA: Ja.
Pause.
JERRY: Fortnum & Masons ist doch ziemlich weit weg vom Krankenhaus.
EMMA: Keineswegs.
JERRY: Hm... Wohl doch nicht.
Pause.
Und du?
EMMA: Ich?
JERRY: Was hast du bei Fortnum & Masons getan?
EMMA: Geluncht mit meiner Schwester.
JERRY: Ah.
Pause.
EMMA: Judith... hat dir nichts davon gesagt?
JERRY: Ich habe sie heute nicht gesehen. Ich war gestern abend mit Casey aus, und es wurde spät. Und heute früh war sie schon weg.
Pause.
EMMA: Glaubst, sie weiß?
JERRY: Weiß?
EMMA: Ja, ob sie weiß? Über uns?
JERRY: Nein.
EMMA: Bist du sicher?
JERRY: Sie ist ja so beschäftigt. Das Krankenhaus. Und die Kinder. Im übrigen neigt sie nicht zu... Spekulationen.
EMMA: Und gewisse Anzeichen, Symptome? Interessiert sie sich nicht dafür? Ihnen nachzuspüren?

JERRY: Was für Anzeichen?

EMMA: Hm, es muß doch welche geben... die ihr auffallen müßten... denen sie nachspüren könnte.

JERRY: Es gibt keine... die ihr auffallen könnten.

EMMA: Oh, also... schön.

Pause.

JERRY: Sie hat einen Verehrer.

EMMA: Tatsächlich?

JERRY: Wieder so ein Arzt. Er lädt sie zu Drinks ein. Es ist... irritabel. Ich meine, sie sagt, daß weiter nichts dabei sei. Er mag sie, sie schätzt ihn und so weiter und so weiter. Vielleicht ist es gerade das, was mich irritiert. Ich weiß eigentlich nicht genau, was da vor sich geht.

EMMA: Oh, warum soll sie nicht einen Verehrer haben? Ich habe auch einen Verehrer.

JERRY: Wen?

EMMA: Hm... Dich, denke ich.

JERRY: Ah, ja.

Er ergreift ihre Hand.

Ich bin mehr als das.

Pause.

EMMA: Sag mal... hast du je daran gedacht... dein Leben zu ändern?

JERRY: Zu ändern?

EMMA: Hm.

Pause.

JERRY: Unmöglich.

Pause.

EMMA: Glaubst du, daß sie dir untreu ist?

JERRY: Nein. Jedenfalls weiß ich es nicht.

EMMA: Jetzt zum Beispiel. Als du in Amerika warst?

JERRY: Nein.

EMMA: Bist du je untreu gewesen?

JERRY: Wem?

EMMA: Mir, natürlich.

JERRY: Nein.

Pause.

Warst du... mir?

EMMA: Nein.

Pause.

Wenn sie es wäre, was würdest du tun?

JERRY: Sie ist es aber nicht. Zu beschäftigt, hat zu viel um die Ohren. Sie ist eine sehr gute Ärztin. Sie ist mit sich und ihrem Leben zufrieden. Sie liebt die Kinder.

EMMA: Ah.

JERRY: Sie liebt mich.

Pause.
EMMA: Ah.
Schweigen.
JERRY: Das will schon was heißen.
EMMA: Bestimmt.
JERRY: Aber ich bete dich an.
Pause.
Ich bete dich an.
Emma ergreift seine Hand.
EMMA: Ja.
Pause.
Hör mal, ich muß dir etwas sagen.
JERRY: Was?
EMMA: Ich bin schwanger. Während du in Amerika warst.
Pause.
Nicht von einem anderen. Von meinem Mann.
Pause.
JERRY: Ja. Ja, natürlich.
Pause.
Das freut mich riesig für dich.

1968

Szene 9

Das Haus von Robert und Emma. Schlafzimmer. 1968. Winter.
Das Schlafzimmer ist schwach beleuchtet. Jerry sitzt im Schatten. Durch die Tür leichte Musik. Die Tür öffnet sich. Helles Licht fällt herein. Musik. Emma kommt herein, schließt die Tür hinter sich. Sie geht auf den Spiegel zu, entdeckt Jerry!

EMMA: Guter Gott.
JERRY: Ich habe auf dich gewartet.
EMMA: Was soll das heißen?
JERRY: Ich wußte, du würdest kommen.
Er trinkt aus seinem Glas.
EMMA: Ich bin nur hereingekommen, um mir das Haar zu kämmen.
Er steht auf.
JERRY: Das wußte ich. Ich wußte, daß du dir das Haar kämmen würdest. Ich wußte, daß du dich von der Party entfernen würdest.
Sie geht zum Spiegel. Kämmt ihr Haar. Er beobachtet sie.
Du bist eine wunderschöne Gastgeberin.
EMMA: Gefällt's dir nicht auf der Party?
JERRY: Du bist wunderschön.
Er geht auf sie zu.
Hör mal. Ich habe dich die ganze Nacht beobachtet. Ich muß dir sagen, ich möchte dir sagen, ich muß dir einfach sagen –
EMMA: Ich bitte dich.
JERRY: Du bist unwahrscheinlich.
EMMA: Du bist betrunken.
JERRY: Trotzdem. *Er schlingt die Arme um sie.*
EMMA: Jerry.
JERRY: Ich war euer Trauzeuge. Ich habe dich in Weiß gesehen. Ich sah dich in Weiß vorüberschweben.
EMMA: Ich war gar nicht in Weiß.
JERRY: Weißt du auch, was eigentlich hätte geschehen müssen?
EMMA: Was?
JERRY: Ich hätte dich hernehmen sollen, in deinem Weiß, vor der Hochzeit. Ich hätte dich besudeln müssen, in deinem weißen Hochzeitskleid schänden müssen, in deinem Brautkleid. Ehe ich dich als Trauzeuge zur Hochzeit führte.
EMMA: Der Trauzeuge meines Mannes. Der Trauzeuge deines besten Freundes.

JERRY: Nein, dein Trauzeuge.

EMMA: Ich muß zu den anderen zurück.

JERRY: Du bist himmlisch. Ich bin verrückt nach dir. All die Worte, die ich gebrauche, spürst du das nicht? Sind nie zuvor gesagt worden, spürst du das nicht? Ich bin verrückt nach dir. Es ist wie ein Schirokko. Bist du jemals in der Sahara gewesen? Hör mich an. Es ist wahr. Hör mal. Ich bin überwältigt. Du bist so bezaubernd.

EMMA: Bin ich nicht.

JERRY: Du bist so wunderschön. Sieh doch nur, wie du mich anschaust.

EMMA: Ich... schau dich nicht an.

JERRY: Sieh doch nur, wie du mich anschaust. Ich kann nicht ohne dich sein. Ich bin überwältigt. Ich bin total außer mir, du blendest mich, du Juwel, mein Juwel. Ich werde nie wieder schlafen können, nein. Hör doch. Es ist die Wahrheit, ich kann keinen Fuß mehr vor den anderen setzen, ich werde zum Krüppel, ich breche zusammen, ich löse mich in nichts auf, verfalle in totale Paralyse. Mein Leben ist in deinen Händen, dazu hast du mich gebracht, in einen Zustand der Katatonie, weißt du, was das heißt, ein Zustand der Katatonie? Weißt du es, weißt du es? Ein Zustand... Wo der regierende Fürst der Fürst der Leere ist, der Fürst der Abwesenheit, der Fürst der Verzweiflung. Ich liebe dich.

EMMA: Mein ist nebenan.

JERRY: Jeder weiß es. Die ganze Welt weiß es. Sie weiß es. Aber die werden es nie wissen. Die werden es nie wissen, die leben in einer anderen Welt. Ich bete dich an. Ich bin verrückt vor Liebe zu dir. Ich kann einfach nicht glauben, daß, was alle in diesem Augenblick sagen, sich je ereignet hat, jemals ereignet hat. Nichts hat sich je ereignet. Nichts. Das hier ist das einzige, was sich je ereignet hat. Deine Augen bringen mich um. Ich bin verloren. Du bist wunderbar.

EMMA: Nein.

JERRY: Ja.

Er küßt sie. Sie macht sich von ihm frei. Er küßt sie wieder. Gelächter nebenan. Sie macht sich wieder von ihm frei. Die Tür geht auf. Robert kommt herein.

EMMA: Dein bester Freund ist betrunken.

JERRY: Da du mein bester und ältester Freund bist und gegenwärtig mein Gastgeber, erlaubte ich mir die Gelegenheit zu benutzen, um deiner Frau zu sagen, wie wunderschön sie ist.

ROBERT: Absolut zutreffend.

JERRY: Es ist absolut zutreffend, daß man... dieser Tatsache ins Auge sieht... und Zeugnis ablegt, ohne zu erröten, ein Zeugnis allerreinster Anerkennung, ohne jede Einschränkung.

ROBERT: Absolut.

JERRY: Und wie wundervoll für euch, daß das so ist, daß dies der Fall ist, daß ihre Schönheit der Fall ist.

ROBERT: Ganz richtig

Jerry geht auf Robert zu und faßt ihn bei beiden Ellbogen.

JERRY: Ich spreche als dein ältester Freund, dein Trauzeuge.

ROBERT: Das bist du in der Tat.

Er legt beide Hände kurz auf die Schulter, wendet sich um, verläßt das Zimmer.

Emma geht auf die Tür zu. Jerry ergreift ihren Arm. Sie bleibt stehen. Sie stehen unbeweglich da und sehen einander an.

Bio- / Bibliographie

10. Oktober 1930	Harold Pinter wird in Hackney (East London) als Sohn eines Damenschneiders geboren.
	Im Alter von neun Jahren Evakuierung nach Cornwall.
1944	Rückkehr nach London
1947	absolviert Pinter die Hackney Grammar School (Gymnasium).
1948	Stipendium zum Studium an der Royal Academy of Dramatic Art in London.
1949	schließt sich Pinter der Wandertruppe des berühmten irischen Prinzipals Anew McMaster an (bis 1953) und spielt bis 1957 in den Provinzstädten Englands und Irlands vorwiegend Shakespeare-Rollen.
1956	Ehe mit der Schauspielerin Vivien Merchant.
1957	entstehen zwei Kurzdramen, «The Room» («Das Zimmer») und «The Dumb Waiter» («Der stumme Diener»), die im gleichen Jahr im University Drama Department in Bristol uraufgeführt werden.
24. April 1958	Uraufführung des ersten abendfüllenden Werkes «The Birthday Party» («Die Geburtstagsfeier») im Arts Theatre, Cambridge, Regie: Peter Wood (DE: 10. 12. 1959, Staatstheater, Braunschweig; 1968 als Film).
Winter 1958	Pinter schreibt das Stück «The Hothouse» («Das Treibhaus»), das er 1980 in gekürzter Fassung in London selbst inszeniert.
30. Mai 1960	Uraufführung des zweiten abendfüllenden Stückes «The Caretaker» («Der Hausmeister») im Duchess Theatre, London (DE: 29. 10. 1960, Schauspielhaus, Düsseldorf).
21. Juni 1960	Das Kurzdrama «Nightschool» («Abendkurs») wird im englischen Fernsehen von Associated Rediffusion, London, urgesendet. Die deutsche Fernseh-

	produktion wird am 13. 7. 1966 vom ZDF zum erstenmal ausgestrahlt.
	Es folgen einige kürzere dramatische Arbeiten:
18. Januar 1961	«A slight Ache» («Ein leichter Schmerz») wird im Arts Theatre, London, uraufgeführt (1959 als Hörspiel; DE: 12. 4. 1962, Kammerspiele, Düsseldorf).
2. Oktober 1961	Uraufführung «A Night Out» (« Eine Nacht außer Haus») im Comedy Theatre, London (1960 als Hörspiel; DE: 22. 10. 1962, Stadttheater, Konstanz).
1962	schreibt Pinter das Drehbuch zu «The Servant» (nach dem Roman von Robin Maugham). Regie: Joseph Losey.
18. Juni 1962	Uraufführung «The Collection» («Die Kollektion») im Aldwych Theatre, London (1961 als Fernsehspiel; DE: 2. 10. 1962, Schiller-Theater, Berlin).
18. September 1963	«The Lover» («Der Liebhaber») wird im Arts Theatre, London, Regie: Peter Hall und Harold Pinter, uraufgeführt (am 28. 3. 1963 als Fernsehspiel; DE: 8. 5. 1965, Kammerspiele, München, Regie: Hans Peter Wirth).
1963	erhält der Autor den Italia-Preis für die Fernsehfassung von «The Lover».
18. September 1963	Uraufführung «The Dwarfs» («Die Zwerge») im New Arts Theatre, London, Regie: Harold Pinter (1960 als Hörspiel; DE: 21. 12. 1980, Theater im Weinhaus, München).
1965	entsteht das Drehbuch zu «The Pumpkin Eater» (nach dem Roman von Penelope Mortimer). Regie: Jack Clayton.
3. Juni 1965	Uraufführung des abendfüllenden Stückes «The Homecoming» («Die Heimkehr») am Aldwych Theatre, London, Regie: Peter Hall (DE: 11. 10. 1965, Schloßpark-Theater, Berlin, Regie: Hans Schweikhart).
1966	wird Harold Pinter von Königin Elizabeth II. mit dem CBE (Commander of the Order of the British Empire) ausgezeichnet.

	Im gleichen Jahr schreibt Pinter den Prosatext «Mac», eine kurze Hommage, in der er sich an den 1962 gestorbenen Anew McMaster erinnert.
1967	Drehbuch «The Accident» (nach dem Roman von Nicolas Mosley). Regie: Joseph Losey.
10. Oktober 1968	Gemeinsame Uraufführung der beiden Kurzdramen «The Basement» («Tiefparterre») (DE: 18. 10. 1972, Städtische Bühnen, Frankfurt) und «Tea Party» («Teegesellschaft») (1964 als Fernsehspiel) im Eastside Playhouse, New York.
2. Juli 1969	Doppel-Uraufführung der beiden Einakter «Silence» («Schweigen») und «Landscape» («Landschaft») im Aldwych Theatre, London. Regie: Peter Hall (DE beider Stücke: 10. 1. 1970. Deutsches Schauspielhaus, Hamburg, Regie: Hans Schweikhart).
1970	wird Harold Pinter die Ehrendoktorwürde der Universität Reading und der Shakespeare-Preis verliehen.
	Pinter inszeniert James Joyce' «Exiles» (Mermaid Theatre, London).
1. Juni 1971	Uraufführung des abendfüllenden Theaterstückes «Old Times» («Alte Zeiten») im Aldwych Theatre, London, Regie: Peter Hall (DE: 29. 4. 1972, Thalia Theater, Hamburg, Regie: Hans Schweikhart).
1971	Dr. h.c. der Universität Birmingham.
	Der Autor führt Regie bei «Butley» von Simon Gray, 1973 auch in der Filmfassung dieses Stückes.
1972	entsteht das Kurzdrama «Monologue» («Monolog») (13. 4. 1973 als Fernsehspiel; DE: 24. 11. 1979, Frankfurt).
	Im gleichen Jahr schreibt Pinter das Drehbuch zu «A la Recherche du Temps Perdu» (nach dem Roman von Marcel Proust). Regie: Volker Schlöndorff.
23. April 1973	«No Man's Land» («Niemandsland») wird im National Theatre (Old Vic), London, Regie: Peter Hall, uraufgeführt (DE: 29. 11. 1975, Thalia Theater, Hamburg, Regie: Boy Gobert).

1973	wird Harold Pinter mit dem Österreichischen Staatspreis für europäische Literatur ausgezeichnet.
	Im gleichen Jahr bestellt ihn Peter Hall zum Associate-Director (Co-Intendant) des englischen Nationaltheaters.
1974	Ehrendoktorate der Universitäten von Glasgow und East Anglia.
	Pinter inszeniert «Next of Kin» von John Hopkins.
1975	erarbeitet Pinter das Drehbuch zu «The Last Tycoon» (nach dem Roman von F. Scott Fitzgerald). Regie: Elia Kazan.
	Pinter trennt sich von Vivien Merchant, 1980 werden sie geschieden.
1978	Der Autor inszeniert «The Rear Column» von Simon Gray (Globe Theatre, London).
15. November 1978	Die Gesellschaftskomödie «Betrayal» («Betrogen») kommt im National Theatre, London, Regie: Peter Hall, zur Uraufführung (DE: 7. 9. 1979, Schiller-Theater, Berlin, Regie: Hans Lietzau).
1979	Pinter wird Ehrendoktor der Universität Stirling.
	Regie bei «Close of Play» von Simon Gray.
1. Mai 1980	Der Autor inszeniert sein frühes Werk «The Hothouse» («Das Treibhaus») in gekürzter Form im Hampstead Theatre Club, London (DE: 8. 3. 1981, Schloßpark-Theater, Berlin).
1980	erhält Pinter den Pirandello Preis und schreibt zu «The French Lieutenant's Woman» (nach dem Roman von William Fowles) das Drehbuch. Regie: Karel Reisz.
	Harold Pinter heiratet Lady Antonia Fraser.
1981	In Simon Grays «Quartermaine's Terms» führt Pinter Regie.
1982	wird ihm der Donatello-Preis und die Ehrendoktorwürde der Universität Brown verliehen.
14. Oktober 1982	Die Kurzdramen-Trilogie «Other Places» («An anderen Orten»), mit den Stücken «Family Voices» («Familienstimmen»), «Victoria Station» («Victoria

	Station») und «A Kind of Alaska» («Eine Art Alaska») wird im National Theatre (Cottesloe), London, Regie: Peter Hall, uraufgeführt (DE: 5. 6. 1984, Schauspielhaus, Düsseldorf, Regie: Peter Palitzsch).
18. Dezember 1983	Uraufführung des Einakters «Precisely» («Genau») im Apollo Victoria Theatre, London (DE: 8. 5. 1986, Schauspiel, Bonn, Regie: Peter Palitzsch).
15. März 1984	Uraufführung «One for the Road» («Noch einen Letzten») im Lyric Theatre, London, Regie: Harold Pinter (DE: 18. 1. 1986, Staatstheater, Stuttgart, Regie: Dieter Giesing).
März 1985	Harold Pinter reist zusammen mit Arthur Miller für den internationalen PEN-Club in die Türkei, um gegen die dortigen Polizeistaatmethoden und die Unterdrückung der Kurden zu demonstrieren.
Juli 1985	Pinter inszeniert «Sweet Bird of Youth» von Tennessee Williams (Haymarket Theatre, London) und im
Juni 1986	«Circe and Bravo» von Donald Freed (Hampstead Theatre Club, London).
1988	schreibt Pinter Drehbücher zu «Reunion» (nach der Erzählung von Fred Uhlmann), Regie: Jerry Schatzberg, und «The Handmaid's Tale» (nach einem Roman von Margaret Atwood), Regie: Volker Schlöndorff.
	Im gleichen Jahr gründet Pinter die «20th June Group», ein intellektuelles Forum, das sich als Opposition zur Tory-/Thatcher-Politik versteht.
20. Oktober 1988	«Mountain Language» («Berg-Sprache») wird am Lyttelton Theatre, London, Regie: Harold Pinter, uraufgeführt. (DE: 3. 12. 1988, Residenztheater, München, Regie: Hans-Ulrich Becker).
November 1988	Fernsehverfilmung von «Mountain Language» für die BBC, Regie: Harold Pinter.
1989	entstehen die Drehbücher zu «Heat of the Day» (nach der Erzählung von Elizabeth Bowen), Regie: Christopher Morahan, und «The Comfort of Strangers» (nach einem Roman von Ian McEwen), Regie: Paul Schrader.

Juni 1989	Harold Pinter besucht in der Tschechoslowakei Václav Havel, gegen dessen Inhaftierung er Anfang der achtziger Jahre zusammen mit anderen Schriftstellern protestierte.
Februar 1990	Ein zweiter Besuch bei Václav Havel, der am 29. 12. 1989 zum Präsidenten der ČSFR gewählt wurde.
	Harold Pinter verliest eine Rede seines Freundes Salman Rushdie, Autor der «Satanischen Verse», in der Rushdie die Öffentlichkeit daran erinnert, was aufs Spiel gesetzt wird, wenn die Kunst auf die Freiheit verzichtet. Der iranische Ayatollah Chamenei wiederholt daraufhin den seit einem Jahr bestehenden Mordaufruf gegen Rushdie.
März 1990	In seinem Essay «Oh, Superman», den Channel 4 der BBC am 31. Mai ausstrahlt, attackiert Pinter scharf die US-Politik in Lateinamerika und stellt ihr die Demokratisierungsbewegung im Osten gegenüber.
Mai 1990	Premiere «Vanilla» von Jane Stanton Hitchcock, inszeniert von Harold Pinter (Lyric Theatre, London).
	In diesem Jahr entsteht auch das Drehbuch zu «The Remains of the Day», Regie: Kazuo Ishiguro.